比较

Comparative Studies

26

吴敬琏　主 编

中 信 出 版 社
CHINA CITIC PRESS

图书在版编目（CIP）数据

比较.26/吴敬琏主编. —北京：中信出版社，2006.9
ISBN 7-5086-0742-2

Ⅰ.比… Ⅱ.吴… Ⅲ.比较经济学 Ⅳ.F064.2

中国版本图书馆 CIP 数据核字（2006）第 103892 号

比较·第二十六辑

主　　编：吴敬琏
策 划 者：中信出版社《比较》编辑室
出 版 者：中信出版社（北京市朝阳区东外大街亮马河南路 14 号塔园外交办公大楼　邮编　100600）
经 销 者：中信联合发行有限责任公司
承 印 者：中国农业出版社印刷厂
开　　本：787mm×1092mm 1/16　　**印　　张**：14.75　　**字　　数**：200 千字
版　　次：2006 年 9 月第 1 版　　**印　　次**：2006 年 9 月第 1 次印刷
书　　号：ISBN 7-5086-0742-2/F·1070
定　　价：20.00 元

卷首语

在最近召开的中央外事工作会议上，国家领导人重申，我国应该坚定不移地实施对外开放的基本国策和互利共赢的战略，在更大范围、更广领域、更高层次上参与国际经济技术合作和竞争，充分利用国际国内两个市场、两种资源，充分运用经济全球化和区域合作提供的各种有利条件，促进现代化建设。在这样的前提下，我们也应该看到，随着中国经济增长逐渐进入成熟阶段，国内外形势也在悄然改变。中国在国际市场上的比较优势正开始调整，产业结构和增长方式需要有相应的转变，这些都要求政府有适当的对策，尤其是进行新的制度建设和创新。另一方面，为了实现“和谐社会”的目标，政府需要保护和改善市场运作的机制和效率，并提供更多、更有针对性的社会服务，这也给现有的财政和监管体制提出了更高的要求和改革的呼吁。以上的挑战正是本辑《比较》重点考察的议题。

江小涓的《理解开放与增长》是针对近期国内某些对我国开放政策的指责和诘难的有力回应。文章在大量的数据与分析的基础上，得出了这样的结论：我国与外部经济关联度不断加深，不仅促使经济持续较快增长，而且也没有影响经济的稳定性。相反，在与外部经济联系不断加深的过程中，我国经济增长速度更加趋向稳定。从缓解国内要素结构约束和应对全球化竞争这两个角度看，开放型的发展道路是中国实现现代化的必由之路。作者指出，封闭经济和开放经济有各自的挑战和风险。但是，开放并不必然是风险更高的选择。经济不开放，我们不能充分利用两种资源、两个市场纠正国内要素结构失衡问题，不能在全球范围内优化资源配置，不能尽快提升产业结构和企业竞争力，我国的就业和增长都要受到明显影响，这将对经济社会各方面造成巨大压力，这是我们可能面临的最大风险。因此，我们要坚定不移地继续实行对外开放的基本国策。同时，要清醒地认识到，对外开放必然要面对一些特定的挑战和风险，要认真准备和妥善应对，趋利避害，在扩大开放中确保经济的稳定和安全。

在本辑“改革论坛”中的三篇文章提供的都是具体的意见和建议。《中国的公共财政、政府职能与经济转型》一文为2006年6月北京召开的公共财政与和谐社会国际研讨会的演讲稿，阿瑟·侯赛因是伦敦经济学院亚洲中心的代理主任，长期研究中国问题，尼古拉斯·斯特恩曾经担任过世界银行首席经济学家，现任英国政府经济事务部部长。文章指出，过去25年，中国进行了世界上独一无二的经济社会改革，步伐之快、规模之大、内涵之深远都是史无前例的；而所有这些发展都反映在财政中，并受财政的影响。作者特别关注中国的预算外收入与各级政府之间的关系，以及由此造成的矛盾和扭曲，可以说，中国公共财政改革滞后于整体经济改革。展望未来15年，如果中国想要达成雄心勃勃的增长和发展计划，实现“和谐社会”，就必须超越简单的五年规划，充分考虑和推进公共财政改革的方向和优先顺序，尤其是各级政府之间的财政关系方面的改革，把公共财政、政府职能和经济社会之间密切并不断变化着的关系置于经济政策的中心位置。

《中国的财政税收政策与改革：构建和谐社会》也来自本次研讨会，是国际货币基金组织财政事务局局长特雷莎·特尔—米纳西安的发言稿。她首先谈到财税政策在促进建设和谐社会中的重要作用，指出财税政策改革是包括了税收政策、支出政策和公共财政管理的选择。作者分析评估了不同改革之间的相互关系，特别是政府间财政税收制度方面的改革，她认为，中国在财税结构上的改革已经取得了重大进展，财政和预算领域一些重要改革已经准备就绪，必须扩大现有改革的范围，并实施一些新的改革。作者明确指出，零敲碎打的做法会带来扭曲，无为的态度并不是没有风险的选择，中国目前正处于改革的最佳时期。

《监管制度的法律基础》的作者周汉华是中国社科院法学研究所研究员，近年参与了电力、电信等部门监管的法律法规起草讨论等工作，本文即是为国家电力监管委员会的委托所提供的研究报告的一部分。在国家电力监管委员会2006年6月24日召开的电力监管体制建设研讨会上，作者曾经就文章的主要观点作过主题发言。文章指出，经过近些年的改革，尤其是一些新设立的监管机构的实际运作，使监管制度研究在我国已经不再纯粹是个理论问题，也是一个现实问题。本文针对我国监管实践中所提出来的一些突出问题，试图从理论与实践结合的角度作出初步的分析与回答。

“法和经济学”栏目是编委钱颖一教授推荐的两篇文章，讨论了劳动力市场监管和法律，一篇是从印度的案例谈劳动力市场监管，一篇是对85个国家劳动力市场监管的比较。伦敦经济学院的提莫西·贝斯利和鲁宾·伯格斯在《劳动力市场监管对经济增长的阻挠——来自印度的证据》一文中指出，劳动力监管政策在印度属于中央和各邦政府的“共同事务”。自独立以来，各邦的监管政策表现出了不同的倾向性，另外，劳动力监管主要针对有一定规模的制造业企业，这于是给学者们提供了很好的实证分析案例。他们发现，在监管政策对工人的保护比较薄弱的各邦，制造业的投资、就业和产出增长速度明显更快，城市贫困人口的数量显著减少；反之，在监管政策更倾向工人的各邦，却出现增长停滞、失业和地下经济增加的现象。人们原本希望通过监管来解决资本和劳动之间力量对比不平衡的问题，保护工人利益，结果却导致投资、就业、生产率和总产出水平下降，阻碍了当地的经济增长，使城市贫困率居高不下，反而有害于穷人。

《劳动力监管》一文总结了安德烈·施莱弗等人对85个国家的劳动力监管进行的跨国比较研究。他们回顾了三种主流的制度选择理论，即效率理论、政府权力理论和法律传统理论，然后对85个国家的雇佣法、集体雇佣法和社会保障法进行了详细的数据整理和分析，以对劳动力监管的决定因素进行考察。这篇文章的研究结论是，一个国家的法律传统是其劳动力市场和其他市场的监管模式的重要决定因素，政府对各种不同的经济活动的监管模式存在共通性。同时，实证分析并不支持效率理论，但政权的性质对监管确有影响。另外，文章还分析了劳动力监管的一些结果：严厉的劳动力监管带来了一些反向结果，如，较低的劳动力参工率、较高的失业率尤其是年轻人的失业率等。

在“比较之窗”中，《香港：发展城市公共交通优先体系背后的经济学和管理学》是经由香港大学肖耿教授推荐，香港大学地理学院的王缉宪博士专为我们写的文章。作者曾经为国内城市规划课题提供他的研究，对一直寻找这一研究的《比较》有如获至宝的感觉。在城市化发展过程中，城市越来越大，与生活工作相关的交通显得越来越不便利，公交发展总显得缓慢并且设计不人性化。凡是到过香港的人，无不为其城市管理叹服。本文生动地介绍了香港以公交为本的特点。但是，人们更关心的是：为什么这样的城市交通体系可以建立？怎样可以做到控制私人汽车的增长和使用而同时保证公共交通优先？发展这样的体系遇到的主要问题在哪里？什么样的制度使得这样的交通体系可以持续？在这有限的篇幅里，作者尽力地回答了上述问题，这些实在是值得我国大城市借鉴的东西。作者在文章结尾说道：“一个城市交通运输效率提高后，工作和生活在这个城市的人们和企业在出行和运输上得到的节约会悄悄地转化为他们的生产效率和休闲质量。这两样东西都不会像修桥建路那样直接地反映在城市的GDP增长中，也不会表现为所谓的亮点或者城市名片。然而，恰恰是这些悄悄转化的东西提高了这个城市的竞争力和吸引力，构成了讲求经济效率、社会公平、环境良好这三个城市可持续发展要素的实际内容，让这里的人们生活得更好。”

中国人民银行的张韶华为我们提供了《日本的政策性金融：历史、现状与改革趋势》。文章介绍了日本的新一轮政策性金融改革，该措施将重新定位政策性金融的职能，并于2008年4月起对现有的8家机构进行大规模整合。作者对二战以后日本的庞大政府系金融机构的变迁历程进行了回顾与梳理，详细介绍了本轮改革的动因、内容与目标，最后提出了对中国的两个重要启示：一是严格限定和准确定位政策性金融的职能，把政策性金融作为商业金融的补充，规定极其严格的前提条件，不能与商业金融争利；二是建立和完善政策性金融的法律体系，改革必须“立法先行”。

在“前沿”栏目中，《经济学、神经生物学和行为科学的综合视角——培养美国未来的劳动力》一文是由诺贝尔经济学奖得主詹姆斯·赫克曼挂帅，多个学科领域的著名学者共同研究的成果，文章得出了与人力资源紧密相关的一些重要结论，也反映了目前的跨学科研究的趋势和重大政策启发。发展心理学多年的研究发现，儿童在交往互动过程中形成的认知、社会和情感能力为他们未来的学习成绩和生产力奠定了基础，幼年时期的早期经历对成年后的生活具有重要的持续影响。如今的社会要求劳动者具有灵活的头脑、独特的能力、坚韧的情感，以及在不断变化和高度竞争性的环境中与他人良好合作的心理，因此，要为未来培养合格的劳动力，就必须将人的潜力最大限度地发挥出来。而最有效和成本最低的战略是在那些贫困的、明显处于弱势的儿童成长的最早阶段，就进行教育上和物质上的投资，亦即对于这些孩子进行积极的环境干预。越来越多的研究发现，在人生的后期对不利环境进行干预补救的效果，远不如在人生的早期提供促进成长的正面经历。预防比补救更有效、而且成本更低，及早行动远胜于亡羊补牢。

今年7月，世界计量经济学会2006年远东会议在清华大学召开，这是世界计量经济学会首次在中国大陆举办的重要活动，共有10多位著名经济学家发表主题演讲，其中包括世界计量经济学会主席理查德·布兰戴尔、国际货币基金组织首席经济学家拉古拉迈·拉詹、普林斯顿高等研究院的埃里克·

马斯金和清华大学的钱颖一等。我们为本次会议提供了一个简短的综述，并将部分发言的记录整理为专栏，以供广大读者参考。

《小额融资承诺》一文是中国银监会的张晓朴博士特别推荐给我们的，希望在国内关于小额贷款问题的热烈讨论中，能够提供有价值的参考。在这篇经典文献中，作者乔纳森·莫多克对小额融资在全球的真实业绩和表现进行了深入思考和分析，通过大量的数据表明，不管是在发展中国家，还是在发达国家，迄今为止小额融资并没有所宣称的那样成功，许多正面结论经不起仔细推敲，例如，高偿还比率很少能转化为利润，有关的宣传和研究还可能会受到激励的扭曲。所谓“双赢”的承诺，即在获得利润的同时减轻贫困，远远没有得到事实的支持。在一些情况下，小额融资项目的贷款能帮助自主就业者获得资金，但这些活动通常只是借款者收入的补充，不能使借款人的就业模式产生根本转变。迄今为止的研究表明，要真正降低贫困，需要增加经济增长和就业的总水平，小额融资可能对部分家庭有所帮助，但还没有表现出能推动经济增长和就业的实力。总之，尽管小额融资运动已经席卷世界各国，为千百万家庭提供了服务，但我们迫切需要更理性的分析，以便更好地采取下一步的行动。

目 录

Contents

第二十六辑

法和经济学 Law and Economics

比较之窗 Comparative Studies

理解开放与增长

江小涓

中国经济持续快速增长，是过去四分之一个世纪中全球经济中最重要的事件之一。中国成功经验的一个重要方面，就是走开放式的发展道路，通过对外开放，推动思想解放和改革创新，校正国内要素结构失衡，提高资源配置效率，提升产业竞争能力。

我国对外开放正在进入新的阶段，这是由三个重要因素的变化所决定的。一是人均收入水平的提高。经过二十多年的持续快速增长，我国的人均收入水平明显提高，即将达到2 000美元。对一个国家在全球贸易和投资中的地位来说，这是一个重要的标志性收入水平，将会带来一些新的阶段性特征。二是我国比较优势的相对变化。随着收入水平的提高和资本、技术等要素的积累，我国的要素结构发生了显著变化，不同领域中的比较优势有消有涨，在全球分工格局的有利位置也在相应变化，有竞争力的产业面和价值链继续扩展。三是作为经济和贸易大国，外部许多重要的经贸关系处于调整和变化之中，出现新的有利和不利因素，需要有战略远见，保持和发展符合我国根本利益的外部环境。

随着国内外条件和环境的变化，我们参与国际分工的方式、层次和特点

---

* 作者为中国社科院研究生院教授。

等都将随之进行调整、拓展和提升。我们将真正进入商品和要素全面双向跨境流动的开放阶段。出口与进口、商品流动与要素流动、吸收外资与对外投资、保护自己市场与进入别国市场等各方面利益均衡的要求在加强。在今后对外开放的过程中，贸易和投资政策可能更趋于“中性”。

一、扩大开放中的高速平稳增长

在过去25年中，中国经济持续快速增长。1980～2005年，我国国内生产总值（GDP）从4 517.8亿元增加到182 321亿元，排除价格变化的影响后，年均增长速度也达到9.54%。在世界各国GDP总量的排名从第10位上升到第4位。

我国增长的一个显著特点，是伴随着对外开放程度的不断提高。在这期间，对外贸易和吸收外资持续快速增长。1980～2005年，我国对外贸易年均增长速度达到15.6%，吸收外资累计达6 224.25亿美元。目前我们已经是全球第三大贸易国和第三大外商直接投资东道国。

1. 对外贸易持续增长

过去25年，中国在全球贸易中的地位显著提高。1980年，我国进出口总额为380.4亿美元，在全球排名第22位，占全球贸易总额的比重仅为0.93%。1995年，我国进出口总额达到2 808.64亿美元，在全球贸易额中的排名上升到第11位，占全球贸易总额的比重升至2.69%。到2005年，进出口总额增加到14 221亿美元，比重上升为6.9%，排名全球第3位。

表1　我国部分年份贸易额、占全球比重和全球排名（亿美元,%）

	进出口总额			出口			进口		
	金额	占全球总额比重	在全球排序	金额	占全球总额比重	在全球排序	金额	占全球总额比重	在全球排序
1980	380.406	0.93	22	180.993	0.89	20	199.413	0.96	20
1995	2808.64	2.69	11	1487.8	2.88	12	1320.84	2.5	11
2005	14221	6.9	3	7620	7.3	3	6601	6.1	3

图1是1980年中国贸易额占全球比重，图2和图3是1995年和2005年中国贸易额占全球比重的变化。

在这个时期，全球贸易总额的增长明显快于全球GDP的增长，贸易增长对GDP增长的带动作用突出。1980～2004年，全球GDP年均增长速度为2.6%，全球贸易总额年均增长速度为6.9%，对外贸易增长速度比GDP增长

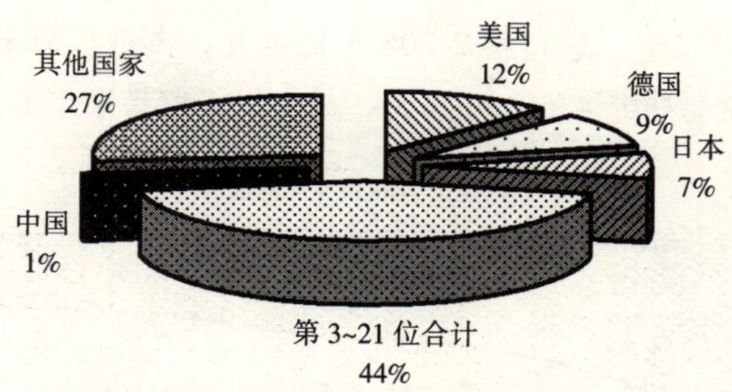

图1 1980年中国贸易额占全球比重

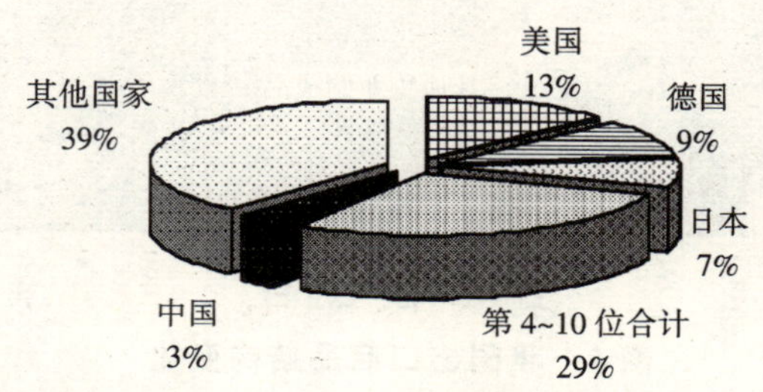

图2 1995年中国贸易额占全球比重

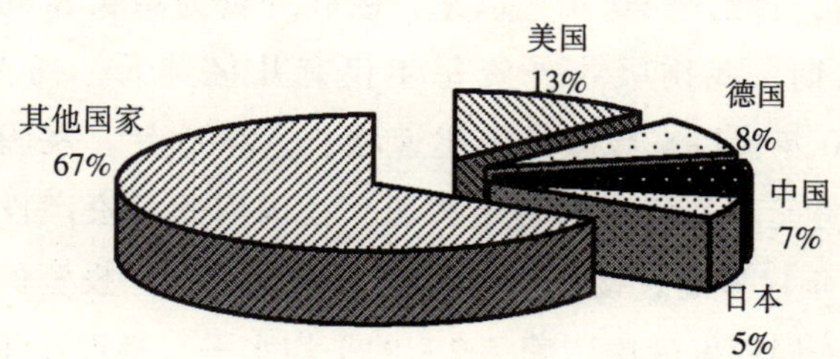

图3 2005年中国贸易额占全球比重

速度高出4.3个百分点。同期，我国GDP增长速度年均为9.6%，对外贸易年均增长速度为15.1%，对外贸易增长速度比GDP增长速度高出5.5个百分点。出口占GDP的比重，从1980年的5.97%上升到2005年的34.36%。在各大国中，仅有德国这一比重与我国大体相同。

在贸易规模持续扩张的同时，贸易结构也明显改善。从大类商品看，20世纪80年代初期，农产品、燃料、矿物与金属等资源密集产品占出口总额将近一半，此后比重持续下降，工业制成品的比重持续上升，2004年，相对高附加值的机械与交通设备占我国出口商品的比重已达45.2%，2005年达到了46.2%（见图4）。近10年来，高技术产品出口迅速增长，2005年我国电子信息产品进出口总额达到4 887.3亿美元，其中出口额达2 681.7亿美元，占全国出口总额的35.2%；进口额2 205.6亿美元，占进口总额的33.4%。电子信息产品实现贸易顺差476.1亿美元，成为提供贸易顺差的主要产业之一。

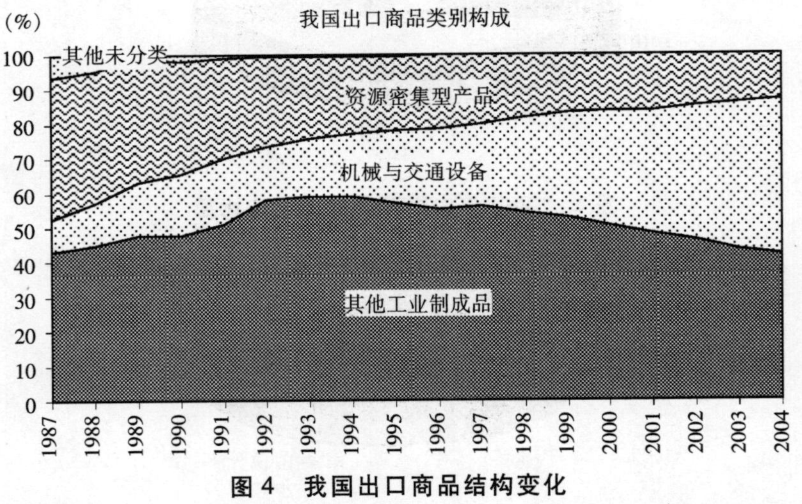

图4　我国出口商品结构变化

2. 吸收外资达到较大规模

过去25年间，特别是90年代以来，吸收外资为增长和就业做出了突出贡献。80年代初期，我国吸收外资每年仅有几亿美元，到1985年也仅为19.56亿美元。90年代以来吸收外资迅速增长，2005年，我国吸收外商直接投资达到721亿美元。外资作为资金来源，在国内固定资产投资总额中已占有显著份额。90年代外商直接投资占我国国内固定资产投资的比重平均达到12.5%，明显高于同期发展中国家7.2%的平均水平。最近几年这个比重有所下降，但仍然占有显著地位（见表2）。

表2　FDI占我国固定资产投资总额的比重

年份	FDI占全社会固定资产投资的比重*（%）	年份	FDI占全社会固定资产投资的比重（%）
90年代平均	12.5	2000	10.2
1994	17.1	2001	10.2
1995	15.7	2002	9.7
1996	15.1	2003	7.6
1997	14.8	2004	6.7
1998	13.1	2005	6.7
1999	11.2		

*计算方法：实际利用外资额/全社会固定资产投资总额。

资料来源：国家统计局《中国统计年鉴》（2005）。2005年数据作者自己计算。

从20世纪90年代末期开始，中国已经成为全球FDI的主要东道国之一。图5是2005年中国在全球直接投资主要东道国中的排名，仅次于美国和英国排在第三位，是发展中国家首位。

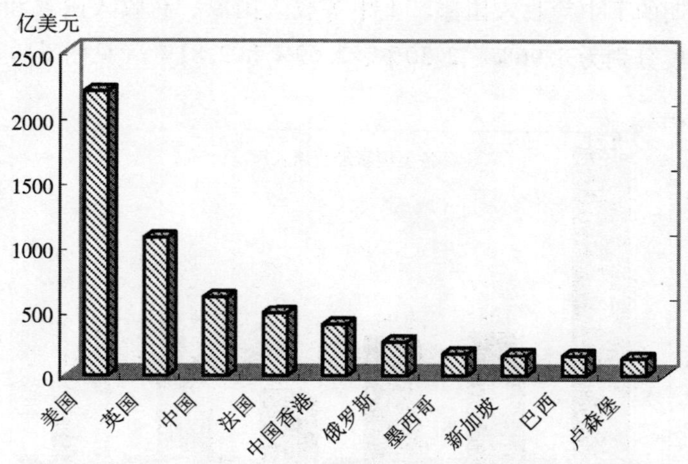

图5　吸收外资排名前十位的东道国/地区（2005）

目前，外商投资企业已经成为我国经济的重要组成部分，在许多重要指标中占有约四分之一的份额。2005年，外商投资企业提供的工业增加值占全国工业增加值的28.6%；外商投资企业提供的税收占全国税收总额的20.7%，其中增值税占全国总额的比重为26.52%。2004年，外商投资工业企业中的就业人员占工业企业就业人员总数的23.7%。

吸收外资提升了中国的产业结构和竞争力，改善了出口商品结构。近些年产业规模和出口数额增长较快的通信设备、计算机和其他电子设备、仪器仪表等产品，外商投资企业都占有较高比重。2005年，我国高技术产品出口中，外商投资企业的出口占87.97%。

外资的进入促进了国内企业加速提升竞争力。随着资金进入我国，国外先进的经营理念、技术、管理、营销、市场网络等都随之进入，改善了资本存量的总体质量，形成高质量的资本增量。吸收外资对国内产业的发展有明显的技术和能力外溢效应，外资企业通过竞争、示范与合作等方式，推动着国内企业不断提高效率，加快改革，增强综合竞争力。在那些外资较早和较为密集进入的行业如家用电器、食品饮料、洗涤用品、汽车、工程机械、通讯设备、手机、计算机等行业中，已有许多国内企业成长起来，成为有全球竞争力和市场地位的重要企业。

3. 扩大开放中的持续、稳定增长

在扩大开放中，我国经济保持着较快的增长速度，是全球表现最好的经济体之一。按联合国贸发会议的数据，1980～2004 年我们年均增长速度为 9.77%，同期的下中等收入国家、上中等收入国家、高收入国家和全球平均年均增长速度分别为 3.96%、2.30%、2.69% 和 2.81%（见图 6）。

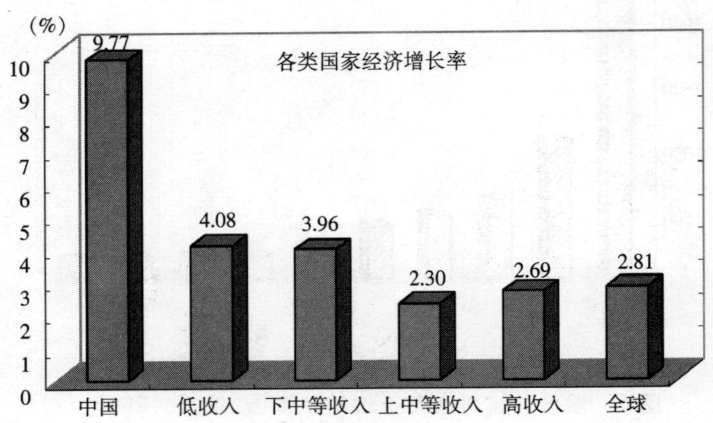

图 6　1980～2004 年各类国家年均经济增长率①

我国与外部经济关联度不断加深，不仅促使经济持续较快增长，而且也没有影响经济的稳定性。相反，在与外部经济联系不断加深的过程中，我国经济增长速度更加趋向稳定。以往多年，我们的经济增长起伏较大，在 80 年代和 90 年代中期以前，有过数次大起大落。90 年代中期以来，全球经济中出现过数次大的波动和危机，我国经济的开放程度又在快速提高，但我们并没有受到外部经济波动的明显影响，经济增长的稳定性反而在增强。特别是从 90 年代末期以来，我国经济增长保持了 9.5% 的较高速度，波动区间明显收窄，显示出一条已长达 8 年的高位平滑曲线，年度间的波动基本上未超过 1 个百分点，这是以往多年从未有过的稳定增长（见图 7）。稳定性增强的主要原因，是政府宏观调控能力增强和市场的内在稳定机制开始发挥作用，同时也说明，提高开放度并不必然会受到外部经济波动的严重冲击。

① 图中我国经济增长数据与国内统计数据略有差别，是为了保持来源的一致性，使用的都是联合国贸发会议的数据。

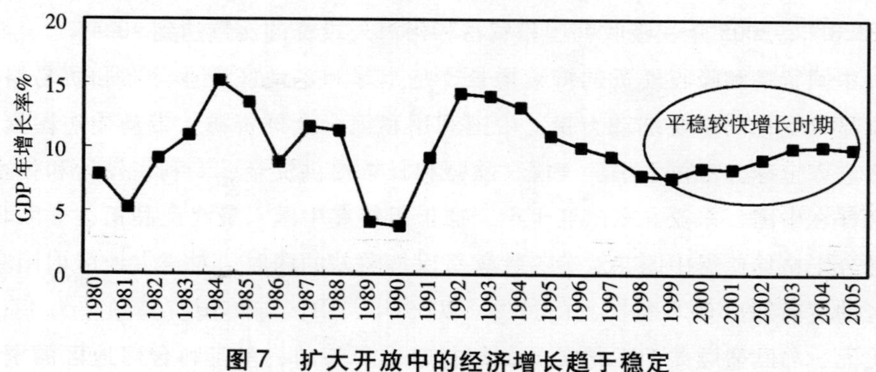

图 7　扩大开放中的经济增长趋于稳定

二、中国对外开放为全球和地区经济发展提供的巨大机遇

在过去四分之一个世纪中，中国的对外开放首先是我们自身受益，促进了增长和就业。同时，也为全球经济稳定与繁荣做出了贡献，推动了全球经济的发展，我们的贸易和投资伙伴因中国增长而获益。

我们组合全球资源，为世界制造出了大量物美价廉的商品，全球消费者因此而受益。来自中国的进口消费品，使美国、欧盟等发达国家的消费者每年节省了数百亿美元的消费支出，成为抑制全球通货膨胀、促进经济复苏的重要因素。

我们不断扩大进口，成为重要的“世界市场”。中国已经是全球第三大进口国，从全球进口了大量的中高档消费品、高技术含量的投资品、中间投入品和资源性产品，为这些产品的出口国提供了巨大的市场和因此而获利的机会。2002 年、2003 年和 2004 年，中国进口增量占全球进口增量的比重分别为 21.9%、11.0% 和 9.5%。对全球进口增长的贡献突出。2005 年，中国是美国第四大出口目的地（4.6%），日本的第二大出口目的地（13.5%）和欧盟的第四大出口目的地（4.8%）。我们的发展对周边地区也产生了明显的带动作用。2004 年，我们与周边国家/地区的贸易额占我国对外贸易总额的 50%，周边国家/地区对我国的投资额占我国吸收外商直接投资额的 61%。

我们吸收外资，为其他国家的投资者提供了新的投资机会。90 年代中期前后，中国吸收了全球十分之一以上的跨国直接投资，1994 年这一比重高达 14%。最近几年，中国吸收外资占全球直接投资的比重在 6% ~10% 之间，仍然是最大的发展中东道国。特别是对周边国家来说，中国已成为其中许多国家海外投资最大的东道国。2004 年，我国吸收日本投资占日本当年海外投资的12.8%；2005年，吸收韩国投资占韩国海外投资的比重达到40.4%。

中国贸易和吸收外资的持续增长，是全球和本地区产业分布和贸易格局发生显著变化的重要推动力量，中国利用和组合全球资源，带动周边国家和地区进入全球分工体系中：美国、欧盟和日本提供资金、专利、设计和技术，零部件在中国、东亚和东南亚生产，加工组装在中国，最终产品销往美欧日。这种分工格局使得中国在对美、欧贸易保持顺差的同时，对亚太地区内国家/地区的贸易却出现不断扩大的逆差。2005年，中国与美国贸易顺差为1 142亿美元，与欧盟顺差701亿美元，但与日本、韩国、东盟和台湾地区的贸易逆差就达1 359亿美元，由此"送出"了对美欧贸易顺差的大部分。中国带动了地区经济的持续增长。

三、从国情和全球化趋势看开放的必然性：校正国内要素结构和提高资源配置效率

从缓解国内要素结构约束和应对全球化竞争这两个角度看，开放型的发展道路是中国实现现代化的必由之路。

1. 国情特点要求利用两种资源、两个市场

走开放式的发展道路，是我国国情的必然要求。我们国情的一个突出特点，是国内要素结构失衡，各种要素不匹配，无法局限在国内进行有效配置。我们的劳动力资源特别充裕，而其他要素均相对稀缺。改革开放初期，我国主要的生产要素占全球总量的份额为：劳动力为23%，土地和淡水等不可贸易的资源仅占4%~7%，石油和天然气探明储量仅占3%~4%，固定资产投资不足1%，研发投入不足0.5%（见图8）。劳动力在现代经济部门就业，必须有资金、土地、能源、技术等要素与之相匹配。如果局限在国内资源进行配置，大量的劳动力就无法与其他要素有效结合，无法进入现代经济活动之中。这是中国以前、现在和今后相当一段时间内的基本国情。等待国内积累各种短缺要素将是一个漫长的过程。其中有些资源如土地、淡水及一些重要的自然资源等，国内资源是给定的，随着经济总量的增长，其短缺程度还在提高。

解决我们国内生产要素不匹配问题有两个根本途径，一是发展劳动密集型产业，二是通过国际市场平衡余缺。这实际上也是我们过去二十多年发展中的基本特征。我们利用海外市场创造就业机会，包括劳动力直接出口（各种形式的劳务输出）和间接出口（劳动力搭载在出口商品上出口）。同时，我们引进各种短缺要素弥补国内不足，包括进口短缺的能源原材料、引进国外

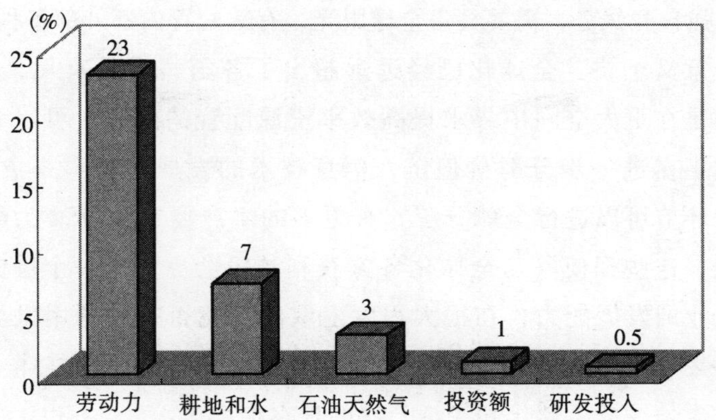

图 8　我国主要生产要素占全球总量的份额（1980 年）

资金和技术等。增加了这些短缺要素的供给，国内就有更多的劳动力能够进入现代经济部门就业，增加收入、提高生活水平和积累发展能力。

对外开放还使我们的要素配置和生产结构不再受自然禀赋的严重约束。我们不再局限于仅仅能够依据自身优势发展劳动密集型的低技术产品。通过引进国外资金技术、进口短缺资源和吸收国外的管理经验，我国的资本、技术相对密集产业也得到较快发展，产业结构和出口商品结构得以持续提升。

2. 提高资源配置效率要求扩大对外开放

开放式发展道路的意义，不仅限于校正要素结构失衡，也是在经济全球化条件下提高资源配置效率、增强竞争能力的必然要求。经济全球化的深入发展，使愈来愈大比例的商品和各种生产要素在全球范围内的大规模流动和配置，跨越国家边界的经济活动日益增加。劳动分工演进和市场范围扩大两者相互作用，是形成经济长期增长的根本动力。全球化能够达到资源优化配置和促进全球经济增长，是由于全球化使得劳动分工演进和市场范围扩大得以从以国家为界拓展到了全球范围。在这种分工格局中，企业选择市场和配置资源的空间大大拓展，这必然要求有一个开放的经济体系，便利商品和要素跨国境流动和组合。

只从各国国内要素结构的角度，并不能完全有效地解释商品和要素跨国流动的现实状况。以跨国投资为例，从要素结构的角度看，资金短缺的发展中国家应该是吸收跨国投资的主要东道国，但现实是，资金充裕的发达国家吸收了全球三分之二以上的直接资本。美国和英国是全球资金供给最充分的国家，是对外投资最多的国家，但同时也是全球吸收海外投资最多的国家。这是由于在每一个细分的产品市场上，各个企业持有的优势资源是不同的，要在激烈的竞争中不断增强自身优势，需要具备全球眼光，有效配置内部外部各种资源。

从这个意义上讲，全球化已经远远超出了各国“互通有无，调剂余缺”的范围，而是在更大空间中寻求提高效率资源配置的过程。可以看到的趋势是：全球化正在进一步分解价值链，信息技术的发展使得愈来愈多的产品、制造和服务环节可以进行全球分工，有更多的生产要素以 FDI 为载体在全球范围内配置，这些都使参与全球化各方获利的机会更多。一个国家、一个产业和一个企业的发展能力，在很大程度上取决于能否有效利用世界范围内的一切机会，集成全球优势生产要素，形成自身的竞争力。在整体上提高要素的配置效率，是经济全球化和经济开放的根本推动力。

发展中国家参与全球化的益处，在许多实证研究中得到证实。过去二十多年，经济全球化迅速发展，积极参与全球化的国家从中受益。中国参与全球化的收益更加明显。世界银行在 2001 年发表的研究报告《全球化、增长与贫困》① 中指出，在发展中国家中，参与全球化的国家和没有参与全球化的国家（非全球化国家）在经济增长方面存在明显的差异。参与全球化的发展中国家在过去 20 年里的经济增长速度是富国的两倍以上，而非全球化国家的增速只有富国的一半，而且现在越来越落后。中国就是积极参与全球化并从中广泛受益的国家之一。

四、全面理解全球化中要素聚集和利益分配格局

1. 要素的流动性差异：理解中国成为全球“制造基地”的关键

经济全球化本质上就是生产分工和市场跨越国界在国家之间展开的这样一种趋势。驱使生产要素跨国配置的动力，是投向国外获得的回报有可能高于他们在本国投资的回报。而驱使东道国接受外国要素流入的动力，是这些要素能够与更多的当地劳动力相结合，能够提升当地产业的竞争力，提供就业和增长机会。因此，在全球化过程中会出现这种现象：许多原先在各国之间相对均匀分布的经济活动，开始向一些具有特殊优势的国家和地区集中。

过去十多年全球化进程中一个引人瞩目的现象，是全球各种生产要素在中国“集结”，以中国为基地，制造面向全球市场的产品。这些生产要素之所以要在中国“集结”，是因为不同类型生产要素跨国流动的能力和约束条件有

① 世界银行编写组（2001 年）：《全球化、增长与贫困（中译本）》，中国财政经济出版社，2003 年 12 月。

显著差异。在全球化进程中，资金、技术等要素本身流动性较好，干扰因素相对较少。而劳动力本身的流动性较差，受到外部因素的干扰较多，例如许多国家的移民政策，就对普通劳动力的跨国流动形成刚性制约。因此，经济全球化中要素跨国流动的一个重要特征，是流动性强的要素流向流动性差的要素所在地，共同形成生产能力。这是中国集成全球要素成为全球“制造基地”的主要原因。可以设想，如果没有劳动力流动的约束，相反的过程也可能出现：低收入国家的劳动力大量涌向发达国家，与当地的资本和技术相结合，形成有竞争能力的生产能力。这正是许多国家内部生产要素流动的现实状况：劳动力从落后地区向发达地区流动。但是，国家之间的劳动力流动受许多复杂因素的限制，在可见的将来，前景仍然很不确定。

2. 中国获得了参与全球化的大部分收益

在这个“多国要素持有者共同在中国制造产品”的过程中，收益分配格局引人瞩目。我们作为东道国，获得了大部分的收益。按照收入法统计的GDP，国民收入由四个部分组成：劳动者报酬，固定资产折旧，生产税净额和营业盈余。2003 年，这四部分占国民收入的比重分别为 49.6%、15.9%、14.3%、20.2%。这表明在一国新生产的 GDP 中，约有一半是付给劳动者的收入。这一部分收益主要归我们。在合资企业中，我们还获得一部分投资回报。作为东道国，税收也主要归我们。这都是我们获得的收益。国外投资者主要投入资金和技术，获得的收益主要是营业盈余中的一部分。可以看出，我们从“多国共同在中国制造”中获得了大部分的收益：劳动报酬、税收以及部分盈利。

我国的劳动者在这种生产过程中获得的报酬水平远远低于发达国家的劳动者。确有一些外商投资企业，违反我国劳动法及其他相关法律法规，通过延长劳动时间、不提供合法的工作环境、克扣工资、不支付社会保障支出等手段，损害劳动者的合法权益。这也是我们今后监管外商投资企业的重点。但是，发达国家和我国劳动者收入水平的差距，主要是由于各国收入水平的差距造成的。总体上看，我国劳动者在出口部门和外资企业获得的劳动报酬，不低于在国内企业获得的报酬水平。比较不同类型的企业，工资水平最高的为外资企业。2004 年，外资企业、国有企业和城镇集体企业员工的平均年工资报酬分别为 20 440 元、16 729 元和 10 102 元。这也是国外许多实证研究所表明的现象：在发展中国家，外资企业提供的劳动报酬虽然不如其在本土的水平，却是东道国相对最高的。

外资企业提供的税收也逐年增长。我们对外资企业有所得税减免的优惠政策，但是增值税等各种流转税是不减免的。2005 年，外商投资企业税收为 6 391.34 亿元，占全国税收总额的比重为 20.7%；其中增值税为 3 942.90 亿元，占全国增值税总额的比重为 26.52%；企业所得税为 1 147.69 亿元，比重为 21.05%；个人所得税为 425.95 亿元，比重为 20.34%。在时机成熟统一内外资企业的所得税制后，外商投资企业的税收贡献份额还会上升。

外国投资者的收益主要是投资收益即利润。2004 年，外商投资工业企业的利润额为 3 454.78 亿元，这其中有一部分是合资企业中中方投资的收益，按中方在合资企业的所有者权益中的比重估算，中方约占有 29% 的投资收益。减去中方应得的部分后，外资获得的利润约为 2 471 亿元，占当年工业企业利润总额的 21.78%，占 GDP 的比重为 1.54%。

外商投资企业将利润中的一部分再投资，因此汇出的利润少于所得利润。目前我国的国际收支统计中，“投资收益”账户借方主要包括了直接投资利润汇出、对外支付利息、证券收益汇出以及个人收益汇出。由于后两者相对较小，可以忽略不计，因此用“投资收益”减去对外支付的外债利息，可粗略估算出外商直接投资的利润汇出额。2004 年，这个数据为 174.7 亿美元，约占当年 GDP 的 0.9%。

综上所述，国内外各种生产要素都参与了中国经济的增长过程，并共同从中获益，我们获得了收益的大部分。同样重要的是，从动态看，引进技术和管理产生的外溢效应和我们从“干中学”中得到的收益，提升了国内产业的整体竞争力。

3. 出口总额和出口收益：一个容易误解的领域

恰当理解开放型经济中我们的获益，首先要区别增加值、销售收入以及出口额的差别。出口额是销售收入的概念，其中既包含在我国国内新创造的增加值，也包含从国外转移的价值即进口投入品的价值。其中，只有增加值计入我们的 GDP 之中，而转移价值的部分与我们的投入无关，是不计入 GDP 中的。因此，我们从出口中获得收益的大小，只能相对于我们新创造价值部分即增加值而言，不能与出口总额相比。例如，出口一台笔记本电脑，进口投入品占其中价值的二分之一，这部分价值创造是在国外完成的，虽然计在了“出口总额”之中，但并没有计入我们的 GDP 之中，因此与我们的收益无关。我们的获益仅对我们创造的二分之一而言。与我们的实际投入相比，如果盈利率达到 10% 是可以接受的，但若以全部出口额作为分母计算盈利，盈利水平就会被不恰当地“摊薄”为5%。同样，我们获得其他收益如“工缴费”、工资报酬等等，如果不是和我们的实际投入和新创造的增加值相比，而是直接与出口额相比，其收益程度都会被大大地低估。

这是理解当今时代“全球产品”分配特征的关键：一个产品多国制造，每个国家都只能从其参与的部分中获益，无论价值链上哪部分的参与者，都不能将其收益与最终产品的全部价值做比较。我们参与的是价值链上的终端部分，特别要恰当理解这种分配格局。

4. 外商投资企业的国内产业带动力

外商投资企业较多进口设备和零部件，由此来看，似乎外商投资企业与国内产业的关联度较弱。对这个问题的恰当理解，关键还是要明确销售收入和新创价值的区别。外商投资企业的销售收入中，只有新创造的价值才会被计入我们的GDP中，换言之，外商投资企业对GDP的贡献，是扣除了转移价值部分的。全面衡量一个产业发展对国民经济的带动作用是一个复杂的问题，因为每个产业的发展，都会对多个产业产生广泛和多层的波及作用，要利用投入产出法，才能测量出各个产业之间直接和间接的相互依存关系。其中，影响力系数是反映一个产业对其他产业影响的波及程度，影响力系数较大的产业部门对社会生产具有较大的辐射能力。利用2002年投入产出表进行分析，通讯设备、计算机及其他电子设备制造业，仪器仪表及文化办公用机械制造业，交通运输设备制造业分别为影响力最大的第一位、第二位和第四位产业①，这三个产业均为外商投资集中的产业，在通讯设备、计算机及其他电子设备制造业和交通运输设备制造业中，外商投资企业产出的增加值已分别占整个产业增加值的三分之二和三分之一左右。由此可以看出，吸收外商投资对我国产业发展起到了明显的带动作用。

5. 劳动报酬的特殊重要性和外资流动性的影响

劳动报酬和资本报酬是针对不同要素的收益。就业获得的是劳动报酬即工资，投资获得的是资本报酬即利润。从收入分配的角度看，不同要素的报酬意义不同。劳动报酬是中低收入者的主要收入来源，能否在非农产业中获得新的就业机会，是农村劳动力提高收入水平的主要来源，也是他们融入现代经济发展过程和提高发展能力的基础。资本报酬是投资者的回报，是财富

① 引自中国投入产出学会（2006）。

和生产能力积累的重要途径，也是我们要力争的重要利益。但是，从中国目前的发展阶段和突出矛盾考虑，需要强调就业和劳动报酬的优先重要性。不能因为有些项目的投资收益较低，就否定从中获得劳动收益的必要性和重要性，这不仅涉及就业和增长，而且直接关系到改善收入分配这个大问题。

外资所有权的影响是一个复杂的问题。所有权除了带来利润的索取权外，还带来自主处分资产的权力。对此人们担心的后果之一是撤资。从个案来看，外商撤资的情况时有发生，这是正常的，就如同国内企业之间股权转让经常发生一样。但是，如果发生外资大量集中撤资，就会对经济产生重大影响。不过，外商直接投资是长期投资，与短期资本可以在短时间内大量进入和撤出不同，大批外商集中撤资的成本很高，因为长期投资形成的固定资产不可搬动而只能转让，短期内多个投资者同时撤资，会使资产市场上的供方骤增，资产价格急剧下滑。愿意接受这样重大损失而撤资的情形很少，除非东道国的投资环境极度不稳定，面临危机状况，未来增长前景暗淡。此时，长期投资者撤资并不是危机的根源，而是危机的结果。国际经验表明，此时不仅是外资，国内资本也会大量向外转移。

与上述特殊情况相比，更常见的情形是，随着外商投资的持续增长，“外资”这个东道国原本稀缺的生产要素不断积累，稀缺性下降，竞争增加，导致外商的投资回报开始逐步递减。此时新的外资进入减缓，还有些外资企业开始向外转移，寻求有更高回报的投资地点。在这种情况下，东道国企业也会因为同样的原因，开始大规模向外投资。此时无论是外资还是内资向外转移，都是资本追逐利润的必然结果。从客观上看，这种转移有利于阻止本土投资收益率的持续下降，稳定资本收益。

6. 对外开放的资源与环境成本

出口和吸收外资对国内资源和环境方面的影响是我们必须考虑的成本。这个方面以前我们关注的不够，有些出口产品和外商在华投资项目存在严重的浪费资源和污染环境问题，例如一些高耗能的资源加工项目。这些出口商品和投资项目不符合我国国情，要坚决限制乃至制止，这也是我们近几年提高对外开放水平的重要举措。但从总体上看，对外贸易和外商投资企业在这些方面存在的问题不算特别突出。

我们的出口商品集中在劳动密集型的加工领域。出口最多的两类产品为电子通讯产品和纺织服装产品，两者合计占出口总额超过一半，这两个行业都不是高消耗高污染的行业。外商投资企业的出口中，加工贸易所占比重较高，其中有一些资源消耗高和环境污染重的产业，但不是主要部分。2004 年，包括水泥、电解铝、纸品、电石、黄磷、烧碱等在内的六种高耗能产品的加工贸易出口额为 42.31 亿美元，仅占加工贸易出口额的 1.29%。大量的加工贸易产品，都是引进国外资源和资金密集型的投入品，我们再投入大量劳动力加工出口的，我们集中在资源节约和劳动密集的分工环节，符合我国的国情特点和比较优势。总体上看，我们大量进口而不是大量出口资源密集型产品，2005 年，我们初级产品逆差达 986.7 亿美元，对外贸易缓解而不是加剧了我国劳动力密集和资源短缺的国情特点。

外商投资并不是集中在那些对资源和环境造成突出影响的领域。2004 年，我国工业废水排放量前三位的行业分别为化学原料及化学制品制造业，造纸及纸制品业，电力、热力生产和供应业，三个行业占排放总量的 45%；工业废气排放总量前三位的行业分别为电力、热力生产和供应业，非金属矿物质制品业，黑色金属冶炼及压延加工业，三个行业占排放总量的 73%；工业固体废物排放总量的前三名分别为电力、热力生产和供应业，黑色金属冶炼及压延加工业，煤炭开采和洗选业，三个行业占排放总量的 52%①。而外商投资企业产出比重最高的三个行业分别为通讯设备制造业、计算机及其他电子设备制造业，交通运输设备制造业，电气机械及器材制造业。这三个行业在工业废水和工业固体废物排放量的排名都在十位之后，仅有交通运输设备制造业在工业废气排放量中排在第十位②。

本文前面的分析表明，我们较大规模地参与国际贸易和吸收外资，是我们的国情使然，是我们利用全球资源和市场加快发展的必然要求，是全球化深入发展提供的机遇。开放促进了我们的持续较快增长，也为国外投资者和消费者提供了较多利益，全球共享中国增长和开放的益处。

五、开放型经济面临的挑战和风险

封闭经济和开放经济有各自的挑战和风险。但是，开放并不必然是风险更高的选择。经济不开放，我们不能充分利用两种资源两个市场纠正国内要素结构失衡问题，不能在全球范围内优化资源配置，不能尽快提升产业结构和企业竞争力，我国的就业和增长都要受到明显影响，这将对经济社会各方

---

① 国家统计局统计科学研究所（2006 年）。

② 同上。

面造成巨大压力，这是我们可能面临的最大风险。因此我们要坚定不移地继续实行对外开放的基本国策。同时，要清醒的认识到，对外开放必然要面对一些特定的挑战和风险，要认真准备和妥善应对，趋利避害，在扩大开放中确保经济的稳定和安全。

1. 经济受外部因素冲击的可能性加大

无论是贸易增长还是吸收外资增长，都必然使国内经济与外部世界的联系更加密切，受其影响的层面日益扩展，程度日益加深。国别性、区域性和全球性的经济波动和危机有可能向我们蔓延。短期投机资本的快速流动对全球金融市场的稳定带来难以预料的冲击，也有可能影响我国金融体系的稳定性。过去一些年，我们国内增长势头强劲，调整内需特别是投资需求的能力强，出口商品的成本竞争力突出，因而通过国内政策消融外部波动不利影响的市场空间和政策空间较大，迄今为止国内经济形势未受到外部因素变化的明显冲击。但是，今后有些因素会逐步发生变化，如果国内外环境同时出现不利因素，又没有能够很好地准备和应对，外部因素就有可能对国内经济产生较大冲击。特别是贸易规模和资金流动规模不断扩大，会使跨境流动的资金数额巨大且形式多样，长期资本和短期资本、经常项目和资本项目之间的关系更加复杂，对资本流动的监管造成较大压力。

2. 出口增长面对更大压力

最近几年，针对我国的贸易摩擦加剧。我国已经连续 11 年成为全球遭受反倾销案例最多的国家，不仅发达国家，发展中国家也对我提出大量的反倾销调查。将贸易不平衡和世界经济其他方面的失衡问题主要归咎于中国出口增长是不恰当的。导致全球经济失衡有许多深层次的原因，例如美国的低储蓄率和双赤字就是导致失衡的需求原因，中国出口减少不会促使美国提高储蓄率和减少赤字。再如全球贸易格局正在发生大的变化，发达国家提供资金、专利、设计和技术，零部件在亚太地区生产，加工组装在中国，最终产品销往世界各国。因此，“中国制造”实质上是“各国共同在中国制造”。在这个过程中，各参与方共同获益。但是，我国出口在全球经济中占有较大比重，出口的快速增长特别引人瞩目。再加上近两年出现的贸易顺差，发生较多贸易摩擦和出现人民币升值压力等是可以预期的。未来出口增长中不确定不稳定因素在增加。

3. 外资垄断某些市场的可能性

所有的商业性公司都在追逐利润最大化，都会在可能的领域中寻求垄断地位，而不论其是国内公司还是跨国公司。但是与国内企业相比，跨国公司规模巨大，有全球融资、生产和分销能力，影响市场的能力更强，与国内企业相比，更有可能形成垄断力量。如果出现这种情况，就会限制竞争，获得高额利润，并对国内相关企业的发展形成打压力量。迄今为止，在绝大部分国内产业中，跨国公司还没有形成明显而持久的垄断地位，这是由于国内市场上竞争激烈，每个跨国公司都要面对进口商品、其他跨国公司和国内企业的竞争①。但是，今后我们吸收外资会出现两个重要的变化，一是外商兼并收购型投资增加，二是服务业吸收外资增加。这两方面的变化都会带来新的特点和问题。例如并购投资会使竞争企业的数量减少，从而更容易形成垄断地位。我们还不清楚的是，以往制造业中依靠市场力量约束外商投资企业垄断行为的机制，在新的形势下是否能够继续存在和发挥作用。

4. 对使用内资的影响

在吸收大量外资的同时，国内资金没有得到充分有效利用，是近几年我国经济中的一个突出问题。外资进入对国内投资有带动作用，也有“挤出”作用。带动作用体现在外资和内资的互补作用上。外资进入提高了经济增长速度，增加了新的资金需求，例如对配套产业的需求，对能源原材料的需求，对基础设施的需求等等。总体来看，国内密集使用外资的地区，同时也是密集使用国内资金的地区，这是互补作用存在的一个例证。“挤出”作用体现在外资对内资的替代作用上。导致“挤出”效应有竞争不平等这个因素的影响，内外资企业在体制和政策上有差别待遇，使国内企业对不同来源的资金偏好不同，更倾向于使用外资，不少企业更倾向于获得“外商投资企业”的身份。同时，国内金融体系的缺陷是产生“挤出”效应的另一个重要原因。我们虽然有高额的居民储蓄，但将资金集中到能够安全而有效率地使用资金的企业手中的体制不够完善。投资者要求高回报，融资者要求低成本，需要金融市场有效率。特别是股本投资是一种跨时交易，需要较长时期才能获得回报，需要一种可信的制度基础，使投资者相

---

① 对这个问题的详细分析，可参见江小涓（2002）。这里要说明的是，一些观点提出“跨国公司已经垄断了中国市场”，是将“跨国公司”视为一个利益整体，计算其市场份额。这个概念是不恰当的，不同的外商投资企业来自不同的跨国公司，有各自独立的利益，在中国市场上主要是竞争关系而不是稳定的串谋关系，因此，即使外商投资企业总体上占有较高份额，但若这个份额由多家跨国公司分割，就应该视其为竞争性的市场而不是垄断性的市场。

信其权益会得到良好保障，直接融资体系才能迅速健康地发展起来。不少研究表明，金融体系不发达的国家倾向于更多地吸收 FDI，因为国内融资困难多，成本高①。

5. *扩大收入差距*

对外开放对地区间发展水平差距和收入差距的影响是一个突出问题。对外贸易和吸收外资在地区之间分布不均衡，是我国地区差距拉大的一个重要原因，这就是存在于开放经济中的经济地理效应：由于受到运输条件和成本的影响，愈是广泛地参与国际贸易和国际产业分工，一个国家的经济增长就愈会集中到交通便利的沿海和沿边地区。2005 年，我国对外贸易的 93% 和吸收外资的 89%，都集中在沿海地区，较高的对外开放度带动东部地区较快发展。同时，出口退税和外商投资企业所得税减免政策主要由东部地区享受，使开放产生了收入分配的效应，东部地区得到更多税收优惠。以出口退税为例，2005 年，中央财政共安排出口退税 3 250.8 亿元人民币，其中东部地区得到退税 2 874.1 亿元，占全部退税额的 88.4%，中西部仅得到 11.6%。虽然通过人员流动和中央转移支付，沿海地区快速发展的收益部分地被内地居民所分享，但从总体上看，扩大开放是拉大区域间收入差距的重要因素。

六、适应国内发展新要求，全面提高对外开放水平

经过二十多年的持续较快发展，我国收入水平显著上升，国内要素比例有明显改善，参与国际分工的比较优势和外部环境都有明显变化。我国对外开放进入了新阶段。

“十一五”中期，我国人均收入将达到 2 000 美元。这是一个重要的标志性收入水平。迈过这个台阶，出口商品结构升级加快，本币升值压力加大，吸收外资方式增多，对外投资快速增加，资本净流入速度减缓。日本 1971 年人均国民收入第一次超过 2 000 美元，达到 2 203 美元，经济发展和对外经贸关系随之出现了诸多新特点。我国也已经出现了一系列符合这个阶段特征的变化，需要新的战略考虑和政策导向。

我国生产要素结构发生了明显变化。虽然劳动力供给充裕的基本国情没

① 魏尚进对这个问题做过综述，参见魏尚进（2006）。

有变，农村仍然有大量待转移的劳动力，但年龄偏大，教育水平偏低，在非农产业中就业的适应性较差。年轻、文化水平相对较高和有技能的劳动力供给正在逐步出现短缺，使工资成本不断上升。资本、技术等生产要素极度短缺的情形有所改善，供给规模扩大，水平提升。土地、淡水等不可贸易资源对增长的约束加大，可贸易资源依靠进口调节供给的前景相对稳定。图9显示，虽然与充裕的劳动力资源相比，我国其他各种要素占全球的比重还是明显偏低，但与80年代初期的情形相比（参见图8），劳动力、资金和技术这三组要素之间的比例关系已经有了明显改善。随着要素结构的变化，我们在全球分工格局的有利位置也在相应变化：劳动密集型产业的竞争力依然明显，但将呈现出缓慢稳定的下降趋势；有竞争力的产业面和价值链不断扩展，整体上向资金、技术相对密集的方向移动。

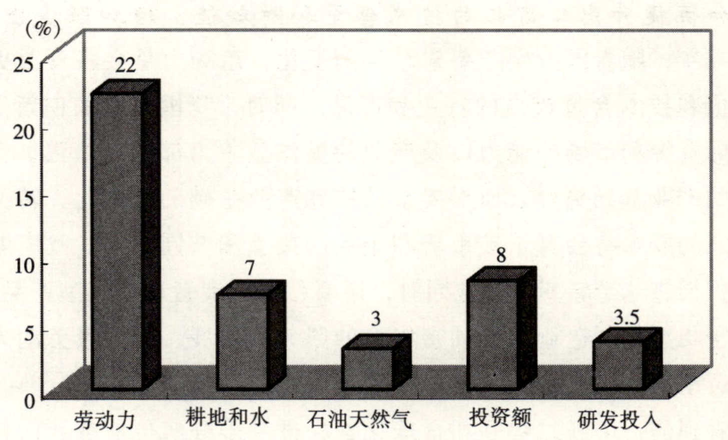

图9　我国主要生产要素占全球总量的比重（2004年）

随着经济总量和贸易总量的增长，我们已经成为全球经济和贸易大国，与世界各国的经济利益关系处于调整和变化之中。国际上对中国经济成长具有两面心态，一方面，认为包括中国在内的发展中国家的经济发展，弥补了发达国家许多约束发展的不利因素。欧盟主要国家和日本都面临日益严重的人口老龄化、劳动力数量锐减和生产率增长减缓等挑战。美国也正在逐渐面临老龄化的问题。未来美、欧、日的潜在经济增长率不可避免地下降。如果没有发展中国家的高增长，发达国家的商品就难以找到新的出口增长点，资本就难以找到新的投资市场，经济增长率还会进一步下滑。因此，中国等发展中国家的成长将继续成为世界经济发展的主要驱动力。

另一方面，外部对我们高速成长的疑虑和担心也在增多。我们按人均计算的发展水平还很低，国内发展还有许多困难和挑战，我们对自己实力的认识是清醒和符合实际的。但外部世界对我们的认识和要求却在不断变化和提高。在他们看来，一个有 13 亿人口、经济和贸易总量都已居世界前列的大国，其对外经济政策不可能仅仅对国内事务产生影响，中国经济的走势和对外经济政策已经成为影响全球经济状况的重要因素。面对这些压力，未来可能影响中国发展的外部不利因素会更多、更棘手、更复杂，这是外部环境新的不确定、不稳定因素。

面对新形势、新要求，我们要适时调整对外开放的战略重点，兼顾国内需要和外部关系。更全面合理的融入全球经济，继续提升我国产业的竞争力，继续保持平稳较快增长。

1. 加快提升出口商品的技术含量和附加值，增加服务出口

今后几年，随着国内生产要素结构的变化，市场力量会将资源更多地配置于附加值和技术含量较高的行业和产品。同时，我国企业的创新能力、利用国内国际资源和市场的能力以及产业的整体竞争力都明显增强，提升出口商品结构的产业基础更好。面对要素结构和产业基础的新变化，转变对外贸易增长方式的要求将会真正被市场和企业所接受和共同推动。政府要采取适当政策积极推进这个转变。与此同时，还要积极发展劳动密集型产品的出口，并从劳动密集型的制造业向劳动密集型的服务业拓展，为大量劳动力特别是农村转移劳动力提供更多的就业机会。

可以看到的一个新趋势是：全球化正在进一步分解价值链，信息技术的发展使得可以进行全球分工的产业正在从制造业向服务业拓展。近些年服务外包发展很快，是近些年成长最快的国际贸易和跨国投资领域。联合国贸发会议估计，2005 年全球服务外包市场超过 3 500 亿美元。其中发展最为普遍的有信息技术外包、软件外包和商务流程外包。2003 年以来，我国承接服务外包进展很迅速，在未来几年内，承接服务外包将成为我们服务贸易和吸收外资的重要新领域。

2. 进一步扩大进口

要全面理解进口对国民经济的积极作用，形成与各国特别是发展中国家的经济互补。进口技术和设备仍将长期是我国先进技术设备的重要来源，要利用好全球科技资源促进我国产业升级和技术进步。同时，进口能源、原材料等基础产品将发挥更重要的作用。最近几年，我国的重工业增速加快，表

明中国已进入工业化中期阶段。这个过程中，汽车和住房需求的持续升温将发挥至关重要的产业带动作用。此外，城市化加速、大多数城市的基础设施提档升级、全球产业继续向中国转移带来对上游产品的巨大需求也都发生重要作用。我国的进口格局逐步改变了以加工贸易进口为主的局面，一般贸易进口大大加速。这些产品的最终市场需求主要在中国本土，而不是加工完之后再外销。这是我国要素结构特点所带来的一个根本性特点：大量进口将伴随我国现代化建设全过程，而无论是否从事大量的加工贸易出口。如何更好的运用“进口因素”，促进国民经济持续较快发展和在全球经济中发挥更重要的作用，是提升我国对外贸易水平的一个重要方面。

3. 提高吸收外资的技术含量和研发含量

最近几年，外商直接投资虽然还保持着较大规模，但与20世纪90年代相比，占国内固定资产投资总额的比重已有明显下降。这是由国内固定资产投资保持较大规模和外商对外投资从高速增长转向稳定增长这两个因素共同决定的。同时，也受各国吸收外资竞争力度加大的影响。今后几年，我国吸收外资仍将保持这个基本态势。

与此同时，外资的技术水平将会继续提升，更多的研发能力将会向我国转移。这是随着国内市场竞争加剧和产业整体水平的提升，外商投资企业要在我国市场上立足和发展，使用有竞争力的技术和产品已经成为起码的条件。随着国内产业水平提升、配套产业能力增强和研发投入的不断增加，我们吸收国外先进技术和研发能力的条件也在不断改善。据联合国贸发会议的研究，中国已经成为全球跨国公司海外研发活动的首选地，有高达61.8%的跨国公司将中国作为其2005～2009年海外研发地点的首选，美国以41.2%排在第二位，印度以29.4%排在第三位①。这表明以FDI为载体，能够更多地吸收先进技术和研发能力，进一步提升我国产业竞争力。

4. 积极稳妥地发展对外投资

最近两年，我国企业对外投资迅速增长，2005年已达69亿美元。国际经验表明，影响对外投资规模的主要因素有人均收入水平、GDP总量、出口规模、国内投资能力、外汇储备规模、国内生产能力过剩状况、本币升值预期等。我们结合国内情况和综合考虑上述因素，估算出我国“十一五”期间累

---

① 联合国贸发会议（2005）。三者相加不等于100%，是因为首选国家可以多于一个。

计对外投资额可能超过800亿美元，2010年的投资额可能超过200亿美元。中国将成为全球重要的对外投资母国，在发展中国家中的排名进入前三位。在这个过程中要特别注意出现对外投资中可能出现的偏差，要防止一哄而起向外走。日本在20世纪七八十年代曾经面临与我们相似的情形，结果是大量海外投资造成巨额损失。对这种可能性要高度重视，加强政策引导。

5. 完善体制和政策，更好地使用国内资金和外汇储备

今后国内企业可以引进外资，可以到国际市场上融资，还可以到海外投资，使用国内资金还是国外资金的选择空间更大。如果国内金融业配置资金的效率不能有明显改善，国内国外资金的平等地位不能尽快形成，内资得不到有效使用的问题不会有明显改观。要加快国内金融体制改革，提高金融资产的配置效率。要改善使用国内资金的政策环境，使国内资金能够更充分地得到利用。可以考虑允许外国投资者在国内市场上融资，包括间接融资和直接融资，为国内资金提供更多的有利投资机会。除支持国内企业对外投资外，还可以考虑稳妥、有控制、渐进地放开资金流出的其他渠道，否则，国内大量资金没有出口，不能到海外寻求更高回报和更小风险的投资项目，只能局限在国内寻求投资机会，必然导致其中一些项目风险高回报低，对未来银行系统的安全性和稳定性造成隐患。同时，需要在确保资产安全的前提下，为国内持有的外币资产寻求更好的收益机会，在满足长短期负债的匹配要求和预防流动性支出需要外，将其余一部分外汇储备进行更积极的管理，努力通过多种投资机会的组合，使外币资产的长期收益最大化。

6. 使内地更多地共享开放收益

在今后一段时期内，出口和吸收外资仍将以沿海地区为主，参与经济全球化的直接收益仍将体现在沿海地区的发展上。为缩小地区收入差距，引导要素流动和调整收益分配的政策力度还要加大。一是推动产业从沿海向内地转移，这方面的有利条件在增加，特别当沿海地区的土地、环境容量等不可流动的生产要素出现短缺后，引导产业转移的市场基础开始形成，加大政策引导力度，效果会更加明显。二是要便利内地劳动力向沿海地区流动。从其他国家的经验和我们自己的经验看，缩小地区间收入差距的主要渠道之一，是人口通过自由流动向发达地区聚集，通过收入转移调节地区间收入分配。三要继续加大地区间财政转移支付力度。

7. 防止外资形成垄断地位，确保国家经济安全

防止垄断是我们下一步对外资监管的重点和难点。坚持在有可能竞争的

行业中引入和强化竞争，仍然是最主要的监管思路。我国已经成长起来一批竞争力较强的本土企业，要为他们提供平等竞争的体制环境和政策环境，使之能够与跨国公司相竞争，约束其垄断行为。在国内企业短期内还不具备竞争力的一些产业中，至少要引进两家跨国公司，使不同外商投资企业之间形成竞争。今后特别要加强对外资并购的监管能力。跨国收购兼并是一项专业性很强的业务，具体操作方法很多，涉及的专业知识面广，经验性很强，回避监管的渠道和方式也很多。需要尽快引进和培养监管人才，完善监管体制，防止外国投资者可能出现的不正当并购行为。对重要产业中的大型外资并购案，要有审查程序和控制能力。随着资本双向跨境流动格局的形成和短期资本数额的增加，要高度关注资金跨境流动对金融体系和整个经济稳定性、安全性的影响，特别要对短期资金流动进行严格监控。

8. 推动全球贸易和投资体制的进一步开放

我们长期需要利用两种资源两个市场，全球开放性的资源、资金、技术和产品市场，对我国经济社会发展、扩大就业、保持可持续增长等诸多重大问题具有积极影响，符合我们的长期利益。我们要着眼于全局和长远，以更积极和主动的姿态参与多边谈判，借助多边规则，平衡各方权益，维护和推动全球自由贸易和投资体制。在这个过程中，要继续利用好已有规则保护和支持国内产业发展，尽快建立和完善保障国内企业公平竞争的贸易管理制度，建立应对贸易和投资争端的有效反应机制，为我国企业创造平等参与国际竞争的环境。

从国际环境看，发达国家在经济科技上占优势的压力仍然很大。各国围绕资源、市场、技术、资金、人才的竞争更加激烈，世界经济格局正在分化和重组过程之中。全球能源供应和价格有很大的不确定性，美国的预算、贸易双赤字和亚洲国家的贸易顺差，蕴藏着出现全球性经济波动的可能性。我国与全球经济联系加深，任何影响全球经济稳定的大事件，我们都已不能置身其外。各个国家都力求从各自的利益出发，影响全球化走势和国际规则的制定与调整。对此我们要有清醒的认识，坚持从我们的根本利益出发参与国际经济事务。

同时，国际社会也认识到，全球化时代各国利益关联日益密切，任何一国都难独善其身，需要通过扩大沟通合作，推动利益融合，共同应对全球性的经济社会难题。随着中国经济的快速成长和与全球经济的相互依赖性不断增强，中国经济能否稳定成长，中国能否以积极合作的态度与各国一道参与全球经济事务，将成为影响国际经济走势和系统风险的重要因素之一。因此，在处理全球经济事务和调整完善相关国际准则时，要反映包括中国在内的各方诉求。这是有利于处理好我国外部关系的重要基础。从目前的趋势看，全球和区域经济合作的范围和程度不断深化。已逐渐超越 WTO 的框架，扩展到投资竞争、知识产权、环境和劳工标准等领域。我们要充分理解我们自身情况的变化和全球化的最新进展，综合考虑商品流动和要素流动之间的利益均衡，考虑作为投资东道国和投资母国之间的利益均衡，考虑保护国内市场和推动别国开放市场之间的利益均衡，推动各个层面的协调开放和实现与各国的互利共赢，维护和发展符合我国根本和长远利益的外部环境。

未来 15 年，如果我国经济继续保持着较高的增长速度和显著的结构变化，成功地实现本世纪前 20 年的发展目标，我们就是世界现代化进程中的一个成功典范。像“日本模式”、“韩国模式”一样，世界经济发展经验的宝库中将呈现着世人瞩目的“中国模式”。我们的经验如果可以被别人分享，其中一个重要的方面，就是立足国情与时代，充分利用经济全球化带来的多方面机遇，集成全球优势要素为我所用，以开放推动改革和促进发展。

主要参考文献

王洛林主编:《中国外商投资报告 2003 ~ 2004》,中国社会科学出版社。

江小涓(2002):《跨国投资、市场结构与外商投资企业的竞争行为》,《经济研究》,第 9 期。

江小涓(2003):《中国的外资经济:对增长、结构升级和竞争力的贡献》,中国人民大学出版社。

魏尚进(2006):《政府良治、经济发展与金融全球化》,《比较》,第 22 辑,中信出版社。

中国投入产出学会课题组:《我国目前的产业关联度分析》,《研究参考资料》,2006 年第 74 期。

世界银行编写组(2001 年):《全球化、增长与贫困(中译本)》,中国财政经济出版社,2003 年 12 月。

联合国贸发会议(2005):《世界投资报告 2005:跨国公司与研发活动的国际化》,中文简本,联合国贸发会议。

国家统计局统计科学研究所(2006):《我国外商投资企业发展中存在的问题与对策建议》,《研究参考资料》,第 18 期。

中国的公共财政、政府职能与经济转型

阿瑟·侯赛因　尼古拉斯·斯特恩

一、引言　结构变化和公共财政

公共财政与政府职能紧密联系在一起，二者相互定义并相互作用以彼此适应。二者还受到经济和社会结构的强大影响，并反过来影响经济和社会结构。经济和社会发生变化，财政也会随之变化；反之亦然。过去25年来中国经历了翻天覆地的经济和社会变革，财政是推动变革的中心力量，在这一过程中财政自身也进行了改造。我们认为，在这一相互关联的改革过程中，财政改革滞后于其他改革。

展望未来，中国继续拥有雄心勃勃的增长和发展计划，这体现在全国人民代表大会最近通过的“十一五”规划中。这些规划，尤其是对“和谐社会”的强调，将意味着公共财政、政府职能和经济社会之间密切且不断变化着的关系将继续处于经济政策的中心。

本文概述了中国在过去四分之一个世纪的改革期间，公共财政与经济增

---

* Athar Hussain 是伦敦经济学院亚洲中心的代理主任，Nicholas Stern 是英国政府经济事务部部长。作者感谢 Ehtisham Ahmad 和王水林所提出的宝贵建议。

本文的观点仅代表作者，不代表伦敦经济学院或英国政府。本文为中华人民共和国财政部和世界银行共同主办的“公共财政与和谐社会”国际研讨会（2006年6月27~28日，北京）提交的论文。——作者注

长和变革之间的关系，并展望了未来15年公共财政应优先考虑的事项及进行改革的必要性。“15”年这一数字并不精确，但财政改革是中期问题，必须超越简单的五年规划。

改革期间，中国进行了一系列复杂且相互关联的变革：从计划经济走向市场经济；从农村改革走向城市改革；从农业走向制造业和服务业；从非正规走向正规的经济活动；从分散的、相当自给自足的省域经济走向更为一体化的国家经济；从与世界分隔的封闭经济成为国际贸易增长的引擎。这些转变过程大多尚未完成，还有很长的路要走。中国的增长速度非常快，消费模式的转变引人瞩目。许多服务的资金来源和性质也发生了巨变，不再由国有企业和政府提供。改革期间，中央、省、地方各级政府之间的关系一直处于发展变化中①。相应地，政治和社会目标也随之变化。过去25年，中国进行了世界上独一无二的经济社会改革，步伐之快、规模之大、内涵之深远都是史无前例的，而所有这些都反映在财政中，并受财政体制的影响。

我们的分析基本上是结构性和中期的，因此并不特别强调宏观经济需求管理的短期问题，如积极的、反周期的或中性的财政政策等，或货币政策、汇率政策和资本流动管理。当然，这些问题非常重要，在这样一个复杂多变的世界保持经济的快速增长相当不易，中国经济日益融入到世界经济中，这其中财政政策发挥了关键作用。宏观政策的其他方面同样如此。在早前有关中国的演讲和论文中，我们强调了为继续保持经济的快速增长，需求增长的天平应从国外转向国内，同时提高投资使用效率。中期计划的这一特征将反映在我们的分析中，但我们不会非常详尽地论述促进这一转变的所有的政策建议。我们认为，这里提及的财政改革不仅有助于降低投资率，也会提高资本效率。

下一节说明了财政总收入与全部国内生产总值之间变化着的关系，第三节考察“预算”和“预算外”财力之间的关系，第四节讨论中央—省—地方财政之间变化着的模式。我们通篇把财政与结构变化联系在一起。

第五节我们回到支出方面，特别把支出与公民和政府职责模式的变化联

---

① 中国在中央以下有四级政府：省、地、县（或市辖区）和农村地区的乡（城市街道）。在一些地区已经出现通过取消地级来减少政府级次的趋势。

系在一起。第六节和第七节我们从过去与未来的联系开始，侧重于社会保障[①]、不平等和和谐社会问题。中国，正如其他许多社会一样，支出方面对于解决不平等问题、促进（或阻碍）和谐与包纳性都发挥着、并将继续发挥深远的影响。最后一节进行展望：我们考察了所使用的结构性方法的内涵，以及如果中国继续保持快速增长并构建和谐社会，未来财政在经济、社会和政治上的优先事项的变化。

二、政府收入和支出相对于国民收入的下降与提高

自1978年开始各项改革的26年来，国民收入与财政收入之间的关系发生了戏剧性的变化：财政收入先是大幅下降，随后又戏剧性地恢复上来。如表1所示，前17年财政收入占GDP的比重从1978年的31.2%下降到1995年的10.7%，降幅近21个百分点。随后的九年又提高了近9个百分点。从国际标准看，升、降的幅度都很大，且伴随着经济的根本性转型。

在分析财政与经济结构之间的关系时，一个实用的出发点是税基。1978年中国税收体系筹集的收入几乎占国内生产总值的三分之一，其结构非常单一，主要依赖一个渠道：国有企业。在当时的经济中，国有企业对生产决策的自由裁量权有限，职位、工资、退休金和公共服务都严格受到控制。于是，在设计税制以筹集收入时通常要考虑的因素，即效率和公平，并不怎么影响税收决策。本质上讲，计划经济条件下，政府控制着资源的使用，至少在理论上政府能够进行决策而不用担心效率和公平，政府按其意愿配置资源，随意把“剩余部分”留给家庭决策。在市场经济条件下，政府必须从家庭和公司那里筹集财力，并有能力修正他们试图避税的行为。

乍看起来，1995年以前财政收入和支出比重的下降是与中国向市场经济转轨的过程相一致的：让经济单位保留更大份额的收入，把各项财力从政府转移到其他方。中国改革初始时的财政收入比重与收入中等偏上或发达经济体的水平接近。到1995年，财政收入比重为10.7%，近似于低收入经济体的水平，也的确被世界银行划入低收入经济体（Burgess和Stern 1991）。不过，尽管跨国比较在评价政府活动水平问题上提供了一个有益的基准，但

---

① 我们使用这一术语广义的欧洲概念，而不是该术语在美国所指的狭义的养老金概念。

表 1　改革期间的财政收入和支出

	财政收入/GDP（%）	财政支出/GDP（%）	赤字/GDP（%）
1978	31.2	30.9	0.3
1979	28.4	31.8	-3.4
1980	25.7	27.2	-1.5
1981	24.2	23.4	0.8
1982	22.9	23.2	-0.3
1983	23.0	23.7	-0.7
1984	22.9	23.7	-0.8
1985	22.4	22.4	0.0
1986	20.8	21.6	-0.8
1987	18.4	18.9	-0.5
1988	15.8	16.7	-0.9
1989	15.8	16.7	-0.9
1990	15.8	16.6	-0.8
1991	14.6	15.7	-1.1
1992	13.1	14.1	-1.0
1993	12.6	13.4	-0.8
1994	11.2	12.4	-1.2
1995	10.7	11.7	-1.0
1996	10.9	11.7	-0.8
1997	11.6	12.4	-0.8
1998	12.6	13.8	-1.2
1999	13.9	16.0	-2.1
2000	15.0	17.8	-2.8
2001	16.8	19.4	-2.6
2002	18.0	21.0	-3.0
2003	18.5	21.0	-2.5
2004	19.3	20.8	-1.5

资料来源：http：//www.stats.gov.cn。

我们必须谨慎，特别是对于转轨经济体。在这类经济体中，政府与非政府部门之间的界限既不明确也不稳定；政府更多的依赖于预算外收入，相关内容请参见本文第三节。

尽管收入比重大幅下降，一直到 1995 年，支出比重紧随收入变化的轨迹，仅在 1998～2003 年期间明显背离收入的变化，其原因是中国为应对受亚洲金融危机影响而产生的通货紧缩，成功实施了扩张性的财政政策。自 1979

年以来，政府预算赤字一直具有经常性的特征（见表1）。但是，尽管收入比重下降幅度很大，赤字规模之小却是惊人的。1978～1995年的17年间，除了4个年度外，其他时间赤字占GDP的比重均小于1%。相对于中国经济高速的增长率，按这种方式衡量，赤字即使占GDP的3%也是适度的。但是，财政收入比重的大幅下降伴随着国有部门财务状况的恶化。这反过来暗含着对亏损企业（往往是非正式的）补助的激增，因此实际支出也要比通常财政指标所衡量的高得多（参见第三节）。

自1995年以来，财政收入比重明显反弹。这源于1994年进行的财政与税制改革和2001年开始的“税费”改革，后一项改革是大范围地用税替代费。1994年的改革目标是“提高两个比重”——提高财政收入占GDP的比重和中央财政收入占总收入的比重。

尽管赤字率是适中的，政府仍面临严峻的财政压力。其表现是，各级政府都越来越依赖于两个“预算外”支出和收入渠道：第一，通过国有银行系统向特定机构或为特定目标进行的指令性贷款；第二，预算外收入（参见下一节）。从国有商业银行获得的指令性贷款使政府可以缩短用自有账户为亏损企业提供资金的过程。我们可以把这看作是用于弥补隐性赤字而发生的伪装式公共借款。对国有商业银行几轮的资本注入凸显了这一过程。

三、预算外活动

预算外收入来源一直存在，但在改革期间变得越来越重要。20世纪50年代，预算外收入主要由“农业生产附加费”和对地方企业的非正式收入要求组成，用于地方政府的支出。改革期间，财政收入占GDP比重下降和支出需求增加造成了财政压力的增大，预算外财力因此而成倍增长。这期间，财政分权给予地方政府收费和引入新的收费项目的自主权，推动了预算外收入的增长；此外，市场经济的发展为营利性活动提供了充分的机会。广义的预算外收入来源包括公共设施的使用者付费，服务收费，税收的附加费，特定目的的专项收费或基金，如教育基金，以及来自政府机构承办的商业性单位或为特定目的而建的企业的收入。近年来，来自土地租赁权和土地使用权出售的收益迅速增长，并成为许多地方政府最大的预算外收入来源。促使较低级次政府拓宽预算外收入来源的驱动力是其支出责任与预算内收入之间的缺口。到20世纪90年代初，费，或更一般意义上的预算外收入，已成为各级政府的一项常规性的、数额庞大的收入来源，对基层政府的财力尤为重要。农村地区的许多地方政府，支出的一半或一半以上要由预算外收入提供资金，其中包括基本服务支出。

评价一项预算外收入的来源有两个方面的问题。一是作为预算外的管理，二是作为税收的特性。预算外来源的一个主要问题是，它们可以躲过预算内项目要面对的估算和严格审查。运作良好的市场经济的基本要求之一是透明和负责任的政府程序和活动，这为私人决策提供了确定性。而预算外过程却破坏了这种确定性，预算外过程更倾向于随意性、武断性或不可预见性。因此容易产生腐败。良好的财政过程的一个关键特征是它们提供明确而公开的信息，反映资金来自何处及如何花费的。构建这些程序是构建运作良好、高效、公平的市场经济的核心。

在评价其作为税收的职能时，我们必须承认非预算收入来源覆盖的范围很广。在按评价税种的基本经济标准——激励机制/效率和分配效应——进行考察时，某些预算外项目运作良好，但其他一些则差了许多。类似地，这些预算外项目在管理成本和执行成本方面差异很大，考虑到它们的地方性和简单性，其中一些的成本本应比正式的税收要低。

土地租赁和土地使用权出售在效率和公平方面可以做得很好，但这取决于其设计。不过，在细节安排和如何执行方面仍存在困难。城市和农村地区情况也不同，农村地区对收益持有量的分配和所有权细节方面尤为敏感。

服务费和专项收费产生了这样的问题，许多收费是对诸如基础教育这类的服务项目征收的，而很多人认为这应是人们免费享有的基本权利。较为贫困的家庭或落后地区的家庭面临的选择比富裕家庭少，因此尤其容易受到伤害。

从本质上看，预算外收费是针对某一特定辖区的居民征收的，依赖于这种筹资方式会限制在各辖区之间分担公共服务的成本。较低级次的政府在人均收入方面差异非常大，预算外收入来源对这些政府来说至关重要。总体而言，政府级次越低，它们各自收入能力的差异越大，不管是预算内的还是预算外的。结果，依靠预算外收入为关键的公共服务提供资金，导致服务标准出现广泛差异，一些地方甚至连最基本的服务都无法满足。而且，对预算外收入来源的依赖也影响了支出方式。它使政府更偏好那些产生收入的政府活动（如创办企业），而不热衷于那些不产生收入的活动，包括基本的公共服务。其后果是，贫穷地方的穷人很难获得人力资本来摆脱贫困。这样，该制度加剧了社会排斥，并严重阻碍了和谐社会的构建。

指令性银行贷款，如同预算外收入一样，其随意性和缺乏透明度也会导致腐败。同样，它破坏了市场经济良好运作所必需的重要的信息基础。而且它阻碍了银行系统的发展。指令性贷款免除了银行评定贷款风险和提供坏账风险准备的义务，因为通过指令性贷款和对银行提供紧急援助，政府有效地承担了决策的风险和责任。从历史上看，国有商业银行的经营、程序和组织结构都适应了指令性信贷的支付。他们既不评定借款者的信誉，也不特别关心确保贷款的还本付息。这二者相联，产生了一个宏观问题，不良贷款的规模远远超过了指令性贷款中最初的补贴成分。而且，它们阻碍了中国整体资本效率低这一微观及宏观问题的解决。

现在的预算外收入和支出规模有多大？相对于预算内部分，它们的重要性是否发生了变化？与预算内收入和支出相比，中央和地方不同级次政府的预算外收支规模不同。表2反映了预算外占预算内收入和支出的百分比。

表2　预算外收入和支出

	预算外收入/预算收入（%）		预算外支出/预算支出（%）	
年度	中央	地方	中央	地方
1989	130.4	86.1	109.8	78.9
1990	108.1	84.1	103.3	80.3
1991	147.2	84.2	115.8	79.7
1992	174.3	85.8	136.1	80.0
此后，预算外项目中去除了国有企业的预算。				
1993	25.7	35.0	15.2	33.5
1994	9.7	68.3	12.8	36.8
1995	9.8	70.0	17.6	41.0
1996	25.9	78.6	48.1	48.4
此后，预算外项目去除了政府间转移支付。				
1997	3.4	60.6	5.7	37.9
1998	3.4	58.6	4.5	36.2
1999	3.9	56.4	4.0	32.9
2000	3.5	55.9	3.8	32.0
2001	4.0	50.7	4.5	27.3
2002	4.2	47.4	3.8	23.4
2003	3.2	42.5	4.4	22.2

资料来源：http：//www. stats. gov. cn。

在预算外收支划分上有两个主要变化。一是从1992年开始，国有企业的收入和支出不再包含在预算外收支的计算中。另一个重大变化是在1997年，所有的政府间转移支付被刨除在预算外收支的计算之外。1997年以来，预算外资金的显著特征是：

- ❑ 相对于预算内收支，中央政府的预算外收支规模较小，但地方政府的预算外规模非常大。
- ❑ 就地方政府而言，自1997年以来，预算外收支规模相对于预算内部分一直在稳步下降，这在很大程度上归因于用预算内税收取代预算外收费的改革政策。
- ❑ 对地方政府来说，预算外与预算内收入的比率比预算外与预算内支出的比率高得多，几乎是其两倍（42.5比22.2）。对这一现象的解释是，预算外收入并不完全用于预算外支出；相当比例的预算外收入为预算内支出项目提供了资金，在许多情况下是为基本公共服务提供资金。这意味着，对预算外收入的任何重大削减，都不得不伴随以预算内收入的相应增加，以维持这些服务的提供。

要解决用预算外收入为基础教育和公共卫生等项目提供资金而产生的这些反常现象，有三种选择，它们互为补充，各有利弊。

- ❑ 改革上级政府对下级政府的转移支付制度，以确保每级政府都有足够的财力提供具有一定质量水平的基本公共服务。
- ❑ 重新分配融资责任，将为基本公共服务提供资金的责任从下级政府转移到上级政府。
- ❑ 在各级政府税收协调所允许的范围内，扩大较低级次政府征收（预算内）各项税收的权力。

中国正在使用前两项选择，对第三项选择的利用非常有限。目前有一套上级政府对下级政府的转移支付制度，特别是中央政府对下级政府的转移支付。近来，中央政府已经把为农村地区基础教育提供资金的责任从乡级提高到其上级政府——县级，全国有2 861个县，平均每县拥有人口约330 000人——是乡平均人口的15倍。这意味着财力的集中，并将降低基础教育融资方面的财力差异程度。另一方面，这会降低教师和学校行政人员对当地的负责程度，不过还是有许多方法可以补救（例如，参见《世界发展报告》，2005）。就第三项选择来说，按国际标准，较低级次政府的征税权非常有限，这恰恰迫使它们转而依靠预算外收入来源。

四、政府间财政关系

中国作为大国极具多样性，且有着四级地方政府，因此政府间财政关系相当复杂。表3列示了中央政府在预算收入和支出中所占的比重。

表3　中央政府在预算收入和支出中所占的比重

年度	收入比重（%）	支出比重（%）
1978	15.5	47.4
1979	20.2	51.1
1980	24.5	54.3
1981	26.5	55.0
1982	28.6	53.0
1983	35.8	53.9
1984	40.5	52.5
1985	38.4	39.7
1986	36.7	37.9
1987	33.7	37.4
1988	32.9	33.9
1989	30.9	31.5
1990	33.8	32.6
1991	29.8	32.2
1992	28.1	31.3
1993	22.0	28.3
税制改革		
1994	55.7	30.3
1995	52.2	29.2
1996	49.4	27.1
1997	48.9	27.4
1998	49.5	28.9
1999	51.1	31.5
2000	52.2	34.7
2001	52.4	30.5
2002	55.0	30.7
2003	54.6	30.1
2004	54.9	27.7

资料来源：http：//www.stats.gov.cn。

在解释表3时，我们必须同时关注上一部分提及的税制结构和中央与地方政府关系方面的变化。

先不考虑制度方面的细节，在1994年改革前夕，绝大部分税收都由地方政府征收，但中央政府却负责了近一半的支出。也就是说，有相当大的财力从地方政府向上转移给了中央政府。自1994年以来，情况发生了逆转。中央政府筹集超过一半的税收收入，但仅负责全部支出的28%，这意味着中央政府向地方政府进行了大量的转移支付。这符合拥有多级政府的国家的一般收支模式，并常常被一些国际金融机构推荐。即，除去政府间转移支付以外，较高级次政府的收入应该比其支出份额高。原因是，中央政府有更大、更多的系统性税收基础和税收形式，如增值税或所得税。这样，总体的管理成本可以更低，资源配置上的地区扭曲程度也会更弱。另一方面，地方当局更接近服务惠及人群的需要。而且，在处理地区不平等问题时，中央政府能够在富裕和贫困地区之间进行再分配。不过，地方税基的形成同样很重要，因为这给予地方当局一定的自主权以适应当地条件。将税收与支出责任挂钩对于问责制的建立也很重要。

中国在向地方政府转交社会保障、基础教育、卫生医疗和公共安全方面的支出责任的同时，仅为这些服务提供相当有限的转移支付资金，这种做法与众不同。地级市（第三级次政府）和县级市（第四级次政府）负责社会保障方面的所有支出：养老金、失业保险和其他收入救济及福利项目。县和乡（第四和第五级次政府）一起负责提供农村人口的基础教育和公共卫生——这两级政府占教育方面预算支出的70%，卫生方面支出的55%～60%。与社会保障有关的一些问题将在本文第六节讨论。

农村地区的分权化比城市地区进展得要深入。除了若干个由国家和省政府负责的项目外，大多数社会保障项目都由最基层的村级组织负责。这类项目包括对贫困家庭的救助，农村养老金和合作医疗项目。农村这类项目的发起、运作和融资大多都由较低级次政府负责；较高级次政府（省和中央）把自己的职责局限在监管和建立试点上。与之伴随的是，农村地区社会保障方面的差异比城市地区大得多。

政府间关系既是分级次的，又具有竞争性。在一定限度内，每一级次政府小心翼翼地护卫着自己的领域。当面对财政压力时，每级政府都试图把支出责任转移给下级政府，而尽可能保留更多的收入。各级政府间成本的分摊更多的是由其相对权力决定的。结果，较低级次政府倾向于不履行支出责任，剩余收入按其意愿支配。例如，根据2004年进行的一项调查显示，农村地区小学的成本负担如下：高达78%的成本由最低级次的乡级政府负担，剩余的

22%由另外四级政府共担：县级9%，省级11%，中央2%[①]。乡级负担的成本是从地方税、各类收费和当地企业利润中筹集的。这样，由于我们前面提及的所有问题，目前的制度有力地推动了利用预算外收入筹资。另一方面，现代税基的构建要求向诸如个人所得税或增值税这样的全国性税种转变。因此，目前首要的任务是设计中央对地方的转移支付制度，以确保各级政府既有足够的收入履行其责任，又能够提供水平可接受的基本服务。

这种高度分散的预算造成市统筹项目的财务状况存在很大差别，因而弱化了社会保险的财政基础。正如我们所预料的那样，市与市在缴费与支出的差额上情况各不相同，这取决于领取养老金和缴费的相对人数及失业率，各市的一般财政状况也各不相同。除了几个大型市外，市是个非常小的预算单位，不足以提供充分的风险共担统筹机制来确保社会保险的可持续性。财政的分散还对收入检测式最低生活保障制度产生了负面影响，该制度为人均收入低于当地贫困线的家庭提供补差式的现金补贴，资金来自各市的一般性收入。在许多情况下，最低生活保障支出负担较重的市的预算往往更为紧张，因为那些使家庭陷入贫困的因素也会成为城市财政的拖累。

完善政府间财政体制多年来一直位于改革议程的前列，但现在仍然没有得以实现。社会保障缴费和支出在省级统筹是政策目标。它可以有多种实现形式，每种形式都会对管理结构和效率与公平产生不同的影响。在融资方式的选择方面存在一些重要问题，包括管理分权化的适宜程度，以及如何抵消各市降低征收缴费努力的动机。在中国的情况下，这一问题是现实的，因为社会保障体系管理分散。把预算从市上升到省级将需要行政管理体系进行一定程度的集权。社会保障缴费全国范围的统筹目前在政治上似乎还不可行。各省的经济条件和财政状况差别太大，不可能在细节上达成一致。事实上，目前中央与省之间的政治经济状况显示，大量收入返还给了收入征收省。如果这种状况不得到改变，它将成为构建和谐社会的一个重大障碍。

五、转轨期的政府支出

政府支出模式的变化，与收入一样，反映了改革期间中国经济社会所发生的结构性变革，特别是从计划经济向社会主义市场经济的转轨。从公共财政的角度看，向市场经济的转轨，本质上看是收入权和支出责任在政府、企

---

① 《财经》，2004年10月18日。

业和家庭之间所做的复杂的重新分配。计划经济时期，企业和其他单位行使了许多在其他经济体中由政府机构或民间团体、包括家庭承担的职能。反过来，政府决定价格、产出和投资，这些问题在市场经济中是由企业和家庭决定的。在改革前，某一支出项目通过企业还是直接由政府出资对财政来说差别不大。但随着企业预算从政府预算中分离出来，企业与政府之间融资的划分对一系列经济活动都有重大影响：支出责任包含着为其提供资金的责任。

转轨期间重新划分支出责任进展得非常不顺利。许多国有企业在没有政府补助的情况下无法继续经营，这种局面一直对支出方面的改革有着不利的影响。现有的支出模式和其中的许多困难表明，在财政支出结构方面，转轨过程还有很长一段路要走。表4列示了改革期间，占政府总预算支出50% ~60%的支出大项。重要的是，要认识到预算支出仅仅是政府支出三大组成部分之一，当然是最大部分。另外两个组成部分，一是预算外支出，大多由预算外收入提供资金，二是政府重新提供给国有商业银行的与不良贷款有关的补助资金。这两类支出的构成一直不同于预算支出。其含义是，支出模式主要取决于融资的形式。

表4反映了五个显著特征。第一是“基本建设支出”占总支出的份额大幅下降，从1978年的40%以上，下降到2004年的12%，这期间该项支出占GDP的比重也从12.5%下降到2.5%。类似的趋势也表现在对企业流动资金的预算拨款上。这些项目明显下降，至少可以部分归因于从预算内拨款向银行贷款，或预算外账户的转变。但是，这种下降一定程度上是真实的，并与经济决策权由政府转向企业同步发生。

第二个显著特征是“文教卫生支出”的份额一直稳步提高，直到1994年，随后的五年（到2000年）又下降，这部分抵消了先前的增长。但是，自1995年以来，该类支出占GDP的比重一直在上升，这是由于自1994年税制改革以来，财政支出占GDP的比重一直保持上升。同样，支出的提高是与提供社会产品的责任从企业和其他单位转移到政府身上一致的。

上述两个特征符合转轨过程中政府与企业职能的互换。在计划经济时期，企业投资由政府决定，并由来自预算的补助提供资金，社会服务和集体产品的提供和社会保障项目的运作分散于城镇地区的大量工作单位和农村地区的集体单位。宽泛地讲，从计划经济向市场经济的转变旨在通过把政府从为商业性投资提供资金中解脱出来，把社会保障项目的融资和管理集中在政府部门，来扭转这种模式。

表 4　政府支出的构成（%，占总支出的比重，括号内为占 GDP 的比重）

年份	基本建设支出	增拨企业流动资金	文教卫生支出	抚恤和社会福利救济费	行政管理费	补贴支出
1978	40.3	5.9	10.0	1.7	4.4	1.0
	(12.5)	(1.8)	(3.1)	(0.5)	(1.4)	(0.3)
1979	34.6	4.1	10.3	1.7	4.5	6.2
	(11.0)	(1.3)	(3.3)	(0.5)	(1.4)	(2.0)
1980	28.2	3.0	12.7	1.7	5.4	9.6
	(7.7)	(0.8)	(3.5)	(0.4)	(1.5)	(2.6)
1981	22.6	2.0	15.1	1.9	6.2	14.0
	(5.3)	(0.5)	(3.5)	(0.4)	(1.5)	(3.3)
1982	21.9	1.9	16.0	1.7	6.6	14.0
	(5.1)	(0.4)	(3.7)	(0.4)	(1.5)	(3.3)
1983	24.5	0.9	15.9	1.7	7.3	14.0
	(5.8)	(0.2)	(3.8)	(0.4)	(1.7)	(3.3)
1984	26.7	0.6	15.5	1.5	7.4	12.8
	(6.3)	(0.1)	(3.7)	(0.4)	(1.7)	(3.0)
1985	27.7	0.7	15.8	1.6	6.5	13.1
	(6.2)	(0.2)	(3.5)	(0.3)	(1.5)	(2.9)
1986	27.0	0.5	17.2	1.6	7.6	11.7
	(5.8)	(0.1)	(3.7)	(0.3)	(1.6)	(2.5)
1987	23.1	0.5	17.8	1.7	7.9	13.0
	(4.4)	(0.1)	(3.4)	(0.3)	(1.5)	(2.5)
1988	19.9	0.4	19.5	1.7	8.9	12.7
	(3.3)	(0.1)	(3.3)	(0.3)	(1.5)	(2.1)
1989	17.1	0.4	19.6	1.8	9.3	13.2
	(2.8)	(0.1)	(3.3)	(0.3)	(1.5)	(2.2)
1990	17.8	0.4	20.0	1.8	9.8	12.3
	(3.0)	(0.1)	(3.3)	(0.3)	(1.6)	(2.1)
1991	16.5	0.4	20.9	2.0	10.1	11.0
	(2.6)	(0.1)	(3.3)	(0.3)	(1.6)	(1.7)
1992	14.9	0.3	21.2	1.8	11.3	8.6
	(2.1)	(0.0)	(3.0)	(0.2)	(1.6)	(1.2)
1993	12.8	0.4	20.6	1.6	11.5	6.4
	(1.7)	(0.1)	(2.8)	(0.2)	(1.5)	(0.9)
1994	11.0	0.3	22.1	1.6	12.6	5.4
	(1.4)	(0.1)	(2.7)	(0.2)	(1.6)	(0.7)

（续）

年份	基本建设支出	增拨企业流动资金	文教卫生支出	抚恤和社会福利救济费	行政管理费	补贴支出
1995	11.6 (1.3)	0.5 (0.1)	21.5 (2.5)	1.7 (0.2)	12.8 (1.5)	5.3 (0.6)
1996	11.4 (1.3)	0.5 (0.1)	21.5 (2.5)	1.6 (0.2)	13.1 (1.5)	5.7 (0.7)
1997	11.0 (1.4)	0.6 (0.1)	20.6 (2.6)	1.5 (0.2)	12.3 (1.5)	6.0 (0.7)
1998	12.9 (1.8)	0.4 (0.1)	20.0 (2.7)	1.6 (0.2)	12.3 (1.7)	6.6 (0.9)
1999	16.0 (2.6)	0.4 (0.1)	18.3 (2.9)	1.4 (0.2)	11.6 (1.9)	5.3 (0.9)
2000	13.2 (2.3)	0.4 (0.1)	17.2 (3.1)	1.3 (0.2)	11.3 (2.0)	6.6 (1.2)
2001	13.3 (2.6)	0.1 (0.1)	17.8 (3.5)	1.4 (0.3)	11.6 (2.3)	3.9 (0.8)
2002	14.3 (3.0)	0.1 (0.0)	18.0 (3.8)	1.7 (0.4)	13.5 (2.8)	2.9 (0.6)
2003	13.9 (2.9)	0.0	18.3 (3.8)	2.0 (0.4)	13.9 (2.9)	2.5 (0.5)
2004	12.1 (2.5)	0.0	18.1 (3.8)	2.0 (0.4)	14.3 (3.0)	2.8 (0.6)

资料来源：http：//www. stats. gov. cn。

第三个显著特征是行政管理费支出所占份额的猛增。这一增长部分归因于行政管理成本的计算方法。这项成本大部分是工资和薪金。转轨经济体的一个常见现象是国民收入中工资和薪金份额增加。这首先开始于非政府部门逐渐停止使用中央确定工资的做法，中国的这一变化开始于20世纪80年代中期①。政府与非政府部门工资薪金水平的拉大迫使政府随之做出调整。由于政府雇员提供的服务按其工资和薪金值计入国民账户，GDP中工资份额的变化将表现为政府行政管理成本的提高。这只是部分解释了政府支出份额的提高，另一个原因是雇员人数的增加，其理由是市场经济下政府工作的复杂程度提高了，如征税的工作。

第四个显著特征是，20世纪80年代补贴支出（大多是价格补贴支出）份额猛增，因为政府试图补偿农业和其他市场自由化所产生的一部分价格效

① 在实物报酬中也存在“职务消费”的下降。

应。随后，20 世纪 90 年代又经历了程度几乎相同的猛降。

第五个特征是“抚恤和社会福利救济费”类支出份额相当低。其中部分原因是，涵盖了20%左右劳动力的社会保险是预算外的。2004 年社会保险的总支出占 GDP 的 4.2%。加上社会保险后，这类支出占 GDP 的 4.6%。如果与发达市场经济的情形相比，该比重仍然较低。

如上所述，预算支出方面对减贫和缓解不平等问题的效果通常比收入方面更为有力。政府支出对不平等问题的影响尤其取决于一些支出项目的规模大小，这首先是那些直接影响个人收入或支出的项目，包括它们是如何在人与人之间分配的，其次是那些诸如卫生和教育等对个人参与到经济社会中的能力产生重大影响的服务项目。前一类支出项目包括“抚恤和社会福利救济费”，消费品补贴和“预算外的社会保险支出”。2004 年这些项目的总支出占 GDP 的比重达到 13.0%，数量很大，并不怎么低于发达市场经济体的水平。

表 5　教育和卫生支出

（占总支出的比重，括号内为占 GDP 的比重）

	教育	卫生
2000	10.6% (2.0%)	3.0% (0.5%)
2001	11.3% (2.3%)	2.9% (0.6%)
2002	11.7% (2.5%)	2.8% (0.6%)
2003	11.5% (2.5%)	3.0% (0.7%)

资料来源：http://www.mof.gov.cn。

按功能划分的政府支出构成和支出在不同人群间的分布情况都存在问题。为了强调政府支出构成的问题，表 5 列示了卫生和教育支出占政府总支出和 GDP 的比重。

上述数字可能被低估了，因为它们没有包括对教育和卫生的预算外支出，对农村地区的基层政府来说这一点尤为重要。而且，上表的数字截止于 2003 年，因此没有反映近三年来农村地区教育和卫生支出的大幅增加。但是，即便考虑上述因素，对教育的公共支出仍然很低，远远低于国家设定的占 GDP 的 4% 的目标。对卫生的预算支出水平之低则更为惊人：卫生支出占总支出的 2.8% ~ 3.0%、占 GDP 的 0.5% ~ 0.7%，大大低于国际标准。卫生支出低的问题因其对不同人群高度的倾斜政策而被进一步复杂化。据卫生部统计，近 80% 的医疗设施在城市地区，而城市地区只有 40% 的人口。农村人口占全部人口的 60%，却只能享用 20% 的医疗设施①。尽管教育

① 《人民日报》网络版，2005 年 1 月 11 日。

的情况并不一样，但类似的差异也存在于政府对教育的支出上。同样，社会保险支出在设计上只针对城市人口，且只是那些处于常规性就业、报酬相对较好的人群。目前，越来越多的城市劳动力就业于服务部门的小型企业，通常没有任何劳动合同，也没有加入社会保险项目。政策含义是非常清晰的：

- ❑ 通过扩大城市医疗保险和农村合作医疗、增加政府直接补助等措施，减少没有列入预算的医疗开支，这类开支是城市地区的低收入人群和农村人口的沉重负担。
- ❑ 增加教育支出，特别是农村地区和城市地区农民工子女入学方面的教育支出。
- ❑ 缩小城市和农村地区之间社会保障制度的显著差别。当务之急是建立农村人口综合社会救助制度，类似于城市人口的最低生活保障制度。

这些政策对和谐社会至关重要，但成本高昂，这进一步强调了进行收入改革的必要性，收入改革要特别提高透明度和效率，同时要筹集更多的收入。

六、社会保障

背景

改革期间，中国社会福利指标方面改善的轨迹是波浪式的，既有发展，又有倒退。一个显著的成就是农村贫困人口的大幅减少。自1979年以来，各项经济改革前所未有地提高了平均生活水平，但它们也破坏了原有的社会保障体系，并在社会保障方面产生了一些新的问题，包括退休人数的猛增、城市贫困人口的出现和公开失业以及大量移民的出现。20世纪90年代中期以前，社会保障改革的目标是维持现有体系，特别是老年人口的退休金制度。90年代中期以来，改革关注于建立新型社会保障体系，并从城市人口的社会保障制度开始。农村社会保障制度先前一直被忽略，近年来日益受到政府的重视。新型社会保障体制的制度建设道路任重而道远。

社会保障体制必须解决的问题是由中国过去二十多年所经历的三项转变而确定的：

- ❑ 人口方面的变化，总人口转向基本不变或负增长。
- ❑ 经济发展：范围宽广，从农业经济转向以工业和服务业为主导的城市化经济。
- ❑ 从计划经济转向（社会主义）市场经济。

除了人口增长速度减慢外，人口方面的变化还伴随着：第一，人口老龄化（年龄在65岁或65岁以上）的提高；第二，儿童所占比例的下降，特别是学龄儿童（年龄在5～14岁之间）。老龄人口占工作年龄人口比例的上升，意味着GDP的更高份额要用于对老年人口的供养。这块增加的成本如何在经济中分布取决于供养老年人的财力来源。首先且最重要的是家庭，其次是社会保障体系（包括养老金和对贫困老人的社会救助）和个人储蓄。由老龄化程度提高而新增成本的大部分仍将由家庭负担，家庭还要负担儿童的大部分成本。中国越来越意识到，目前养老沉重依赖于家庭的状况并不适应人口变化和社会经济变化趋势。随着平均寿命的提高，每一后来的老年组将比前面的老人需要更长的供养时间。此外，由于计划生育政策，未来的老人将比以前的老人有更少的子女可以依靠。中期目标将是建立覆盖所有人口的养老金体系。现行在社会保险下的养老金制度不包括农村劳动力，且仅涵盖了不到一半的城市劳动力。

像其他地方一样，中国的经济发展带来了劳动力脱离农业生产和人口的迁移。人口的迁移在中国的情况下产生了一个特殊的问题，因为“移民”仍被排除在社会保险和收入检测式的社会救助体系之外，直到他们正式被实际居住地和工作地的政府当局承认为居民。移民人口①是社会保障覆盖面的一个盲点，且规模很大——按2000年人口普查的统计总数超过1.34亿，占当时全国人中的11%左右（国家统计局，2002c）②。

像其他转轨经济体一样，中国也经历了收入不平等和失业的激增。从1994～2005年仅11年的时间，国有部门和城市集体部门就减少了7 180万个就业岗位（占1994年全部就业岗位的50.3%），以前这些部门几乎雇佣了所有的城市劳动力③。公开失业，以前被认为是一种临时性的反常状态，现在逐渐被人们接受为一种地方常见现象。就业转向非国有部门带来了社会保护方面的重要问题，因为，总地说来，非国有部门就业岗位的安全性不及国有部门，且常常不参加社会保险。

中国社会保障的复杂性

中国的社会保障体系分为缴费性的“社会保险”和收入检测式的“社会

① 在中国的统计中，移民被定义为在非户口所在地居住满六个月或六个月以上的个人。

② 《中国人口统计年鉴》，2002年，北京，国家统计局。

③ 《中国统计摘要》，2006。

救助（社会安全网）”等常见类别。它们有两个突出特征：

❑ 分割性；

❑ 融资和管理上的高度分散化。

在社会保障问题上，人口可以从两个角度进行划分：第一，农村和城市；第二，城市地区的永久居民和外来人口。在某些省市，由于当地政府主动把原来仅限于城市人口的保障制度扩大到外来人口甚至是全部农村人口，这些划分的色彩正在减退。

总地说来，城市人口享受着综合社会保险制度，包括养老金、工伤赔偿、生育福利、医疗和失业保险。这些制度是缴费制的，在设计上就排除了那些外来务工人员。除了社会保险外，自1997年以来城市人口还享受最低生活保障制度。与此截然不同的是，农村地区社会保障制度的提供几乎为零。除了两个有限的缴费性制度外，农村所有的制度都是社会救助类的，仅仅为了减少赤贫。社会保险没有覆盖农村劳动力，甚至不包括乡镇企业的工薪雇员，目前这些雇员达1.43亿人，而国有部门才不过6 500万人。两个缴费性制度是农村合作医疗和农村养老金制度。这二者都包括大量各地独立的方案，仅覆盖了农村一小部分人口，提供有限的保护。迄今为止，就农村养老金制度的发展并没有明确的政策。但随着2003年SARS的爆发，提高农村人口享受基本医疗服务的水平成为紧迫问题，农村合作医疗制度得以有力的发展与完善。认为应严格限制社会保障覆盖面的一个常见措辞是，每个农户都有一块土地作为其家庭收入的基石。但是，土地提供的保护是高度易变的，与社会保障制度提供的保护不可比拟。

社会保障提供偏向城市的做法并不是中国独有的，在发展中经济体中十分常见。从某种程度上说，考虑到在发展中经济体中，为自我经营者或非正式就业者设计缴费制社会保障（社会保险）制度存在许多严重的问题，因此这种偏向是不可避免的。中国面临的一个特殊问题是，历史造成了城市和农村人口行政管理上的区别，暗中把农村劳动力看做是从事农业的自我经营者。这种区别严重阻碍着乡镇企业工薪雇佣的快速增长和农民工大量涌入城市地区。

农村和城市社会保障制度都是高度分散的，前者分散的程度甚至高于后者。对社会保险和最低生活保障制度来说，预算单位是269个市（不包括县级市和镇）[①]，通常，市政府要弥补其自身预算所发生的任何赤字。农村地区

---

① 按中国的地方政府级次划分，城市分为四个等级，包括662个市和镇。上面269这个数字中不包括393个县级市。

分权化的程度要比城市地区深。除了若干个由国家和省政府负责的项目外，绝大多数社会保障项目都由最低层的村级组织的。这类项目包括对贫困家庭的救助，农村养老金和合作医疗项目。农村这类项目的发起、运作和融资都由较低级次政府负责；较高级次政府（省和中央）把自己的职责局限在监管和建立试点上。

中央和省政府对下级政府进行转移支付，以确保它们承担社会保障职责。多年来，完善政府间财政体制一直位于改革议程的前列，但现在仍然没有得以实现。社会保险缴费和支出的省级统筹是政策目标，它可以有多种实现形式，从完全统一到分权化体系中的补偿式转移支付不等。中国经济研究和顾问项目推荐的社会保障缴费和支出的全国统筹目前看起来并不可行[①]。作为中间阶段，逐步实现省级统筹似乎更为现实。

社会保障改革

由于社会保障体制上城市与农村的分割，农村地区与城市地区目前改革的优先顺序是不同的。过去20年间，城市社会保障制度一直是各项改革措施中第一位的问题。随着农村合作医疗改革的推进，这种局面开始发生变化。合并城市和农村地区的社会保障制度，尽管听起来诱人，但由于财政和管理方面的原因，在近期是不可行的。其所要求的税制改革还需要时日完成。因此，现在的官方立场，即城市和农村社会保障系统必须分别进行改革，是现实的。

城市系统

在进行了一系列的改革之后，新型城市社会保障体系已经就位，以取代原有的体系。社会保险与社会救助体系相互补充，提供了一个相对广泛的覆盖面。组成社会保险的五个体系[②]所遵循的原则试验证明效果良好，没有出现重大的设计缺陷，尽管它们在细节上还有待完善。这里简要讨论几点。就养老金体系来说，退休年龄依照职业和性别从50岁到60岁不等，相对于平均寿命这样的退休年龄太低了，因此要求设计一个逐步提高退休年龄的中期方案。

从财务上看，该体系仍然是不可持续的。有两个主要问题：第一，贯彻

① 中国经济研究和顾问项目的政策研究，参见Asher等（2005）。

② 养老保险、工伤保险、失业保险、医疗保险和生育保险。

执行把预算级次提高到省级的长期目标将会降低拖欠的风险；第二，老体制遗留下来的养老金债务的化解，这方面目前没有任何前瞻性的财力筹划。该问题部分转化为个人账户空账问题，因为本应流入个人账户的个人缴费被用于当期的养老金发放。显然，工薪缴费不足以像最初设计的那样，既满足当期养老金支付义务的需要，又充足个人账户。

不管任何解决方案的细节如何，两个必要条件至关重要：第一，找到工薪缴费之外的财力来源；第二，积累储备，以至少部分地满足未来养老金的支付义务。紧要问题涉及到筹资程度，这取决于个人账户是做虚还是做实。如中国经济研究和顾问项目所建议的那样，我们有强有力的理由赞成把个人账户做虚，但要有承担未来所有养老金支付义务的可信的担保做支撑。

农村系统

农村地区的当务之急是：

- ❑ 首先，建立覆盖全国的收入检测式社会救助体系，以全国性的制度框架为基础，以城镇最低生活保障制度为模板。
- ❑ 第二，建立包括医疗服务提供和融资在内的体系，以拓宽农民获得基本医疗服务的渠道。

农村最低生活保障制度的形成将有助于消除现行体制下的盲点。这样一个制度最终将使建立覆盖城乡的单一的社会救助体系成为可能。统一的体系不仅将是公平的，而且会避免现行社会保障制度下劳动力迁移而产生的反常现象。

现在非常简要地谈一下医疗问题，中国的情况矛盾重重。20 世纪 70 年代，中国在全国范围广泛提供基本医疗服务，成为发展中经济体的楷模。但现在，它却成为医疗不平等的一个极端案例，不仅被国际卫生组织和国际观察家们批评，而且还受到国内媒体和官员的质疑。农村和城市地区都存在不平等问题。医疗保险的设计和运营是问题的一个方面，另一个问题是政府负担的医疗成本份额持续下降。由于 2003 年 SARS 的爆发，政府已经提高了医疗方面的支出。但是，由于政府医疗费用负担份额持续下降，这种提高仍然是远远不够的。第三是医疗体系的结构问题。本文中我们不再进一步地讨论。

前几部分的分析，特别是本节和上一节，论证了构建和谐社会，特别是关于解决不平等问题和提供基本服务方面，将既需要额外的收入，又需要重新在各级政府间划分支出责任，并强调基本服务和社会问题方面的制度。显然，中国存在的问题在结构性变革的转轨背景下是容易理解的，但这些问题揭示了未来10～15年改革应优先考虑的事项。由于这些困难有其结构性根源，不能期望立刻找到解决方案。

七、经济上的不平等

随着改革的推进，贫困率急剧下降，但是经济不平等在几个方面却表现得更加突出，这包括：城乡人均收入之间的差距、农民之间以及城市居民之间的不平等、地区间的不平等[①]。尤其值得关注的是，城乡人均收入之间存在差距是经济总体不平等的一个强有力动因，是建设和谐社会所面临的一个重要挑战，在“十一五”规划中也重点强调了这一点。

城乡之间的不平等一直是现实存在的，尤其在1978年最为突出，当时约有33%～40%的农村人口生活在贫困线以下，并且据估算这一贫困线比国际标准还要低[②]。改革初期，不仅农村贫困人口的数量显著下降，城乡收入差距也逐渐缩小。图1呈现了城乡不平等的演变过程，正如图中实线所显示的，改革的前6年，农村人均收入占城市人均收入的百分比提高了16个百分点，从1978年的38.9%提高到了1983年的54.9%。这与为实现经济自由化迈出的第一步，即，将农业生产由公社制改为家庭联产承包责任制，而带来农业产量显著增长是相吻合的。

然而从那时起，除了个别年份以外，农村人均收入的增长都比城市人均收入的增长缓慢。这种情况带来的结果是，到2005年农村人均收入仅占城市人均收入的31%。图1中的虚线指的是城乡不平等泰尔2指数，该指数为农村人均收入占城市人均收入百分比提供了一个参照，进一步确证了自1983年以来城乡不平等的加剧，这种不平等的加剧是与经济改革的重点从农村转向城市相一致的。城乡不平等的持续扩大趋势，表明了这种不平等是由经济结构造成的，而不是因短期政策影响造成的。

中国城乡不平等的核心问题，正如下面所表述的，是相对工业和服务业而言，农业的人均劳动生产率非常低。尽管农业占国内生产总值的比重仅为12.5%[③]，与中等收入经济体的比重近似，但投入农业生产的劳动力数量却占

---

① 参见Ravallion和Chen（2004）。

② 参见Lipton和Zhang（2006）。

③ 这一比例指的是2005年第一部门（几乎全部是农业）占国内生产总值（GDP）的比例。

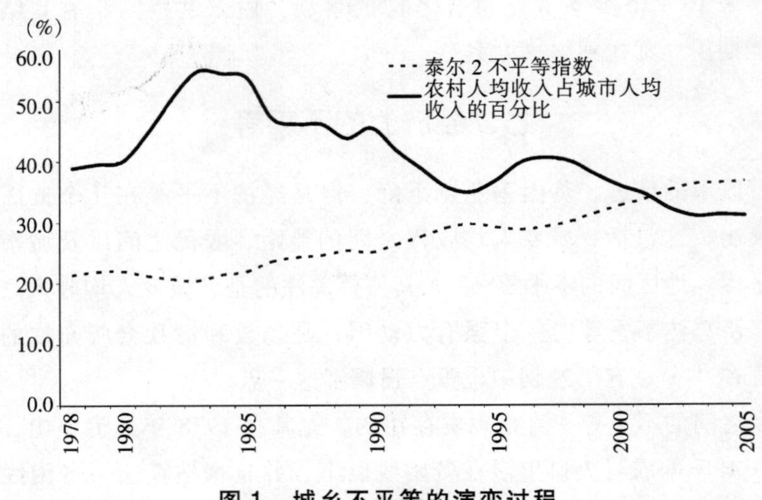

图 1　城乡不平等的演变过程

资料来源：http：//www. stats. gov. cn。

到全国劳动力总量的 44. 7%，几乎是农业占 GDP 比重的四倍，44. 7% 这一比例与低收入经济体的水平接近。把上面两个数据放在一起，即用农业占 GDP 的比重（12. 5%）除以农业劳动力数量比重（44. 7%），得出的结果表明农业人均产出占不到全国平均水平的三分之一（28%），或者说仅仅是非农业部门的 18%①。

农业占 GDP 的比重远远小于农业劳动力所占的比重（不到后者的一半），这是发展中国家的一个共性，也是发展中国家城乡人均收入差距不断扩大的一个关键诱因。而在中国，农业占 GDP 的比重接近农业劳动力数量占比的四分之一，这也意味着城市人均 GDP 是农村人均 GDP 的 5. 5 倍还要多②，那么即使作为发展中国家，中国这两个比率之间的差距仍然太大了③。值得注意的是，随着经济的发展，农村地区的非农业收入变得日益重要起来，并且城市人口的比例也在逐渐增加。不过，对于中国而言，在相当长的一段时间内，

① 假定农业占 GDP 的比例是 α，从事农业生产的劳动力数量占总劳动力数量的比例为 β，全国平均劳动生产率为 1，那么农业部门的劳动生产率相对于全国平均劳动生产率而言为（β/α）。类似的，农业部门劳动生产率相对于非农业部门劳动生产率而言则为：

（β/α）＊｛（1 − α）/（1 − β）｝。

② 在这里将非农业生产部门限定在城市，农业生产则完全在农村，而对中国来说，非农业生产全部在城市的假定是不完全正确的，因此城乡人均 GDP 的差距应该小于 4. 5 倍。

③ 参见 Stern（1996）。

农业收入仍是农村收入的最重要来源，最贫困人群尤为如此。

中国的农业劳动生产率如此之低究竟是什么原因造成的？可能的因素有两个：首先是土地的生产率低，其次是劳动力/土地比率较高。以中国的情况而论，第一个原因可能没有太大的说服力。因为和其他东亚国家一样，中国的农业生产是精细化耕作，每单位土地的劳动生产率高于国际标准。假定在保持劳动力/土地比率不变的情况下，通过采用更好的农业科学技术有可能会进一步提高土地的生产率，但是农业的劳动生产率低的最重要原因还是在于劳动力/土地比率较高，不从事农业生产的劳动力向非农业生产部门转移存在障碍。其中，两个相互关联的因素比较突出：一是由于户籍登记制使得农村劳动力向城市转移存在困难，这个因素的影响已经有所减弱但仍然存在。二是土地使用制使得农村家庭放弃所分配土地的使用权几乎得不到任何补偿，这实际上等同于对完全脱离农业生产进行征税。

上述分析表明，要想缩小城乡收入差距，则需要推动劳动力从农业生产中脱离出来，尤其需要在以下方面实施政策激励：

- ❑ 改革户籍登记制，消除对移民及其子女的差别对待政策；
- ❑ 确保对失去土地持有权的农民进行公平补偿；
- ❑ 增加对农村地区教育的补助。

在促进非农业部门吸收农村移民的过程中，第三个政策措施尤为重要。假定一个人的劳动年限在40～50年之间，农村地区目前的这批学龄儿童，绝大部分或者将不会从事农业生产，或者在其职业生涯中早早地转向工业或服务业工作。这就表明这群农村孩子所必备的教育水平，不是以适应当前生活在农村从事农业生产为标准的，而要以适应以后生活在城市、从事工业和服务业工作为标准。这样看来，假定工业和服务业持续增长，那么城市和农村（尤其是落后地区的农村）之间的教育差距将成为一个不利因素，迫切需要通过政策协调来予以弥补。落后的农村地区孩子受教育的水平低，将成为他们从农村向城市迁移的障碍，同时受教育水平低下也使他们从农村转向城市后很难有机会获得工作。无论是某些孩子相对较低的受教育程度，还是实现九年制义务教育目标的滞后，都会对未来减贫、缩小收入差距产生不利影响。因而，考虑到农村地区的平均收入，减少农村家庭所承担的基础教育成本，是一个至关重要的政策措施。

我们现在来探讨城市内部以及农村内部的收入分配问题。中国于1978年着手进行经济改革，当时尽管如上所述城乡之间差距很大，但按照国际标准，城市之间以及农村各村庄之间的收入差距非常小。但是，改革进行了25年之后，农村之间以及城市之间在家庭收入以及人均消费方面的不平等加剧，差距超过了国际标准。根据来自于中国社会科学院经济研究所的估测，城市收入的差距在20世纪80年代中期开始加大，这是与放松对工资的行政控制相应而生的，而这一趋势在20世纪90年代加速。通过汇总对家庭进行问卷调查得来的数据，结果表明就城市个人收入而言，基尼系数在1988～1995年之间上涨了10个百分点，达到了0.33。国家统计局对城市家庭进行年度样本调查的结果验证了收入差距确实非常大。例如2003年，城市家庭收入中前10%的家庭平均收入是后10%的十倍还要多，这个差距实际可能还要大，因为通常高收入家庭的收入会被低估。

收入差距拉大，一个可能的原因在于发展有先有后：

- ❑ 在计划经济时期被压低的工资差距开始进一步拉大；
- ❑ 国有企业雇用劳动力的数量稳步减少，并且自20世纪90年代中期起大批国有企业工人下岗；
- ❑ 20世纪90年代中期以来，城市人口不再像过去一样，失业问题开始显现并公开化，随之而来的是城市贫困人口的出现，这成为城市面临的一个突出问题，而这一问题先前被认为是农村地区特有的现象。

广而言之，农村收入不平等的趋势与城市是类似的。农村地区突出的问题在于，农村家庭来自于非农业部门的收入差距远比来自于农业的收入差距大得多。结果是农业收入在家庭总收入中所占比例的不断下降，自然而然导致了农村家庭收入差距的扩大。偏离了以农业收入为主的传统收入模式，中国农村收入的不平等变得比城市更为严重。而由于城市收入不平等问题的加剧，城乡之间这方面的差距则会因此明显缩小，甚至可能在未来的几年消失。

最近两三年，中国领导层开始高度关注经济不平等加剧的问题。但是政府能够控制并最终扭转这一趋势吗？通过这一部分及前面部分的分析表明，为实现目标应该采取以下主要措施：

- ❑ 政府间财政关系的改革，通过转移支付以及中央政府以有利于贫困地区发展为原则安排支出，来消除地区间的不平等。可以先在小范围内进行试点，以推动区域经济发展的积极性，例如对西部12个省份进行试点。在中国，由富裕地区向贫困地区进行收入再分配的程度要低于国际标准，来自于富裕地区的大部分收入又返还给了这些地区。基于此，改革政府间财政关系意义更为重大。

- ❑ 降低低收入家庭享受基本服务的成本，例如教育和医疗。随着改革的推进，教育和医疗的成本急剧上升，迫使低收入家庭不得不缩减医疗支出以及孩子的教育费用。政府已经意识到了这一问题，采取了一些措施加以解决，并将此列为政府的一项主要任务。

制定方案保证家庭能获取一定的收入以防陷入贫困。在这方面，城市人口有双层的社会保障网，包括失业保险以及城市生活最低保障制度。对于城市居民来说，只要家庭人均收入低于当地的贫困线，就能享受城市生活最低保障。相反，在农村地区社会保障体系非常有限。因此，应该对农村人口也建立类似于城市最低生活保障制度的生活保障体系，这是消除贫困的一个重要要素。

八、展望：中期的中国公共财政

中国领导人的最高目标是在保持经济快速发展的同时，建设社会主义和谐社会。最新的发展规划在设定目标时与以往的发展计划不同，以往的发展计划主要强调经济增长速度的重要性。这种发展目标重点的变化，是由于政府意识到自 20 世纪 70 年代以来人们生活水平在不断提高的同时，社会上也出现了一些扭曲和不和谐的地方。正如在“十一五”规划中广为讨论的一样，这主要体现在以下几个方面：

- ❑ 经济方面的不平等不断扩大：包括居民个人之间、地区之间、城乡之间；
- ❑ 城市失业人员和农村大量的剩余劳动力；
- ❑ 脆弱的财政结构；
- ❑ 环境恶化和越来越严重的自然资源制约；
- ❑ 医疗、公共卫生和传染病控制方面存在的问题。

根据“国民经济和社会发展第十一个五年规划”（2006~2010 年），经济增长率目标为 7%~8%，低于自 1978 年以来的年均 9% 的经济增长率，即使如此，7%~8% 的增长率在国际上也是非常高的。不过改革期间经常出现的情况是，实际的经济增长率要高于计划的经济增长率。正如我们已经指出的，当前的“十一五”规划不同于以往的计划，它在确定经济发展目标时，将“以人为本”放在第一位。这一规划包括多项发展目标，与这次“公共财政与和谐社会”国际研讨会相关的，主要包括以下 7 个方面的内容：

1. 把政府教育支出占 GDP 的比重提高到 4%，实现九年制义务教育（这一目标按原计划在此之前就应当完成）。

2. 提高医疗保障水平，扩大医疗保障覆盖范围，尤其是农村人口的覆盖面。目标是将农村合作医疗的覆盖范围由目前占农村人口的20%提高到80%。

3. 扩大养老保障的覆盖范围，提高城市社会救助水平（主要是指上面提到的城市最低生活保障制度）。目标是将城市基本养老保险的参保人员由目前的1.65亿人增加到2.23亿人。

4. 创造就业机会，为农村人口向工业和服务业的转移提供培训项目。将城市化水平由目前的40%以上提高到2010年的47%。

5. 扩大地区经济优先发展的范围，由支持西部地区发展扩大到中部地区和东北地区。

6. 完善政府间财政体制，包括重新分配各级政府的支出责任，以及保证各级政府都拥有充足的可支配财力满足本级的支出要求。

7. 提高资源使用效率，阻止环境继续恶化的局面，最终扭转环境恶化的趋势。目标集中在将主要污染物的排放量减少10%，以及单位GDP的能耗水平降低20%。

上述前五项目标的实现都需要政府预算支出的大量增加。让我们来大概估算一下大约需要多少财政支出。

目前，教育支出占GDP的比重为2.5%①，要实现教育支出占GDP比重4%的目标，还需要新增占GDP1.5%的资金用于教育支出。考虑到目前政府医疗卫生支出只占到GDP的1.5%，实现第二个目标也需要将大量资金用于医疗卫生支出。一般来讲，用于医疗卫生的支出要高于用于教育的支出。然而，为了便于说明，我们假设政府卫生支出和教育支出占GDP的比重相同，那么政府新增支出达到4.3%（参见第五节的表5）。因此，为了实现政府教育支出和医疗卫生支出的目标，需要新增占GDP5.3%的政府支出。为了实现第3至第5项目标需要多少资金，很难给出确切的数字，但为了说明这一问题，我们假设需要新增财政支出占GDP的比重为2%。大体上，满足上述所有目标需要的政府支出占GDP的比重为5%~7%。

通过税收筹集到这么多的资金是一项艰巨的任务，因为在过去的十年间

---

① 2003年数字。

(1995～2005年)，中国政府通过巨大的努力，才将税收占GDP的比重提高了大约十个百分点。

税收收入和税制设计

为筹集这么多资金的可行选择是什么呢？考虑到高税率会引起经济扭曲，主要的设想和办法就是通过扩大现行税种的税基，或者开辟新的税源来解决筹集资金的问题。从相对国际化的视角分析2005年的税收结构，以下的税种是解决税收来源问题的主要候选对象：

- 个人所得税，占全部税收收入的6.8%，占GDP的比重仅为1.2%；
- 增值税，占全部税收收入的34.7%，相当于GDP的5.9%；
- 消费税（主要针对具有外部性的产品），占全部税收收入的5.3%，相当于GDP的0.9%。

1995年税制改革以来，个人所得税收入增长迅速，但与发达经济体的水平相比，目前它的规模还是非常低的。由于47%的劳动力从事农业生产，全国50%以上的人口被划为农业人口，个人所得税所覆盖的中国成年人比率是很有限的。然而，由于中国的快速城市化进程，个人所得税的纳税人队伍必将大大增加。与其他许多发展中国家相比，中国在识别和管理居民方面具有较强的能力，因此对个人所得税的征收能力就更强。这是未来中国政府收入快速增长的源泉之一。

除了扩大个人所得税的纳税人范围以外，在个人所得税方面还有两项改革应当实施。一是实行综合所得税制，收入应当包括个人各种收益，并对各种不同类型的收入同等对待。中国现行的不同收入不同待遇的分类所得税制有悖于大家公认的税收原则。二是对于个人所得税的收入认定和缴纳社会保险的收入认定应实行同一个标准，而目前这两个标准是不同的。

引入增值税以及该税种迅速成为中国最大的税收来源，这无疑是相当成功的。不过，仍有余地提高增值税收入。18%的基准税率与很多欧洲国家大体相当，但是增值税所覆盖的产品和服务的范围是很狭窄的。根据国际经验推断，中国增值税占GDP的比重应当由目前实际的5.9%上升到9%或者10%才是合理的。除了扩大增值税适用范围之外，对于是否将“生产型增值税”转为“消费型增值税”也存在着激烈的争论。增值税转型的计划已经公布，目前正在东北三省进行试点。

除了增值税之外，消费税收入仅占GDP的0.9%，这一比例与发达经济体相比简直是太少了。对燃料、烟草和酒类征收的消费税是发达经济体的主要税收来源，这样做的原因主要在于为了控制汽车对环境、烟草和酒类对人类健康所造成的负面影响。中国有3 500万辆汽车，它们消耗的石油比日本还多，而日本拥有的汽车数量为5 500万辆，比中国多57%。中国拥有汽车的数量还在持续上升，预计到2010年可达到5 500万辆或5 700万辆。从长远来讲，中国急需提高能源的使用效率。要达到这一目的，对初级能源（主要是石油）征收消费税是一个有效的途径。石油方面的税收与石油价格是紧密相连的。旨在提高能源使用效率的燃油税必须与适当的石油价格政策相衔接。虽然中国目前石油消费的57%依靠国内解决，但有观点认为石油定价政策应当按照将所有石油当做进口来对待，也就是说以国际市场油价为参考来制定国内石油价格。这种观点的根据在于这样可以减少石油价格的短期波动，而不是将国内石油价格与国际价格隔绝开来。这种对于石油征税的政策从来都是不受欢迎的，会遇到各种形式的抵制。目前中国每1 000名居民中拥有的汽车数量为24辆，到2010年这一数据有可能达到40辆。因此，这种抵制随着时间的推移只会增长而不是削弱。

在二氧化碳排放和全球变暖方面，煤炭仍比石油和天然气的污染程度更大。这些都应当通过征税或其他方法体现在价格里。就所有能源来说，提高能源的使用效率，对于能源安全、节约成本、中国和全世界环境保护等方面都是非常重要的。这也是为什么“十一五”规划明确设定坚定的目标是完全正确的，请参见本节的“环境和自然资源”部分。

中国是世界上最大的烟草消费国，大约占世界总消费量的32%。在15岁以上的男人中，有60%的人吸烟。每年至少有300万人加入到吸烟者的行列。世界上每年有500万人死于与吸烟有关的疾病，其中120万人是中国人①。中国烟草行业的税率仅相当于世界平均水平的一半。这方面的税收增收潜力是巨大的。

利用土地作为税基有着充裕的发展空间，这在很多国家被忽略了，而且一旦被忽略就很难再恢复征收。由于中国土地的集体所有或者国有性质，中国相对而言在把土地作为税基方面面临的阻力会更小。实际上，土地已

① 《人民日报》网络版，2006年4月29日。

经被用作税收手段，土地租赁收入是市政府的一项主要收入来源。目前需要的是对土地税和公有土地租赁问题由国家制定统一的政策。这在城市地区尤其重要，城市地区的外地移民和经济快速增长正在产生巨大的资本利得。

从上面的分析可以看出，提高税收收入以满足“十一五”规划设定的在教育、医疗卫生、促进就业培训等方面的支出要求，是可行的。扩大税基的潜力主要集中在个人所得税、增值税、消费税和城市土地税上，这些税种的潜力较大，而且如果有关税制设计合理的话，这些税收比其他税种更公平，对经济的扭曲作用更小。

政府间财政关系

正如上面已经讨论过的，预算外资金的不断增长，以及基层政府对预算外资金的依赖不断增强，这些都是政府间财政关系存在问题的表现。解决这些问题对于缓解不平等，尤其是城乡之间的不平等非常重要，因为这些问题的解决直接影响到基础教育和卫生服务的提供。上面已经提到过，解决这些问题包括三个方面的选择。这三个方面是相互补充的，并可以同时进行。

- ❑ 改革上级政府对下级政府的转移支付制度，以确保每级政府都有足够的财力提供具有一定质量水平的基本公共服务。
- ❑ 重新分配融资责任，将为基本公共服务提供资金的责任从下级政府转移到上级政府。
- ❑ 在各级政府税收协调所允许的范围内，扩大较低级次政府的征税权。

最后一点尤其重要，因为目前较低级次政府的税权非常有限，这迫使他们不得不依赖于各种预算外的收费项目。对于广大城市的基层政府而言，土地税可以成为政府税收主要来源的一种不错选择。

环境和自然资源

我们上面关于税基的讨论开始于解决环境和自然资源问题：在利用税收和收费手段防止环境恶化和扭转环境恶化趋势方面有着广阔的空间。中国所面临的环境问题可以被划分为两类，一是环境污染，二是自然资源的枯竭。在大城市和已经城市化的农村地区、县城地区周边，有害颗粒和气体的浓度超过了安全标准的数倍。地表水和地下水的污染现象十分普遍，中国北方地区严重缺水。由于固体垃圾和有害物质的原因，土地状况恶化的问题也很普遍。以这种或那种形式表现出来的环境污染问题（尤其是水污染），使中国大量人口的生活受到影响，受影响人口的比重在不断上升。环境污染对人们健康和经济活动带来的损害已经成为引发人们普遍不满的一个重要原因，其中一些不满还导致了暴力活动。中国所遇到的环境污染问题和世界上其他很多发展中国家所经历的环境染污问题很相似，与日本、韩国等国家过去的经历也很相似，当时这些国家的环境管理还比较弱。不过，考虑到中国的人口和经济的相对规模，中国的许多环境问题都是全球性的大问题。

同时，中国也是自然资源的浪费国，这引发了自然资源枯竭的问题。这里我们举一些小例子来加以说明，例如中国在初级能源（尤其是煤和石油）、水泥和钢材上的消费量占全世界消费量的比重，就大大超过中国占全世界GDP的比重。中国单位GDP能耗指标是日本的7倍，美国的6倍，印度的2.8倍。造成这种差异的首要原因在于对原材料、能源的使用效率不高，其次是由于中国的GDP中来源于工业部分的比重偏高。目前中国在全世界所有资源消费中的比重已经相当高了，而且这一比重还在上升。从长远来看，中国无法保持这种高能耗的经济增长模式，这是由于这种模式会不断推高能源价格，同时资源的供给也会受到来自世界供应水平的制约。

中国已经具有对环境污染进行有效控制的管理体系。中国已经拥有了一套综合的环境保护方面的法律法规体系，而且在每一级政府都建立了负责环境保护事务的管理机构。其中最重要的就是国家环境保护总局以及它在各省的分支机构。然而，就这些法律法规的实施效果以及在防止和消除环境污染方面来看，效果很不理想。在这方面的一项重大进展就是对于所有的投资项目，要进行“环境影响评估”并满足相应的要求，而这项评估从理论上说自1975年就应当进行了。进一步提高资源使用效率，这是环境政策所关注的另一个问题，它已经排在了政策议程的前列。“十一五”规划目标的实现主要依赖于鼓励采用各种资源节约型技术，这些技术都必须是可靠的、经得起检验的和可用的。这些手段包括提高环境方面的税收，将能源税收政策与适当的能源价格政策相结合。“十一五”规划也标志着政府在处理水资源短缺问题方面进入了一个重要阶段，在规划中建议对所有从自然界抽取的水资源都要收取使用费。

总之，我们认为中国财政改革已经滞后于市场改革。但是中国已经开始启动强有力措施来推动财政改革。这些改革将有效地促进中国教育事业和卫生事业的发展，以及劳动力状况的改善，这对于保持经济增长和构建更加公平、和谐的社会都是非常重要的。毫无疑问，在中国下一阶段的转轨过程中财政改革将处于优先地位。

（中国财政科学研究所　王桂娟　译）

参考文献

Ahmad, Ehtisham(2006) "Taxation reforms and Sequencing of Intergovernmental reforms in China - Preconditions for a Xioakang Society" Conference Proceedings.

Asher, Mukul, Barr, Nicholas, Diamond, Peter, Lim, Edwin, Mirlees, James, Fischer, Stanley, Stern, Nicholas, Valdes - Prieto (2004) "Social Security Reform In China: Issues And Options" Policy Study of the China Economic Research and Advisory Programme (CERAP).

Burgess, Robin and Stern, Nicholas (1991) "Social Security in Developing Countries: What, Why, Who and How?" in Social Security in Developing Countries, E. Ahmad, J. Drèze, A. K. Sen, and J. Hills (eds.), Oxford University Press, 1991.

Chen, Shaohoa, and Ravallion, Martin (2006) "Di Bao: A Guaranteed Minimum Income in China's Cities?", World Bank Policy Research Working Paper 3805.

Lipton, Michael and Zhang, Qi (2006) "Reducing Inequality and Poverty During Liberalisation in China: Rural and Agricultural Experiences and Policy Options, mimeo, 56 pp.

Ravallion, Martin and Chen, Shaohoa(2004) "China's (Uneven) Progress Against Poverty", World Bank Policy Research Working Paper 3408.

Stern, Nicholas (1996) "Growth Theories, Old and New, and the Role of Agriculture in Economic Development", United Nations Food and Agriculture Organization Economic and Social Development Paper 136.

The Population Yearbook of China 2002, Beijing: National Bureau of Statistics, Beijing: National Bureau of Statistics.

中国的财政税收政策与改革：构建和谐社会

特雷莎·特尔一米纳西安　安娜丽莎·费代利诺

1. 引言

在过去的20年里，中国经济取得了举世瞩目的成就。自20世纪70年代后期改革开放以来，中国一直是世界上发展最快的经济体，其实际GDP年均增长率超过了9%。有4亿人摆脱了贫困，中国也成为世界第五大经济体，占有世界贸易总额的8%，而这个数字在1979年还不到1%（Prasad 2004）。中国的成功可以归功于精心设计的发展路径，它将国家计划经济体制成功地转变成一个有活力的、私人部门为主导的经济体制，并有效地融入了全球化的进程之中。

尽管取得了这些成就，中国仍然面临着下列挑战：省际及城乡收入差距正在扩大；各级政府财政出现了横向和纵向的不平衡；以前由国有企业提供的社会福利事业发展滞后，这是因为在向市场经济转型的过程中，国有企业进行了重组。总的来说，中国的发展模式是以出口导向部门和基础设施投资

---

* Teresa Ter－Minassian为国际货币基金组织财政事务局局长，Annalisa Fedelino也供职于国际货币基金组织。本文为财政部和世界银行主办的“公共财政与和谐社会”国际研讨会的论文。——编者注

本文并不代表国际货币基金组织的立场。这篇文章的分析和建议广泛借鉴了国际货币基金组织一些同事以前的文章。除我们的同事之外，还要特别感谢Ehtisham Ahmad、Holger van Eden和Howell Zee。——作者注

为基础，且主要集中在东部沿海地区，而这种发展模式已经造成了不平衡，并已成为中国在未来实现可持续发展所必须克服的瓶颈问题。

中国政府已经意识到只有解决这些挑战才能够全面发掘自己的潜力，实施旨在实现可持续、均衡发展的改革。因此，2006 年 3 月通过的“十一五计划”开始实施“全面、协调、可持续”的经济发展战略。政策重心包括：加速转变经济增长方式，减少经济增长对能源、资源和投资拉动的依赖，增加知识和创新对经济增长的贡献，还将着力促进协调发展，尤其是通过推动农村地区的公共服务和基础设施建设来确保“社会主义新农村”建设的实现。政府还希望减少对出口增长的过度依赖，增强内需对经济增长的贡献，这要求加强家庭消费的作用。

在这一新的政策框架下，财政改革对实现均衡发展和促进社会福利供给起着非常重要的作用。本文的目的在于讨论改革选择方案及其在现有财政框架下如何实施。

本文结构如下：第 2 部分对近期财政政策进行了总体评价，着重阐述了其局限性和面临的主要挑战。第 3 部分探讨了主要税收政策问题，改革的前景及其意义。第 4 部分则评价了主要支出政策，包括计划中的加强社会服务（医疗保健和教育）和社会保障。改革和引入新的支出项目需要强有力的制度安排来支持，其中包括适当的预算和报告机制，并确保所有层面的政府都受到硬预算约束。第 5 和第 6 部分探讨了上述以及其他公共财政管理改革，其主要结论是：在具体改革项目上取得进展后，现在是实施更具决定性和协调一致的改革的成熟时期。

2. 财政政策在促进建设和谐社会中的作用

中国目前的财政状况令人羡慕。过去几年里逐步稳定的财政政策已经减少了预算赤字①在 GDP 中所占的比重，达到了和大部分新兴市场国家相同的程度（截至 2005 年底，财政赤字占 GDP 的 1.3%，比预算要低，见图 1）。20 世纪 90 年代后期的应对亚洲金融危机所实施的扩张性财政政策反映了财政当局的积极态度，这一政策在近几年已经被审慎的财政政策所取代，增加的税收并没有全部花掉②。相应的，政府债务到 2005 年底降低到 GDP 的 18%

① 财政账户包括所有的政府。

② “积极的”和“审慎的”是中国政府根据财政政策的制定和实施而定义的。

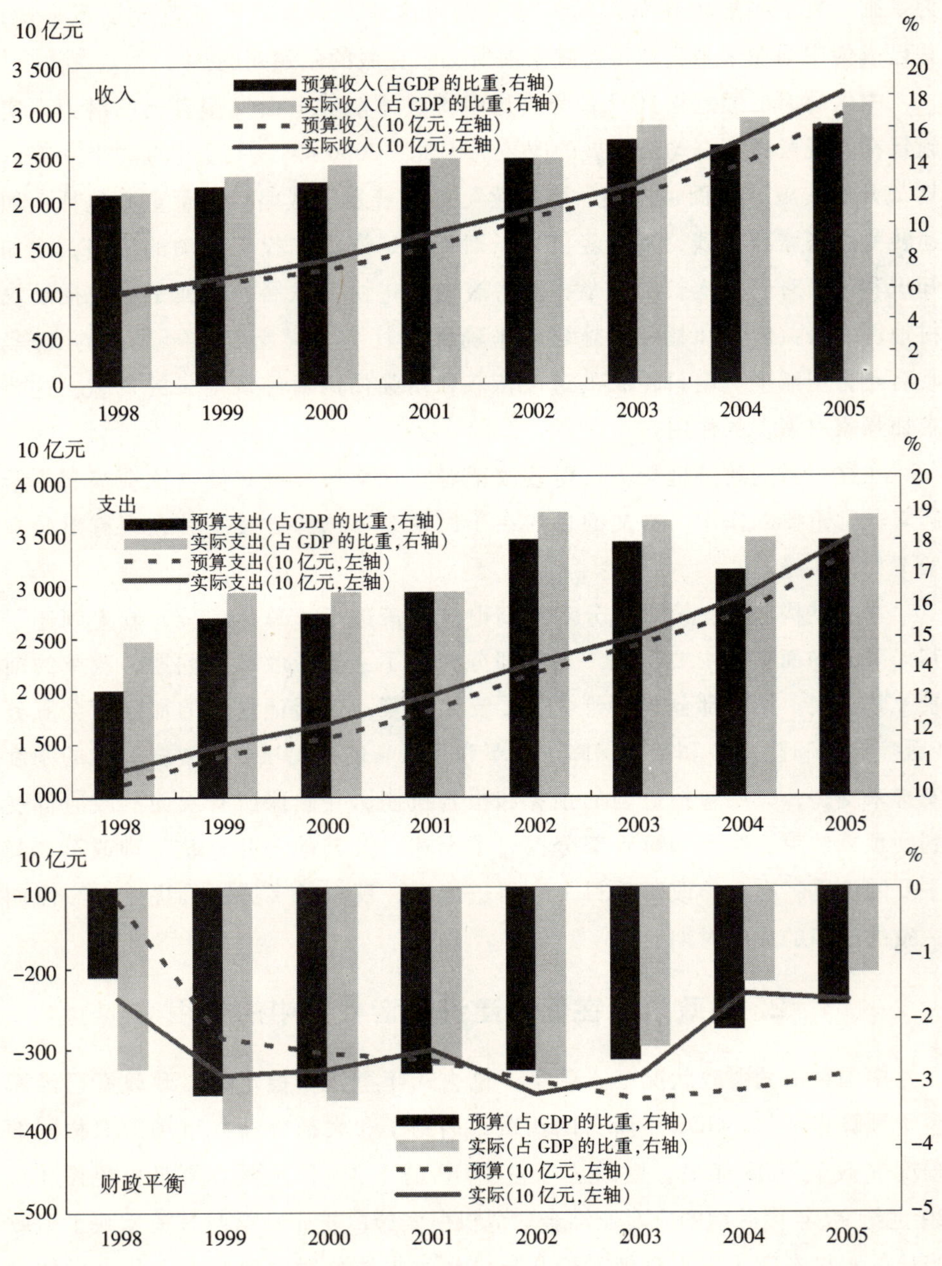

图 1　中国的财政状况

资料来源：中国财政部；以及作者的计算。

以下[①]。由于经济增长强劲，同时国内的利率水平很低，尽管政府还保持着小规模的财政赤字，借债环境却非常有利。

稳健的财政状况不仅有利于宏观经济的稳定性，而且有助于控制重大财政风险和满足未来对公共资金的需要，而不危及经济增长的可持续性。就中期而言，中国可能会面临重大的或有负债和额外的支出压力。政府可能不得不承担国有银行资本结构调整的相关成本，因为那里仍然充斥着大量的不良贷款[②]。同时，政府还必须继续支持正在进行的国有企业结构调整。此外，政府还可能面临来自于养老金体制的额外支出压力，尤其是随着老年人口比重的增加。额外支出的压力还来自政府用于解决不断扩大的地区间的发展不平衡，包括更多的医疗和教育部门的支出。最后，地方政府也带来了重大财税风险。由于不能直接借贷，他们只有通过从中央政府和国有企业进行间接借贷，特别是用以支持基础设施建设。这种间接融资会给地方政府并最终给中央政府带来财税风险。政府已经意识到这种风险，不过尚未实施统一的战略来处理这些问题（国务院发展研究中心 2003）。

在这种情况下，中国维持财税秩序的承诺是必要的，同时也是对未来的保证，因为解决潜在的政府债务仍是非常重要的。并且，由于税收占 GDP 的比重不可能再有显著的提高——事实上，一些税制改革将导致税收下降，却没有相应的补偿措施（详见第 3 部分）——这将使现有的支出项目的合理化对维持稳健的财政状况具有至关重要的意义，同时，也为上面所述及的支出压力创造了资金空间。还有，为保证各级政府都有足够的资源来执行政府职能并弥补地区差异，有必要对政府的支出标准进行重新调整，并对税收体制进行改革。

3. 税收政策改革：建立一个更高效、更透明的税收体制

税收增长喜人，到 2005 年底，税收已达 GDP 的 17.5%，而在 1994 年最低时仅占不到 GDP 的 7%，中国需要进行一些改革，使税收体制更有效率、

① 中国的外债不到 GDP 的 0.5%，和新兴经济国家的平均水平相比是比较低的（大约是 GDP 的 36%，Prasad 2004）。这些数据需要谨慎的解释，因为不同国家债务的定义和覆盖面不一样。在中国，政府债务包括了所有政府的债务（中央政府直接举债；在法律上地方政府是不允许直接举债，尽管他们可以从中央政府进行转借）。国有企业举债的数据没法获得。

② 根据官方数据，2005 年底，不良贷款总量大约占到 GDP 的 25%（同时包括了初始转移给资产管理部门的不良贷款，大致相当于 GDP 的 8%）。

更合理，并增加效率和透明度。本文主要讨论三个主要税种：增值税，企业所得税和个人所得税。

增值税

增值税是调控税收的有效工具，自1994年被引入以来，增值税收入增长快速，目前占GDP的7%，超过税收总额的40%①。不过，中国的增值税有两个独有特点：首先，它是生产型增值税，即资本投资不被计入增值税之列；其次，大部分服务被排除在外，大部分服务是以流转税的名义进行征税的（由地方政府征收和持有的营业税）。

这两个特点也是中国的增值税制度的主要局限：第一个特点的直接影响是加重了投资的负担，间接影响是以叠加的方式影响经济；第二个特点的影响则是在商品和服务之间形成显著的扭曲，同时加剧了叠加效应。由于这两个特点，中国的增值税制度和经合组织国家及新兴市场国家都很不相同（见表1）②。克服这两个局限，将使中国的增值税制度和最佳国际惯例接轨。从生产型向消费型增值税的过渡目前正在东北地区进行试点，到目前为止的结果是积极的，但由于担心加剧投资活动，向全国的推广的计划已被搁置③。

表1　部分国家的增值税体制对比

	范围[1]	领域[2]	类型[3]	税率（%）[4]
经合组织国家和地区				
澳大利亚	G+S	R	C	10
日本	G+S	R	C	5
韩国	G+S	R	C	10
新西兰	G+S	R	C	12.5
非经合组织国家和地区				
巴西	G+S	R	C	20.5；12.4；9.9
中国	G[5]	R	P	17；13

① 1994年，政府面对一直下降的税负（税收从1980年超过GDP的29%，降低到1994年不到GDP的12%）和缩小的中央税收占总税收的比重。为了阻止这种趋势，1994年政府实施较大的改革，引入了一种新的收入分配制度，使税收的征收和分配与商定的税收分配比例分开；颁布新的增值税；让国家税务总局来负责征收中央税和共享税，地方税仍然由地方政府来征收。

② 印度和美国没有中央增值税（两者都是联邦制）。

③ 对于增值税减免的新增方法，包括从生产型向消费型转变的相关的投资压力。在这种方式下，在2003年增值税欠税状况的改变之前，增值税仅考虑了2003年的“新增税基”。

（续）

	范围[1]	领域[2]	类型[3]	税率（%）[4]
印度尼西亚	G+S	R	C	10
菲律宾	G+S	R	C	10
俄罗斯	G+S	R	C	20；10
新加坡	G+S	R	C	3
泰国	G+S	R	C	10

注：1. G=商品；S=服务。2. R=零售。3. C=消费；P=生产。4. 第一税率是标准税率。5. 包括所有的服务。

资料来源：作者的数据整理。

此外，增值税退税的管理也很复杂，原因有三个。首先，不同类型的商品出口有不同的退税率，部分原因是政府想要促进或阻止某些产品类型的出口①。其次，增值税退税主要授予出口商，且依赖于该企业出口量占其总产量的比例②。再次，退税有一个固定的预算；过去，这个预算没有跟上出口增长的步伐，导致了欠款的增加③。国际上最好的惯例标准是：（1）所有出口商品零税率；（2）放低退税的标准；（3）集中退税的支付责任——中国现在是中央政府和省级政府共同承担，以及不要把出口退税限制在一个固定的预算中。要确保中央政府有充足的预算资金来支付增值税退税，不要因为预算约束而将纳税人的合理退税要求拒之门外。

从生产型向消费型转变，并把服务纳入到增值税中来（取代营业税），将使得增值税制度更加现代化，有重大的政策和管理意义。新的制度安排可能导致潜在的收入损失（因为有许多资本品不在征收范围内）④；

---

① 退税率频繁的变动。2004年1月对税率做了一次较大的调整，降低了税率，税率分别是17%、13%、11%、8%和5%。政府促进出口的部门的退税体制没有改变，比如，电子和轿车。对于初级消费品，退税被大量削减。尤其是那些出口“自然资源”物品（例如石油和木材），这些出口的增值税退税被完全取消了。

② 目前，只有完全出口商（没有商品在国内市场销售）既可以每个月都要求增值税退税，也可以把每一个月的减免额积累起来。那些既在国内也在国外销售的出口商，有两种体制约束：（1）出口超过总产品50%的出口商可以在出口三个月后要求减免增值税；（2）出口不到50%的出口商不允许出口退税，而且必须通过国内增值税来弥补减免额。

③ 到2003年底欠款高达GDP的2%，目前已被完全解决；同时，增值税退税的的预算也有很大的增长。

④ 很难精确地预算这种损失有多大；2001年，以投入—产出表数据为基础，有关部门估计收入损失大约是2000年征收的增值税的40%，或者说是GDP的2%。

会涉及到处理大量小额纳税人的工作；将实行普遍的增值税退税。由于这些复杂性，新的税收改革应该有一些配套办法。比如，新的税收改革会逐步、分阶段地减除资本品，或者通过提高消费税率来减弱对税收的负面影响，因为中国的消费税率相对国际标准来说还是很低的。另外一个方法是通过把增值税扩大到服务来提供税收补偿措施。向消费型增值税的转变可以率先执行，当税收管理部门的能力足以应付更多的纳税人，特别是完成了审计和执法的现代化建设之后，再将增值税扩大到服务业。

最后，关于税收的分税和税收管理体制的重要转变也将会出现。目前，增值税是中央和省级政府的共享税，消费税是中央税，营业税是省级税。这意味着，向以消费型增值税转变和把服务纳入到增值税之列，不仅会在中央政府和省级政府财政收入的分配方面，而且在省级政府之间收入的分配方面，都会有很大的影响（Ahmad 2006）。

企业所得税

企业所得税是中国财政收入的重要来源，近年来增长速度很快，从1998年刚过GDP的1%到2005年底约占GDP的3%。然而，与许多国家相比，企业所得税的数额仍然很少（见表2）。尤其是，它的收入产出率——即税收占GDP的比重除以标准企业所得税的税率——相当低。低收入产出率既反映了一个国家税收管理的效率，也反映了税收优惠机制能够在多大程度上减轻税负，包括税基的减小以及名义税率的降低。在中国，对外资企业提供大幅度税收优惠或许是企业所得税收入产出率低的主要原因（见表3），没有和国际标准接轨。

外资企业和内资企业实行不同的企业所得税制度，有着不同定义的税基、税率结构和投资税收优惠机制（见表3）。为了促进企业的公平竞争，政府试图使这两种体制统一起来，这样的提议已经讨论了很久，但目前为止还没有实施。两个现存的企业所得税法是以属地原则为基础的，例如，本国企业的税收是针对其所有利润征收的，但是外资企业却只对其在本地的利润征税。在未来统一企业所得税的时候，还是应该继续坚持这种做法。

统一企业所得税制度首先要统一外资企业和内资企业的所得税率，新的税率既要满足预算收入的需要，又要达到吸引外资的目的，因此可以选择一个中等水平的税率范围，大概在20%～25%之间。同时，统一企业所得税应该消除实际的企业所得税税率各不相同的问题，特别是对以地区或以活动为基础的税收优惠政策。在各种优惠政策下，面对高税率的企业会发现，通过

表 2 部分国家的企业所得税对比，2002 年[1]

	最高税率（%）	数额（占 GDP 的百分比）	收入产出率[2]
经合组织国家和地区			
澳大利亚	30	5.3	0.18
日本	30	3.1	0.10
韩国	27	3.1	0.12
新西兰	33	4.2	0.13
非经合组织国家和地区			
巴西	15	2.5	0.17
中国	30	2.6	0.09
香港	16	3.1	0.19
印度[3]	35	1.8	0.05
印度尼西亚[3]	30	1.9	0.06
菲律宾[4]	32	2.5	0.08
俄罗斯	24	1.6	0.07
新加坡[3]	24.5	…	…
泰国	30	2.2	0.11

注：1. 所有政府；2. =数额/最高税率；3. 中央政府；4. 中央政府预算。

资料来源：Government Finance Statistics（IMF）; International Financial Statistics（IMF）; World Economic Outlook（IMF）; Revenue Statistics Database（OECD）; IMF Country documents; and the World Tax Database of the University of Michigan, available at: www. bus. umich. edu/OTPR/otpr。

表 3 外资企业和内资企业所得税的主要区别

	内资企业	外资企业
征税标准	所有利润	母公司在中国：所有利润 母公司不在中国：属地原则
税率[1]	18%（<30 000 元） 27%（30 000～100 000 元） 33%（>100 000 元）	10%，15%，24%，30% +3（省级税）
工资福利减免额	设定上限实际支出	
慈善捐赠减免额	设定上限实际支出	
折旧率[2]		
建筑物	1.8%～12%	5%
机器设备	2.9%～20%	10%
汽车、电脑及其他工具	2.9%～20%	20%

注：1. 不包括受时间限制的汇率；2. 以直线折旧率为基础，内资企业的折旧率因行业而异。

资料来源：《中华人民共和国企业所得税暂行条例》及其补充条例；《中华人民共和国外商投资企业和外国企业所得税法》及其补充条例。

多种价格转移机制把它们的利润转移到低税率的地区是非常有利的。对于内资企业来说，即使税率是根据利润的水平累进的，如果这些税率没有很好的安排还是会有问题。国内企业的所得税率是根据应付税利润水平得出的平均数①。一个可行的方法就是用边际累进税率代替平均累进税率，使得高税率只适用于边际利润，而不是总利润②。

对内资企业来说，给员工工资每月的免税额强制设定一个上限——目前设定为每个员工每个月 960 元——大体上来说还是由国有企业主导的计划经济时期留下的遗产。设定这个上限的基本目的是，在一定程度上阻止国有企业把其利润以工资的形式转移给员工，因为员工工资超过那个上限就要征收企业所得税。这种操作方式在一些转轨经济中仍然可以见到，但在中国今天的经济中已经不复存在了。这种对工资免税额设定上限的方式人为增大了内资企业聘用有技能的劳动力的成本，而在同等条件下，外资企业却没有这一上限，这就使得内资企业处于不利地位。在未来统一的所得税制度下，应该取消月免税工资额的上限。

目前适用于外资企业的折旧体系相对简单，它包含三种资产类别的折旧率，这三种折旧率也比较合理。然而，对内资企业，有六种折旧资产，并且应用的折旧率是根据资产的预期使用年限而定的，还有 13 个行业不同的区别。这样一个制度不光管理复杂，也是内资企业的一个不利因素。在未来统一的企业所得税制下，目前适用于外资企业的折旧办法应该被所有的企业所采用。

最后，提供税收优惠政策仍是企业所得税减免的主要形式，主要集中在东部沿海较发达地区，而且主要对象是外资企业③。应该更合理地安排税收优

---

① 平均累进税率结构是不太合理的。比如，一个国内企业赚取应纳税利润为 30 000 元人民币，那么它就有义务纳税 5 400 元（30 000 × 0.18），但是，如果它的应纳税利润稍稍增加 1 000 元，那么它的应纳税额就跳到 8 370 元（31 000 × 0.27）。结果就是，应纳税利润增加 1 000 元竟导致税负增加 2 970 元，这就相当于对新增的利润按 297% 的税率征税。在税率范围内暗含如此高的边际税率，不仅非常不公平，而且还会扭曲那些利润接近这个边缘的企业的行为。

② 然而，无论是平均累进税还是边际累进税，在经济上来说都没有公平可言。如果纳税预期在未来统一的企业所得税制度下，是以法人为基础，而不是像现在内资企业那样以“独立核算单位”为基础。对于纳税人定义的这种转变，那些非社团的私人企业将是在个人所得税的累进税制下纳税。

③ 在特定发展区域内给外资企业提供税收优惠，是 20 世纪 80 年代经济改革开放以来中国政府用来吸引海外直接投资的主要手段。外资企业税收优惠的结构既宽泛又复杂，而且频繁发生变化。而且，有些优惠政策是优先于其他一些优惠政策的；批准一些优惠需要不同的政府机构，不同层次的政府；优惠政策对外资和内资企业也不同。

惠政策，用加速折旧和较长的亏损结转期来代替企业所得税减免。为提高中国税收优惠政策体系的透明度和成本效益，应估算由这些优惠政策所带来的税收损失，把它们正式纳入到预算过程中来，至少也要在预算文件中报告出来[①]。

和增值税改革相似的是，统一企业所得税制度要谨慎制定，避免在新的制度下出现扭曲或者回归到当前的分税制上来。目前的体制看起来对富省比较有利——当地的税收主要来自增值税、企业所得税和营业税（主要来自制造和服务部门[②]）。因此，那些在GDP中拥有第二和第三产业部门比重较高的省，它的税收收入就会高于平均水平。相反，以农业为基础的中西部省，收入就比较少。缺乏税收分配和转移支付机制改革，现行体制的不公平将会加剧。

个人所得税

个人所得税结构复杂，其主要原因是它在20世纪80年代被引入时，是由三种不同的所得税融合而来（分别适用于居民、非居民和自我雇佣者）。尽管近年来有增长的趋势，但是2005年底它的收入还是仅占GDP的1.1%（或者说占总税收的7%），从国际的角度来看这是非常低的（见表4）。中国目前的较低的月平均工资是个人所得税收益较低的主要原因；随着收入的增长，个人所得税的潜力还是很大的。

现行个人所得税制的主要缺点是有太多不同的税率表，有时不同收入阶层还有相当高的边际累进税率。因此，应该把现有的11种应纳税收入合并为更少的种类，使其在理论上合理且执行起来方便。一种可行的方案是把11种应税收入合并为两种类型，大体分为劳动所得和资本所得。劳动所得（包括自我雇佣型的收入）可以在一个统一的累进税率表下征税，而资本所得可以就像现在一样，继续按照统一税率通过代扣代缴征收资本所得税。这种分法是根据很多发展中国家和发达国家的实际经验而来的，且它的执行在中国税收征管部门的能力范围之内。同时税率表的数量也要减少；税率表中的累进税率和数量（目前多达9种税率，最高税率达到45%）也需要精简。有两种

---

① 大约有75%的经合组织国家目前实施不同形式的税收支出报告，在增加的一些小的发展中国家也是如此。

② 这些收入的来源差不多占到地方政府收入的70%。

表4 部分国家的个人所得税对比，2002年[1]

	最大边际税率（%）	收入（占GDP的百分比）	收入产出率[2]（占GDP的百分比）
经合组织国家和地区			
澳大利亚	47	12.1	0.26
日本	37	4.7	0.13
韩国	36	3.1	0.09
新西兰	39	14.8	0.38
非经合组织国家和地区			
巴西	27.5	3.9	0.14
中国	45	1.1	0.02
香港	17	2.6	0.16
印度[3]	30	1.5	0.05
印度尼西亚[3]	35	1.5	0.04
菲律宾[4]	32	2.2	0.07
俄罗斯	35	0.0	0.00
新加坡[3]	22	…	…
泰国	37	1.9	0.05

注：1. 所有政府；2. =收入/最大边际税率；3. 中央政府；4. 中央政府预算。

资料来源：Government Finance Statistics（IMF）; International Financial Statistics（IMF）; World Economic Outlook（IMF）; Revenue Statistics Database（OECD）; IMF Country documents; and the World Tax Database of the University of Michigan, available at www. bus. umich. edu/OTPR/otpr。

意见需要考虑：（1）个人所得税和企业所得税的最高边际税率应该趋于统一，这样可以避免纳税人为了减少税负而人为组织成企业的形式；（2）即便税率层级不多，基本免税额的设定也需要慎重。基本上，边际税率的层级应该限制在2~3个。根据这些原则，2006年1月1日政府宣布，月减免额翻一番，从800元涨到了1 600元。这是个非常受欢迎的措施，保护了低收入的人群。同时，长期内应该考虑根据通胀来调整月免税额，以防损害其实际效果。

最后，个人所得税的改革在各级政府之间有重要的意义，主要并不是因为它是共享税（因为目前它的收益还是很小），而是因为部分个人所得税政策的决定权应下移到省级政府①。尤其是，省政府可以根据某些特定目标或一些

① 目前，除个别税种外，中国税收的权利几乎完全掌握在中央政府手里。直到2001年，个人所得税收入还归省级政府所有。从2002年起，个人所得税收入超过2001年水平之上的部分按照一定的比例在中央政府和地方政府之间进行分配（2002年这一比例是50:50，2003年是60:40）。

透明的省级经济指标来适当调整月基本免税额，根据全国的税率标准来征收本省的个人所得税。中央政府可以给这些措施加一些限制。由于每个省采取的政策行动所带来的后果要由他们自己来承担，这些改变对现行个人所得税在中央政府和省级政府之间的税收分配应该不会有什么影响。

其他税种

除了增值税、企业所得税和个人所得税之外，还可以引入新的税种以及使现有的税种安排得更合理。比如，随着中国经济的增长，环境问题应该被纳入到税收体制中来；中国目前对汽车和石油产品的征税水平需要重新设定，因为和国际标准相比还是太低①。房地产税也应该按照统一的定义和价值评估体系来合理安排。这些措施应该有利于地方政府对税务的管理，同时要尽可能和上面所述的个人所得税相一致（Ahamd 2006）。更一般地说，适当地设计地方税，包括给地方政府适当的权限对税率调控，应该放在税收改革议程之前。

这些改革会增加税收体制的透明度和有效性；它们有助于确保政府有一定的资源来完成其发展和再分配的目标。在这方面，还应该逐渐提倡，那些现在并没有给政府分红的国有企业也需要这样做②。政府预算得到的企业红利可以加强社会安全网，尤其是对农村家庭来说，可以帮助他们减少储蓄、刺激消费——所有这些目标都符合政府的新增长战略。更一般地说，它们有助于弥补实施上述改革所带来的税收的损失。

4. 支出政策改革的若干事项

由于加强社会服务是政府战略的核心，支出政策的改革是政府可以成功实施这些战略的保障。关于医疗保健、教育和社会保障等部门性问题和建议会在本次会议的其他文章中进行讨论。这篇文章是从宏观的角度来看支出政

① 2006年4月1日修改了消费税的税率；对于一些石油产品采用了新的税率，比如石油、润滑油、燃料油和飞机燃料油。

② 国有企业确实给其他股东分红（非政府）。2005年，中国中央国有企业的利润增加到了6 280亿（占GDP的3.4%，差不多代表了所有国有企业的利润80%，比1年前的差不多剧增30%）。中央国有企业包括中国一些最知名的企业，比如石油和钢铁公司。如果包括1 000个省级政府控制的利润较少的国有企业，2005年所有国有企业的总利润达到GDP的4.3%。

策，还提出了一些讨论建议。

加强社会福利和社会保障计划，在中国的政府财政关系方面有重大的影响。从支出方面看，中国是世界上政府支出最为分散的国家之一：这一点十分突出，地方支出占总支出的70%以上。20世纪90年代，该比率在经合组织国家平均为32%，转轨经济国家为26%，发展中国家是14%（Wong 2005）。尤其是，中国的一个突出特点是医疗保健和教育几乎完全依靠当地政府提供，地方政府在这方面的支出超过了90%（见表5）。

表5　中央政府和地方政府在预算支出中所占的比重，2004[1]

	支出分配（%）		支出（%）	
	中央	地方	占GDP的百分比	占支出总额的百分比
教育	6.1	93.9	2.3	12.7
医疗	2.6	97.4	0.5	3.0
农业	8.5	91.5	1.0	5.9
社会救济	1.4	98.6	0.3	2.0
社会保障	12.6	87.4	1.0	5.4
养老	9.4	90.6	0.6	3.6
税收管理	9.5	90.5	0.7	3.5
管理	17.4	82.6	1.5	8.6
技术改革和科教	22.3	77.7	0.8	4.3
利息	100.0	0.0	0.5	2.6
国防	98.7	1.3	1.4	7.7
资本支出	39.5	60.5	2.1	12.0
城市维护和建设	0.0	100.0	0.7	3.7
其他	14.4	85.6	1.3	7.2
小计	25.7	74.3	14.7	82.6
总支出	27.8	72.2	17.8	100.0

1. 根据中国官方的分类。无法获得经济分类。

资料来源：《中国财政年鉴2005》；以及作者的计算。

众所周知，中国国内的地方性支出标准是在社会领域内产业结构的历史遗留产物，因为传统的教育、医疗保健和养老的责任由正在改革的国有企业转移给了地方政府。然而，地方政府却没有充足的资源来有效的承担这些新责任。这些行动的一个明显结果就是造成农村和内陆的公共服务供给不足和不平衡。部分原因是因为地方政府财力有限，目前，中国政府部门在医疗和教育上的开支远远低于我们所选择比较的国家（见表6）①。对教育的公共支出也低于政府部门所定的目标，根据“十五计划”（2001～2005年），2005年底教育支出应该达到GDP的4%；还值得一提的是，这些支出的大部分都被用于高等教育上了（OECD 2006）。医疗公共支出在过去的10年也有所下降，主要原因是1996年以来建立以市场为基础的改革，不仅导致人们现金支出的剧增，而且还降低了医疗保险的覆盖面②。贫困的家庭根本无法承担私人提供的服务。

表6　2004年部分国家的社会支出（占GDP的百分比）

	教育（%）	医疗卫生（%）
经合组织国家和地区		
澳大利亚	4.8	6.4
日本	3.7	6.4
韩国	4.6	2.8
新西兰	6.9	6.3
非经合组织国家和地区		
巴西	4.1	3.4
中国	2.3	0.5
香港	4.7	…
印度	3.3	1.2
印度尼西亚	0.9	1.1
菲律宾	3.2	1.4
俄罗斯	3.7	3.3
新加坡	…	1.6
泰国	4.2	2.0

资料来源：UNESCO Institute for Statistics（2006）Online Database of Education Indicators，以及WHO（2006）World Health Report。

中国政府最近开展一项新的计划来确保农村义务教育和加强农村地区医疗保险。这些计划正由一些地方政府实施，且准备在接下来的几年在全国范围推广。初始的结果是激动人心的，但中国政府还需要采取一个突破局限于单部门视角的、更为广泛的战略来取代目前这种零敲碎打的改革。政府部门自己估算这些项目的花销，相对于总的支出和提供的资源来说，完全可以负担。比如2006～2010年，在全国范围的农村普及义务教育估计要花费2 200

① 支出的数据应该谨慎的解释；目前升级后预算的分类，并不能从经济和功能的角度来准确的描述支出的类型。因此，很难解释支出计划的规模和趋势。

② 根据卫生部的调查，2003年，医疗保险的覆盖面不到城市人口的50%和农村人口的20%（OECD 2006）。

亿元人民币，相当于2006年GDP的1%。然而，还需要关注随着这些计划的快速执行、有没有足够的能力实施那些项目，比如有没有称职的人员。换句话说，中央政府的财政支持是这些项目成功实施的必要条件，但是仅此还不够，除非有一些措施来保证资金用得其所，包括加强预算的执行和报告，并提出一些新的绩效指标。

和国际上惯例不同的是，中国提供社会保障的责任（尤其是养老和失业保险）被分配给了较低层级的政府；然而，这些项目的效率和风险都需要中央政府来承担①。在中国，养老统筹（以及成立失业保险基金）的责任由市级或县级政府负担②。这种安排不但没有保证适当的覆盖面，还给当地政府带来很大的财政压力；同时，社会保障体系的分散性也阻止了劳动力的流动。2004年底，养老体系覆盖了12 300万城市工人，占城市总工人25 600万人的46%；同时，大约有5 400万农村工人（或者说农村劳动力总数的11%）参加了农村地区的养老保险。鉴于中国劳动人口总数为75 000万，总体来说，养老体系的覆盖率不过23%（德意志银行研究中心2006）。

养老体系的长期可持续性也不见得能得到保证，主要原因是由于人口老龄化——人口抚养率现在为34%，7年后会上升到50%，30年后会增加到100%；提前退休的增加（工人被提前劝退，以便给年轻人让出工作机会）；保障体系非常分散；养老金积累回报率低（Sin 2006）。还有，在现行养老体制下，由于养老金支出是按照退休时间120个月计算的，个人账户在十年内就会被耗空。世界银行估计，中国政府隐形养老债务总计是2001年GDP的140%，资金缺口差不多是2001年GDP的95%③。隐性债务尽管比很多OECD国家低，但主要是由于中国养老金体系只覆盖劳动人口的约20%，而OECD国家却覆盖劳动人口的约90%。一些参数的变化会大幅度缩小资金缺

① 目前，中国国家养老金体系反映了20世纪90年代中期多次向三支柱养老体系的改革，包括（1）基础养老金；（2）强制积累的个人账户；（3）自愿补充养老金。前面两部分就组成了所谓的“基本养老”体系，是用来覆盖所有的城市职工且由政府部门来管理而不是由单个企业管理。

② 东北三省作为试点，到现在为止并没有成功建立省级统筹。

③ 参见Dorfman和Sin（2001）；Sin（2005）。隐性养老债务是在假设养老金体系会在一定时间内终止的条件下衡量了收益的现值（包括被付给当前养老金领取者的收益和工作者知道退休前为自己缴纳的养老金）。资金缺口衡量在整个项目期间（75年）平衡的（收少于支）净现值的总和。

口：（1）逐步增加退休年龄到65岁；（2）用于支付退休金的个人账户的计算要以退休时的预期寿命为基础；（3）指标基础和个人账户养老金对消费者的价格要依据工资而定。仍然遗留的资金缺口可以由缴费以外的其他资源来填充，比如私有化等。

缺乏省级统筹管理机制意味着，即使基本养老基金在省级层次上是平衡的（或者更是盈余的），省级政府也不得不资助下级政府（市级或县级）的养老金赤字。目前，一些省的负担要由中央政府的转移支付来满足。至少，省级统筹是要实施的。最后，国家统筹会带来更多的好处，因为省级的资金盈余可以用于弥补资金赤字，减少财政负担，逐步减少国家政府的负担①。中国加速老龄化意味着有些省在随后几年内会迅速转为赤字，所以在比较长的时期内，实行全国统筹是急需的。

关于政府间收入和支出的责任分配结构重组，应伴随着建立一个在政府间转移支付的体系和收入分配的规则，确保各级政府之间有纵向和横向的平衡。

5. 公共财务管理：确保适当使用公共资金

重要的预算和财政改革的执行大大加强了中国财政政策的制定和实施。在预算领域，预算的范围已被扩大到包括预算外资金的收支；预算准备周期已经被提前和延长；部门预算也开始实施。在财政部，国库单一账户制度（TSA）已经在中央和省级政府广泛建立，而且准备向更低一层的政府推广；在中国公共部门的规模既定的前提下，和其他国家的经验相比，到目前为止，中国国库单一账户改革的成功是很显著的，对监督和控制预算的执行都有很大的好处②。宏观财政政策协调也取得了一定的成绩。

虽然取得重大的成就，但有一项重大改革的议程还未决定，这涉及到对加强公共财务管理中较弱的部分，优先安排重点支出，促进竞争和预算资金的有效使用。尤其是，预算编制和执行还不完全一致；最近批准的预

---

① 这就预示着社会保障应该在全国范围内的统一立法，统一标准。

② 国库单一账户的改革，2001年由财政部发起，已经被中央政府全部160个部门和全部36个省、自治区和直辖市（5级政府中的第2级）引入500个地级和市级政府（第3级或第4级政府）中，也有一些随后跟进。

算制约了支出计划的有效执行[①]；尤其是对低层级政府而言，这意味着相当一部分支出都是在每年的最后几个月执行。在考虑预算日程的安排时，最好考虑到人民代表大会的召开时间。而且，现金和资本预算还是分开的；缺乏有衔接的中期预算结构。账户和现金管理功能有待于改善，通过扩大国库单一账户的覆盖面来提高对预算执行的监管，促进与货币政策的协调。最后，财政预算覆盖面应该进一步扩大，通过包括预算外资金（这几年这部分资金已经减少了）和准财税活动（比如，和银行资本重组相关的成本）。还有，预算报告中应包括一个公开透明的或有债务。预计在2007年新采用的预算分类办法和账目分类表是受欢迎的，如果该办法可能被推广到各层级政府，就应该被果断执行。

有大量关于地方政府间的间接举债的报告，应该引入监督和报告这些财政风险的机制。至少，中央政府应该组建一个部门来登记地方债务，包括地方企业的债务。或者更宽泛地说，彻底禁止地方政府直接举债（除了向国库外）的法令还有商量的空间，因为这一禁令没有考虑地方政府的管理经营和偿还债务的能力，这个要求太过严格了。尤其是随着地方政府自己收入能力的增强，通过改善账目和报告来增加资金管理的透明度，如果它们严格按照规则实施（比如，达到一个起码的信用度、财务公开、满足偿还债务能力的指标等），就应该给予省级或大城市的政府适当的权限从市场直接融资。

6. 结论

中国在过去的30年内取得了举世瞩目的成就，但是前方的路仍然充满挑战。促进和谐社会和科学发展是改革的首要任务，需要配套改革的措施来支持。在这方面，财政政策发挥了重要的作用。这篇文章主要关注中期财政政策的挑战和可能的改革；具体内容已在前面各部分详细讨论过，以下是关于改革的一些建议。

---

① 财政年从1月开始。人民代表大会一般是每年3月召开；详细的预算数据在大会后30天内传给相关部门，然后再在5天内转给下一级单位；总之，在4月中旬之前，具体预算并不会在中央政府层面上传开，中央政府预算被批准后才能批准省级政府的预算；省级批准后才是地方预算，然后才是县和镇。因此，地方预算要远在4月中旬之后才能被批准，甚至有些城镇的预算要到财政年的最后两个月才获批准。

- 税收政策领域：（1）从生产型向消费型增值税转变，而且要将服务业纳入增值税中，以便和国际惯例接轨，使退税制度和其管理更加合理；（2）对外资企业和内资企业应该实行统一的企业所得税标准，精简税收优惠政策；（3）简化个人所得税结构，适当设置地方税，应该考虑给地方政府适当控制税率的权力；（4）国有企业应该更多给政府分红。
- 支出政策领域：根据国际惯例和效率考虑，需要建立全国统筹的社会保险体制；养老体系中应该引入一些可变参数，使其随着人口老龄化的压力能够持续下去；医疗和教育应该在中期支出计划中列出，确保其可持续性和有效性。
- 公共财务管理领域：应该加深财政和预算改革；财政手段应该扩展到包括预算外账户和准财政活动；组建地方政府非直接借贷的登记部门，在满足一定条件下，可以适当放宽对地方政府直接借款的禁令。

应该全面考虑和评估不同财政改革之间的关系；尤其不能忽略不同层次的改革对政府间财政关系的影响。例如，除非有更加公平和透明的转移支付制度，以及增加地方政府的税收自主权，否则加强提供医疗和教育服务会增加地方政府的财政压力。

中国传统的改革办法，要么是渐进式的，要么就是先在一个小的范围内做试点。随着中国经济的发展和日益融入全球化的世界里，借助“一步步”的改革很难达到目的，地区性的改革可能会导致一些扭曲和产生一些套利的机会（Prasad 和 Rajan 2006）。因此，目前是实施全面改革的成熟时期。首先应该进行大幅度改革的，是自 1994 年财税改革以来基本没怎么改变过的政府间关系的体制。

同时，还应该认识到，由于全面改革具有较大的潜力，无为并不是没有风险的选择。维持现状可能会加速各层面的不平衡，导致巨大的福利损失，带来政策的扭曲，并给未来埋下不稳定的种子。

财税改革固然重要，但其他改革，尤其是银行部门和汇率体制改革，也发挥一定的作用（Blanchard 和 Giavazzi 2005；Prasad 和 Rajan 2006）。这些也超出了本文的范围，但是不要产生误解，即认为财政政策本身就主宰了改革的议程并能确保它的成功。

最后，要成功的实施改革需要有一个恰当的时机；目前为止，中国宏观经济的持续发展和改革取得成绩，说明了现在就是改革的最佳时期，改革正处于最有利的条件下。强劲的经济增长，较低的通胀，较低的显性政府赤字和债务都为实施改革提供了良好的机会和有用的空间。

（孟凡玲　译）

参考文献

Ahmad, Ehtisham, 2006, "Taxation Reforms and Sequencing of Intergovernmental Reforms in China—Preconditions for a *Xiaokang* Society," paper presented at Beijing roundtable on Public Finance for a Harmonious June 27 – 28, China.

Blanchard, Olivier and Francesco Giavazzi (2005), "Rebalancing Growth in China: A Three – Handed Approach," MIT Working Paper 05 – 32 (Massachusetts Institute of Technology, Department of Economics).

Deutsche Bank Research, 2006, "China's pension system: Caught between Mounting legacies and unfavorable Demographics" Current Issues, February 17, 2006 (Frankfurt, Germany) available at http://www. dbresearch. com/PROD/DBR _ INTERNET _ EN – PROD/PROD0000000000196025. pdf.

Development Research Center, 2003, "*Report on Local Government Debt and Solution*" paper presented at the Dalian meeting between the Chinese and Japanese officials, September 2003.

Dorfman, Mark and Yvonne Sin (2001), "China: Social Security Reform—Strategic Options," World Bank, Washington D. C..

Organization for Economic Co – operation and Development, 2006, "Challenges for China's Public Spending: Toward Greater Effectiveness and Equity" (OECD: Paris).

Prasad, Eswar, ed. (2004) *China's Growth and Integration in the World Economy*, Occasional Paper 232 (Washington: International Monetary Fund).

Prasad, Eswar and Raghuram Rajan (2006), "Modernizing China's Growth Paradigm," IMF Policy Discussion Paper 06/03 (Washington: International Monetary Fund).

Sin, Yvonne, 2005, "China: Pension Liabilities and Reform Options for Old Age Insurance" World Bank Working Paper No. 2005 – 1 (May 2005).

Wong, Christine, 2005, "Can China Change Development Paradigm for the21st Century? Fiscal Policy Options for Hu Jintao and Wen Jiabao After Two Decades of Muddling Through," Stiftung Wissenschaft und Politik, German Institute for International and Security Affairs, Working Paper FG7, 2005/03 (April), (Berlin: SWP).

监管制度的法律基础

周汉华

经过近些年的改革，尤其是一些新设立的监管机构的实际运作，使监管制度研究在我国已经不再纯粹是个理论问题，也成了一个现实问题。本文针对我国监管实践中所提出来的一些突出问题，试图从理论与实践结合的角度做出初步的分析与回答。

一、独立监管与大部制的关系

进一步推进行政管理体制改革，提高政府管理的效率与有效性，建设服务型政府，已经被中央政府确立为下一步改革的重点。在一些讨论中，大部制被一些人认为可以提高政府效率，减少部门之间的相互扯皮，应该是下一步行政改革的方向[①]。甚至对于各个部门（包括已经设立的监管机构）如何合并、重组都有不同版本的方案在流传。

应该承认，部门设立过多，部门之间缺少配合与协调一直是我们管理制度上的一个老大难问题。尤其是随着改革的深入，利益部门化有加剧之势，

---

* 本文是作者接受国家电力监管委员会的委托所提供的研究报告的一部分。在国家电力监管委员会2006年6月24日召开的电力监管体制建设研讨会上，作者曾经就文章的主要观点作过主题发言。本文的形成许多地方得益于与俞燕山、高世楫、张亚林、余晖等友人的多次非正式讨论，在此表示感谢。当然，文章的任何不足与错误均由作者自己负责。——作者注

** 作者为中国社科院法学研究所研究员。

① 可参见，高小平、沈荣华，《推进行政管理体制改革：回顾总结与前瞻思路》，载《中国行政管理》2006年第1期，第9页。

对于改革的推进已经造成了现实的阻碍，甚至成为改革的瓶颈。因此，加强中央政府决策的有效性与可执行性，打破部门政治的制约，的确应该是下一步改革的一个政策目标。为实现此目标，对现有部门进行科学的合并或重组，甚至采用某些大部制的做法，都可以在考虑范围之内。然而，在进行制度设计时必须首先认识清楚大部制本身的准确含义、它所要求的制度条件以及它与独立监管制度之间的关系，不能因为采用大部制而否定独立监管制度的意义，更不能重新陷入到政府机构简单的分分合合之中。

1. 发达国家政府改革的基本情况

从上个世纪70年代末、80年代初以来，为舒缓财政压力，提高政府管理效率，加强政府的可问责性，实现专业化行政管理，发达国家纷纷进行了大规模的行政改革，并取得了非常好的成效。这场改革的目的是重新界定政府与市场的关系，让市场在资源配置中发挥更大的作用，降低政府管理与社会的成本，提高政府公共服务的水平，增强国家的竞争力。由于这场改革的涉及面非常广泛，不仅仅是政府机构的调整，因此，国际上普遍将其称为管制改革或规制改革①。

管制改革涉及的领域较多，如放松政府干预、提高管制的质量、增加法律的可执行性、增加管制机构的透明度与责任、向地方政府下放更多权力、采用公私合作体制、政府职能社会化、引入政府干预的成本效益分析、在政府管理中引入绩效管理制度、建立独立管制机构、建立不同管制机构之间的信息共享与合作机制等等。因此，机构的变化与分分合合，只是这种改革的一种表现形式或一个方面。管制改革与提高政府绩效是目的，政府机构调整只是实现管制改革目的的一种手段。从这个角度来看，如果将政府机构改革（尤其是实行大部制）定位为行政体制改革的目标，则有本末倒置之嫌，是对国际社会经验的一种误解和误读。

2. 发达国家政府机构改革的基本情况

在发达国家，政府部门的数量及结构随时都有可能发生变化，尤其是新当选的政府会调整内阁的结构与政府部门的数量。总体上看，经合组织国家政府部门的规模和数量从上世纪50年代开始增长很快，进入80年代中期以

① 参见 Robert W. Hahn, Reviving Regularoty Reform: a Global Perspective，第2章（2000）。OECD, Regulatory Policies in OECD Countries: From Interventionism to Regulatory Governance，第9页（2002）。

后稳定下来，在某些经济领域甚至出现下降。今天，大部分经合组织国家的内阁组成部门在15~20个之间，规模应该说很小①。经合组织的研究成果提出，内阁组成部门的规模究竟是大还是小，各有利弊，取决于政府的职能、机构运作的制度背景、管理的目标以及组织文化等诸多因素。既不能简单地说大内阁好，也不能简单地说小内阁好。一般而言，小型组织有利于集中目标和明确责任，缺陷是缺少代表性；大型组织有利于规模经济和协调部门之间的关系，缺陷是外部问题内部化②。

在发达国家，传统上核心政府由行政部门组成，实行部长负责制，其活动最终对国会或总统负责。与之相适应，也建立了一整套监督与管理制度③。近20年来在管制改革浪潮中，这种政府组织结构发生了很大的变化，出现了“分散化公共治理”模式，即在传统的政府部门内部或者以外（at arm's length），建立带有相对独立性的执行机构（agency）或独立管制机构（regulator），它们独立履行法律赋予的职责，不受政府部门首长或者其他政治势力的影响。这种变革被视为发达国家政府机构改革中最为重要的变化④。

这些独立机构在组织、法律地位以及独立的程度等方面都存在一定的差异，有的仍然设在部门内部，但有管理上的独立性，通过与部门签订合同的方式进行管理，提供公共服务；有的则设在政府部门外部（尤其是公用事业领域以及基础设施行业），作为独立管制机构设立，独立行使法律赋予的职权。在有些国家，这些独立机构具有独立法律地位，在有些国家，它们仍然只是政府机构的组成部分，不享有独立的法律地位。但是，它们在三个方面

① 参见左然，《国外中央政府机构设置研究》，文章网址 http://theory.people.com.cn/GB/49150/49152/4288673.html

② OECD, *Modernising Government: the Way Forward*, 第4章（2005）。

③ 这种体制的优点是：“建立和保持长的行为链以及几乎不受限制的‘结构重复能力’；高度的‘事务计划安全’；因分工而实现的高效性；高层领导人决定的垄断性；在稳定行政机构中凭借其明确的等级和精确的任务分配而达到的有效的可监督性和可指挥性；以及各个行政机关相对简单的协调和通过共同的上级领导的决定调解权限之争”。埃贝哈德·施密特-阿斯曼等著，乌尔海希·巴迪斯编选，于安等译，《德国行政法读本》，高等教育出版社2006年版，第125页。

④ 可参见经济合作与发展组织，《分散化的公共治理：代理机构、权力主体和其他政府实体》，中信出版社2004年版。对于信息时代社会结构转型的描述以及深层次原因的分析，可参见Thomas L. Friedman, *The World is Flat: A Brief History of the Twenty-first Century*, 第2章（2005）。对于我国准政府组织行使公共权力的案例研究，可参见沈岿编，《谁还在行使权力：准政府组织个案研究》，清华大学出版社2003年版。

区别于传统的政府部门：第一是不同于传统部门的治理结构；第二是不同于传统部门的财政与人事控制机制；第三是它们所享有的管理独立性。

在许多经合组织国家，这种独立机构在财政支出和雇员人数方面都已经占到中央政府部门的50%～75%。例如，在英国，自1988年以来，已经设立了131个部门执行机构，其雇员人数已经超过文官总数的四分之三；在荷兰，截至2004年底，80%的文官在部门执行机构工作；在瑞典，大约有300个中央执行机构，瑞典大部分的文官都在执行机构而不是在传统部门工作；在新西兰，共设立了79个独立皇家实体，其雇员人数占国家雇员的80%，财政支出占中央预算的58%；在德国，在联邦部门工作的雇员只占联邦雇员总数的6%，而在联邦执行机构工作的雇员占到总数的22%；在韩国，自1999年以来，已经设立了23个部门执行机构，雇员人数超过5 000人，预算支出占政府预算总数的7%。

分散化公共治理的出现，有内在的必然性，是信息化时代的必然趋势。根据发达国家的研究成果，尽管分散化公共治理面临着许多新的问题，但是，由于建立在决策职能与执行职能分离基础上的独立机构充分地发挥了社会分工的作用和引入了绩效管理制度，因此大大地提高了政府提供公共服务的效率和有效性，也改变了行政文化，带来了政府机构的革命性变化。

3. 如何认识大部制与独立监管之间的关系

从发达国家政府改革与政府机构改革的实际情况来看，尤其是从其分散化公共治理改革的成功经验来看，不但不能得出发达国家出现了大部制的政府机构改革趋势，反而应该得出其治理结构正在向多元化、社会化转变的发展趋势。或者换句话说，大部制与独立监管实际上只是分散化公共治理的不同表现形式，是一枚硬币的两个不同方面。因此，简单地以大部制来概况当代各国的行政改革，甚至以大部制否定独立监管制度存在的意义，既不符合实际情况，也极有可能会误导我国的行政改革方向。

当然，从结构上看，发达国家的内阁组成部门普遍较少，与我国的国务院组成部门相比，其内阁部委的职能更为综合，有时候一个部门相当于我国的几个部门。这样，就在一定程度上解决了多部门林立，相互争权、打架的现象，有利于政策的综合和形成，具有我国某些学者所概括的大部制特征。从发达国家行政改革的成功经验来看，除了得到诸如有限政府原则、法治政府原则与公开政府原则的支撑以外，大部制的制度基础在于分散化的公共治理结构，通过由不同类型的主体承担性质不同的职能来分担综合性部门的责任，使其能够专事决策工作。同时，通过这种分散化的治理结构，也可以防止一个部门权力过于集中所导致的各种弊端。因此，大部制的有效性与分散化的公共治理结构（包括独立监管制度）之间存在正相关关系，分散化的治理结构越健全，就越有利于大部制的推进。这就必然要求实现政府所有者职能与管理者职能、公共服务提供职能与监管职能、政策制定职能与政策执行职能以及事先干预职能与事后救济职能的分离。不具备这些制度条件，大部制与独立监管制度都很难有推进的可能性，也难以获得社会认同。

4. 监管机构的设置模式

在我国，监管机构的设置模式问题可能值得给予特别的关注，因为它直接关系到监管机构与大部制的关系，也关系到监管机构能否顺利行使其职权。由于受长期历史传统的影响，监管机构如果完全独立于政策部门，可能会在两者之间产生很强的不是“一家人”的疏离感，使监管机构无法得到部门的政策支持。反之，如果简单地将监管机构当作部门内的司局设置，又会产生职能不分与权力过于集中的“家长制”弊端，不利于形成科学的政府治理结构。这两种教训我们都曾经经历过。因此，监管机构的设置模式既要考虑监管制度的内在要求，又要考虑中国行政管理体制与行政文化的特点，通过多样化的方式寻求恰当的平衡。在阻力较小的领域，当然可以一步到位，直接建立独立于部门的监管机构。在某些领域，监管制度建立之初，可能必须考虑在纯粹的部内司局与完全独立于部门的监管机构之间进行折中，在部门内设立相对独立的监管机构，待条件成熟以后，如果需要，再逐步从部门中分离出去。部门内设监管机构架构上仍隶属于大的政策部门，以保持政策的一致性，同时，它在法律地位、组织、负责人的任免、财政预算、监督机制等方面又是相对独立的，负责独立地执行法律的规定，不受外界与部门的干扰。从外在形态上看，部门内设监管机构很多方面都类似于国务院组成部门管理的国家行政机构，只不过同时还具有更多的监管机构的法律特征。

在发达国家，尽管建立独立于部门的监管机构是各国的普遍发展趋势，但是，在部门内设置独立监管机构（或执行机构）在欧洲国家其实也非常常见（最为典型的当数英国贸工部，它下设了许多监管机构）。实际上，即使在监管制度最为发达的美国，其部门内设监管机构的数量也远远超出部门外设监管机构的数量。这种体制的优点在于监管机构位于部门内部，有利于部门首长的统一指挥、监督和整个行政系统的协调。根据美国学者的研究，尤其在社会性监管领域，部内监管机构比独立于部门的监管机构能得到更多的行政支持，包括资金支持和人事支持[①]。对于部门内设监管机构的模式，我国一些学者简单地称之为政监合一模式，实际上是对这种模式的一种误解。就独立性而言，应该说部门外设监管机构与部门内设监管机构并没有多么大的区别，都属于政监分离基础上的制度安排。

由此可见，监管机构的设置不是只有一种模式，而是有多种方式可供选择。如何选择，取决于许多制度条件，其核心目的是为了使监管机构更好地履行独立监管的职责。在我国，由于过去一些年许多部门内设机构纷纷对外发文，形成多头管理的混乱局面，近年来的立法特别加强了对部门内设机构权力的限制，使其不得独立对外行使权力。如果选择部门内设监管机构的形式，这些对内设机构的法律限制很难绕过去，因此，需要对相关的行政法律进行修改或者在单行法中作出相应的规定，为部门内设监管机构独立行使权力提供法律依据。同时，也要总结国务院组成部门管理的国家行政机构运行实践中的经验与教训，以处理好监管机构与政策部门的关系。

二、我国是否具备建立独立监管制度的条件

中国最近几年分别设立了几家监管机构，如证监会、保监会、银监会、电监会等。但是，这些机构的实际运作效果并不是特别理想，面临着这样那样的问题，最为主要的问题是监管手段有限，监管无力。由此，一些人对于监管制度的改革方向产生怀疑，认为独立监管制度是外国的制度，并不适合中国的国情。这种观点认为，在中国管人才能管事，管不住人根本不可能管住事，因此，应该让监管机构重新掌握对主要国有企业的人事任免权，以提高监管的有效性。按照这种思路推理下去，很容易得出中国应该放弃监管制度改革的方向，重新退回到政资不分、政企不分的时代。

应该说，就历史而言，中国确实是一个行政权高度发达，并且深入到社会生活每一个角落的集权型社会，根本不具备分散化公共治理的条件。所谓普天之下，莫非王土；率土之滨，莫非王臣。封建王权不但高度集中，甚至

① 相关材料可参见马英娟，《政府监管机构研究》（中国社会科学院研究生院博士学位论文，2006 年 4 月），第 59 页。

家国一体、天人合一，对全社会构筑一张疏而不漏的统治之网[①]。建国以后，由于计划经济的长期影响，行政权高度发达，人财物、产供销均由计划方式配置，社会自组织发育程度很低。在计划经济体制之下，每个人几乎都是单位人，单位介入了个人（甚至其后代）从出生到死亡的所有环节，因此，管住了人确实也就管住了事。计划经济体制所造成的大锅饭、平均主义与资源配置的低效率直接推动了70年代末、80年代初的改革，从推行联产承包责任制、废除人民公社开始，到国营企业放权让利、建立现代企业制度，再到政事分开、提升政府的公共服务水平，整个改革的轨迹异常明晰，就是从政府干预过多、包办代替的全能、封闭体制向充分发挥每个主体积极性、创造性的开放、竞争体制转变的过程。尽管这个过程还在继续，还需要很长的时间才能最终完成，并且，某些方面的进展还很难尽如人意。但是，可以说这场变革是中国历史上从未有过的大变局，它不但迅速改变了中国贫穷落后的面貌，实现了二十多年的持续经济增长。更重要的是，它已经对中国实现体制转型创造了条件。从政企分开、政资分开、政监分开、政事分开、事先手段与事后手段分离、行政机关决策、执行与监督的分离、国家与社会的二元化（市民社会的形成）、行政与司法的分离（司法独立）、党政分开（中共十三大提出的方针），都已经可以依稀看到分散化公共治理的雏形正在形成过程之中。梅因所说的“从身份到契约”的深刻转变，正在中国大地上扩散、蔓延，个人正在摆脱各种束缚，成为自觉的权利主体。如果要说什么是中国的特色，这种深层次的变化可以说是现时代中国最大的特色。不认识清楚这一点，就会迷失大局，无法辨别历史前进的方向。

可见，在中国社会正在经历深刻变革的现时代，如果仍认为我们不具备建立独立监管制度的条件，就是无视中国二十年改革的成果，是一种短视的观点。如果在大的历史潮流面前，斤斤计较于部门利益和手中的权力，希望延续传统体制那样的全方位管理和高度集权，实际上是违背历史潮流的倒退

---

① 王亚南先生透彻地指出了中国官僚政治所具有的延续性特征，“它几乎悠久到同中国传统文化史相始终”。“惟其中国专制的官僚的政治自始就动员了或利用了各种社会文化的因素以扩大其影响，故官僚政治的支配的、贯彻的作用，就逐渐把它自己造成一种思想上、生活上的天罗地网，使全体生息在这种政治局面下的官吏与人民，支配者与被支配者都不知不觉地把这种政治形态看为最自然最合理的政治形态”。王亚南著，《中国官僚政治研究》，中国社会科学出版社1981年版，第43页。

之举，对于国家、人民没有任何益处可言。这种集权型的体制即使能够在短期内对解决特定问题有效果，从长远看必然事与愿违，成为推进改革的障碍。

当然，新近设立的一些监管机构监管手段有限、监管无力确实是客观存在的现象。对此，没有必要也无法加以否认。但是，对于造成这种现象的原因要有正确的判断，不能简单地归咎于监管制度本身。

由于每一个监管机构所面临的问题不尽相同，不可能在此对监管失灵的原因逐个进行深入分析。从共同规律来观察，现阶段的监管不力往往是因为监管制度设计未能完全到位，或者仍然存在政企不分、政资不分问题，或者在权力配置上未能理顺。无论哪种原因，都使监管机构名不符实，甚至徒有其名，这是监管无力的最根本原因。例如，现阶段大家之所以觉得管人有用，真正的原因在于我们的市场主体仍然不是完整意义上的市场主体，产权结构没有调整到位。因此，解决监管有效性的出路，不在于回到政企不分的旧体制，而在于进一步推进企业的产权结构调整，使企业真正成为市场主体。

我国监管机构运作不力，并不是监管制度本身的原因，而是监管制度改革没有能够一步到位的情况下过渡阶段必然会面临的难题（下文会详细论述原因）。解决之道当然应该是下大力气改革，进一步完善监管制度，而不是放弃改革，走回头路。一个时期以来，社会上一些人将市场化改革不彻底所造成的问题归咎于市场化改革本身，要求放弃改革，走回头路，也是采用同样的错误逻辑。可见，监管制度面临各种问题与挑战并不奇怪，相反，这正是进一步推进监管制度改革的大好契机。倒退与动摇都没有出路。只有越过这个关口，才能迎来制度的美好未来。

三、监管制度的法律基础

尽管许多人（包括一些政府文件）不严格区分传统的行政管理与独立监管，常常将两者混用，但是，行政管理与独立监管的差别是很大的。其中，最为重要的区别是，行政管理的基础是建立在上下级关系之上的科层制官僚体制，下级必须服从上级，通过行政命令方式进行管理，一旦产生争议通常只能通过行政渠道内部加以解决。独立监管制度体现的是分散化治理结构下依法监管的原则，监管机构依法独立监管，除了法律，没有别的权威或上级，只对法律负责，争议最终可以通过司法途径（或其他第三方途径）加以解决。正是在机构性质、行为方式、程序、权力范围、法律依据以及救济途径等方面所存在的诸多巨大差别，体现了独立监管制度的现代意义，被称为不同于传统立法、行政、司法三权的“第四种权力”。尤其是对于部门内设监管机构而言，只有具备了这些制度禀赋或法律基础，才能真正符合对监管机构的本质要求。

但是，从我们设立监管机构开始，就没能真正体现依法监管的基本理念，各个监管机构相互攀比行政级别，普遍给予监管机构部级、副部级待遇的做法（即使以事业单位的名义），尤其是事故多发后希望以监管机构行政级别升格解决问题的想法，不是在削弱、而是在加强传统的行政管理方式，离依法监管的目标越来越远。按照这种思维方式设立的监管机构，与过去的行政管理部门没有什么实质性的区别，只是名称上的改变而已。问题在于，由于行政资源有限，不可能无限加长板凳、增设行政机构，以一定行政级别方式设立独立监管机构必然会越来越受到行政资源稀缺的制约，与社会对独立监管机构日益增大的需求产生尖锐的对立。更为严重的是，以独立监管之名行行政管理之实，即使在政策的驱动之下短期有效，长期而言必然会像传统行政管理方式一样，无法实现法治政府的基本要求，会迅速为实践所抛弃，成为改革的对象。

因此，监管制度建设的当务之急，首先要从传统的“行政化”、“官本位”的思维定式中解放出来，从监管机构设立的源头开始，淡化甚至取消行政级别设置，创造依法监管、独立监管的制度条件，维护法治尊严与权威，维护市场经济秩序。观念是一切制度的基础。能不能真正树立依法监管的现代法治观念，不但决定着独立监管机构的品格，也决定着中国政府治理结构的未来走向和行政改革的最终归宿。行政级别是新中国建国后政府治理结构中的一项重要制度，几乎贯穿到社会生活的每一个角落（甚至寺院主持都有行政级别）。改革开放以来，我们逐步废除了国有企业的行政级别，提倡大学自治，取得的成绩有目共睹。事业单位改革中，还原事业单位提供公共服务的本来性质，取消其行政级别，更成为许多有识之士的共识①。同样，在监管机构建设中，明确其法律守护者与执行者的职责，赋予其法律之下、任何人之上的法律地位，也具有决定性的意义。这种法律地位与权威，不是任何行政级别能够带来的。只有具备了这种地位，才能养成忠实地对法律负责而不是对权力负责的精神，独立、公正地执行法律。

---

① 深圳市在事业单位改革中，推出了“职员制”，废除了干部的行政级别。消息来源见，http：//news. qq. com/a/20041108/000176. htm。

淡化行政级别，树立依法监管的新理念，需要新事新办。一个阻力较小、比较简易可行的办法是采用增量改革的方式，更多地选拔没有行政级别背景的人员充实新设立的监管机构，甚至担任监管机构的主要负责人，对全社会打开进入监管机构的大门，并通过任期制实现监管机构与社会的动态良性互动。这样，不仅可以有效地消除官场传统行政文化的影响，建立能上能下的新机制，也可以打通官、商、学之间的界限，实现监管人才的专业化，提高监管的效率。在发达国家，从商界或者学界广泛选拔优秀人才进入监管机构，建立监管人才的动态流动机制，是一项制度化的举措，也是监管机构成功地依法监管的重要制度保障。在我国近年来的人才管理工作实践中，诸如为国有企业引入职业经理人，高薪聘请政府雇员，广泛破格吸收选拔各类人才（包括留学归国人才）到各级党政机关工作等等，都是为了克服传统人才管理体制的封闭运行弊端，建立畅通、开放的人才流动机制。作为对专业化、独立性具有更高要求的监管机构，没有理由不采用更为开放的用人机制，以实现依法监管的目标。这就要求更深入地研究党管干部原则在新形势下的实现方式问题，处理好党管干部原则与依法独立监管的关系。

当然，建立现代监管制度，不是简单地淡化或者取消行政级别就能实现的，还要进行一系列扎扎实实的基础性制度建设，它们会涉及到监管机构的组织、职权、程序、保障、监督等各个方面。主要的法律制度包括但不限于：（1）监管机构的组织、职权由法律确定，未经法律修改不得随意加以变更①；监管机构工作人员尤其是其负责人享有任职保障，非有法定事由不得免除、调动或降低其职务；同时，不得随意降低或减少监管机构工作人员的薪酬与其他待遇。与此相对应，监管机构工作人员不得从事任何与其任职行为有利害冲突的活动。（2）监管机构依法独立行使制定规则、执行规则与裁决争议

---

① 这需要借鉴发达国家的成功经验，实现机构和编制管理的法定化。以美国为例，在其建国后长达一百多年的时间里，政府行政机关的组织与职能，包括其内设部门和机构，都由国会决定。第一次世界大战以后，政府职能开始扩张。因此，从 1932 年开始，法律曾经授权总统可以为了提高政府效率或者减少政府支出签发提议重组政府机构的行政命令。如果该行政命令签发后 60 天内国会任何一院都没有通过否定的决议，则行政命令生效。国会的这种立法授权属于有期限授权，一般有效期只有几年，届满后需要重新授权。并且，自 1984 年以后，这种授权机制就再也没有延续。今天，美国政府机构的任何设置或改变，都需要通过立法程序加以决定。CRS Report IB93026，Executive Branch Reorganization and Management Initiatives，by Harold C. Relyea，第 2 页（2002）。

的权力，不受任何组织与个人的干预。（3）监管机构应遵循法定行政程序行使其权力，体现行政公开与公众参与原则。（4）监管机构的活动经费应由财政预算或监管收费加以保障，不得随意被扣减。（5）监管机构的具体行政决定最终应该能够被提起司法审查；监管机构对其违法行为所造成的损害应承担赔偿责任；监管机构应接受国家权力机关、行政机关的法定监督和公众的社会监督。通过这些制度建设，才能实现独立监管、依法监管、公开透明、廉洁高效、责权一致的目标。

四、监管机构工作人员的“身份”与待遇

监管机构工作人员的工资待遇，看起来是一个小问题，但实际上涉及到有效监管的激励机制和工作人员的积极性，因而影响深远。这个领域在国际上是各国行政改革的一个重要方面，对于确立我国监管机构的改革方向也有着重要的意义。

传统的公务员制度特别强调其不同于私营部门的特殊性，通常采用公务员常任制甚至终身制，使其免受一般劳动力市场失业风险的影响。同时，在这种稳定的职业保障体系之下，政府对公务员待遇实行统一管理，根据职位分类实行严格的薪酬制度，对职位不对个人，缺少对个体的足够激励。这种制度在我国改革开放以前被推至极致，包括国有企业在内，所有国家工作人员均实行全国统一的工资标准和制度，涨工资也是全国一起涨。

传统公务员工资待遇制度在行政改革的大潮之下面临着许多问题和挑战：首先，过于稳定的就业保障使公务员失去外部竞争的压力，导致干好干坏一个样的结果，不利于提高行政管理的效率和为公众服务的水平；其次，统一的管理体制忽略了地区与行业的差别，造成人事政策管理部门与用人部门脱节，管理过于僵化，缺乏灵活性，用人部门无法发挥更为积极的作用；最后，统一的工资待遇制度无法起到奖优罚劣的激励制约作用，难以调动公务员的积极性。在国际社会，近年来，在提高公共服务效率的背景下，这些公务员管理的传统做法开始被反思和改革。分散化的公共治理为解决传统公务员制度的弊端提供了可能。通过授予用人部门更多的人事资源管理权力，使人事资源管理更加个性化；在公务员的录用、任职期限、合同管理、任职终止、绩效管理以及薪酬等环节都引入了绩效指标和动态管理制度，以调动公务员的积极性；在政府部门逐步开始以绩效来确定工作人员的待遇，根据其任职

期间的表现确定其实际收入，甚至可以采用私营部门的工资制度①。这些改革对传统的公务员管理制度产生了巨大的影响。

在我国，随着改革开放进程的推进，政府逐步放松了对企业工资待遇的控制，极大地调动了企业的积极性。相比之下，政府机关的工资待遇制度虽然也有一些改革举措出台（如合同制的引入、年度考核制度的推行、工资制度的改革等），但总体上仍维持着严格的统一管理，改革幅度并不大。为了完成管理任务或者获得更好的政绩，一些用人部门开始通过各种方式（如预算外创收、编制外进人、隐性福利等）规避国家的统一规定，以调动工作人员的积极性。这些举动虽然最初的动机有可能是为了调动工作人员的积极性或者更好地完成管理任务，具有一定的合理性，人事政策管理部门也会一定程度上加以容忍，但久而久之，会逐步变成为谋取部门利益的手段，导致人事政策和财经纪律普遍松弛，破坏机关的形象和作风，滋生腐败行为。一旦大量出现这种结果，人事政策管理部门必然重申、加大对人事政策的管理力度，缩小用人单位的权力，这样，又必然会导致新一轮的控制—僵化—规避—恶化—控制，形成恶性循环。

由于我国事业单位相比于国家行政机关而言对于工资待遇有更大的自主决定权，体制更为灵活一些，从我国已经设立的几家监管机构普遍选择了事业单位的组织形式来看，很大程度上恐怕也是为了克服公务员工资待遇制度过于僵化的弊端，以采用更为灵活的薪酬体制，调动工作人员的积极性。但是，这种设置方式又使事业单位执行公共权力的现象无法解释，面临法律上的一定障碍。特别是随着事业单位改革的推进，为解决政事不分现象，国家势必收回事业单位的公共管理权力，理清事业单位的职能和边界。因此，监管机构下一步可能会面临非常困难的选择，要么维持事业单位性质，但执行公共权力的属性无法延续；或者恢复国家执法机关的性质（国务院直属机构），但会因为工资待遇制度执行统一的规定而影响监管的有效性。

由此可见，只有进一步改革公务员的工资待遇制度，才能在恢复监管机构国家执法机关性质以后，继续探索其工资待遇的特殊安排，根据绩效确定收入水平，调动监管机构工作人员的积极性，避免困难的两难选择结局。

---

① 具体情况可参见 OECD，Modernising Government：the Way Forward，第 6 章（2005）。OECD，Performance-related Pay Policies for Government Employees，第 1 ~ 2 章（2005）。

五、监管机构工作绩效的衡量标准

在传统行政管理体制之下，由于政府各种职能不分，政企合一、政资合一、政事合一、政社合一，必然产生诸多缺陷：第一，政府机关“错位”、“越位”，对市场主体管得过多、管得过细，甚至越俎代庖代替市场主体行为，成为无所不包的“父母官”，并由此导致行政权力过大，可以任意干预市场主体的行为。第二，由于政府机关干预过多，会间接抑制市场主体的独立生长空间，形成对政府的过渡依赖习惯，并由此进一步强化政府权力。同时，受到行政资源稀缺性的限制，政府在某些方面干预过多必然会出现“种别人的地、荒自己的田”的现象，在一些应该发挥作用的领域“缺位”，无法充分履行政府职能。第三，由于角色错位，导致责任划分不清，市场主体责任、管理者责任、对管理者的监督责任混同，都集中到政府机关，无法形成市场主体、管理者、监督者三者之间的良性互动与制衡结构。第四，由于角色错位，导致对政府机关的衡量标准出现偏差，往往出现以经济指标、工作量或者市场表现等衡量市场主体的标准来评价政府机关的工作，并进而对政府机关产生错误的激励信号，固化行政权力和传统做法。为获得好的评价，一些政府机关养成了没事也要找事做的工作习惯，管得越多越好，事情多本身也能成为衡量政府机关工作绩效的标准。一旦有事，就能得到上级政府的重视，获得更多的政策、权力、资源与影响力。

独立监管制度建立在政府职能分离的基础之上，因此，必然需要有一套新的运行机制和衡量监管机构工作绩效的标准与方法，包括：第一，科学地界定政府与市场的界限，使市场在资源配置中起基础性的作用，监管机构只在市场失灵的地方依法承担监管职能，不能干预市场主体的自主决策。相应地，市场主体需要独立承担市场机制的风险。第二，明确地划分市场主体、监管者、监督者三者之间的界限，形成有效的治理结构。市场主体是整个制度的核心，通过民主方式产生监督者；监管者的责任是补救市场失灵，依法对市场主体的行为进行监管；监督者对监管者行使行政权力进行监督，并对市场主体承担政治责任。第三，对于监管机构的工作，只能根据依法行政的标准，从程序与实体两个方面来加以衡量，考核监管机构是否严格履行了法定职责。至于经济增长速度、市场表现等经济指标，不能用来衡量监管机构的行为，更不能以工作量的多少来衡量监管机构的工作。行政程序指标的目的在于控制行政权的滥用，使监管机构的行为符合最低限度的要求；实体指标则用来考核监管的实际效果，防止监管无力或者失灵。随着各国监管制度改革的深入，为提高监管的有效性，对监管实际绩效的衡量已经变得越来越重要[①]。

如果用比喻来说明政府与市场主体的关系，在独立监管制度之下，两者是交警与汽车司机的关系，而在传统行政管理体制之下，两者是父子关系。对于汽车司机而言，没有交通拥堵或者其他事故的时候，并不需要交警，也没有必要与交警打交道。对于儿子而言，父亲永远都是权威的象征，既要随时孝敬父亲，也要考虑或者遵从父亲的意见。

通过二十多年的改革，尤其是随着一些监管机构的设置，应该说我国已经实质性地改变了政府权力过大的现象，朝着建立现代监管制度迈出了重要的步伐。2004 年颁布的国务院全面推进依法行政实施纲要明确规定，“凡是公民、法人和其他组织能够自主解决的，市场竞争机制能够调节的，行业组织或者中介机构通过自律能够解决的事项，除法律另有规定的外，行政机关不要通过行政管理去解决”。这一规定，可以说为政府行政管理体制改革指明了方向。然而，由于长期历史传统的影响和体制改革尚未完全到位等多方面的原因，监管机构运作的实践中仍然存在以传统标准来衡量其工作的问题，例如，片面地以市场表现好坏衡量监管机构的工作实效，事情（包括事故）越多的监管机构获取的政治资源越多，治理得好（事故少）的领域很容易被忽视，监督与监管合一、监管机构不承担监管失灵的责任等等。这些考核方法会对监管机构的行为产生不好的指引，势必使其偏离正确的改革方向，极不利于发育独立监管制度。因此，建立监管制度的当务之急，是要重新树立一套科学的考核与衡量标准，引导监管机构的行为[②]。

---

① 例如，被韩国总统卢武铉称赞为是韩国政府革新样板的韩国行政自治部自 2005 年 3 月以来通过彻底的内设机构、程序与职能的调整，形成了业务管理系统、顾客管理系统与成果管理系统三大系统，并根据这三项指标对政府工作进行绩效考核。经过这些革新，提高了行政的责任性和透明性，也提高了国民的便利性，并且达到年节约预算 79 亿韩元的效果。

② 由国家人事部和中国人事科学研究院专家组成的“中国政府绩效评估研究”课题组，在总结国内外相关指标体系设计思想和方法技术的基础上，经过深入调查分析和长时间酝酿，于 2004 年 8 月 1 日宣称他们业已提出了一套适用于中国地方政府绩效评估的指标体系，该体系适用于全面系统地评估中国地方各级政府，特别是市县级政府的绩效和业绩状况。该指标体系由 3 个一级指标、11 个二级指标以及 33 个三级指标构成。相对于我国以往简单的以 GDP 为核心的指标体系而言，该指标体系在复杂性和完整性上具有很大的提高。

六、科学地确定政府监管的边界

在传统行政管理体制之下，政府机关什么都管，结果既管不好，也管不了。政府监管不同于传统的行政管理的地方在于，它既不是什么都管，也不是放手什么都不管。因此，合理地确定政府监管的边界尤为重要，既不能放弃监管的职责，又不能回到什么都管的老路上去。

问题在于，传统体制下由于政府职能不分，政府虽然管得很多，但往往依靠的不是典型意义上的监管手段，监管职能实际上被其他职能所代替和吸收，政府机关并不具备也没有必要培育独立监管能力。这样，政企分开、引入市场竞争机制以后的过渡阶段，势必出现市场主体拼命释放长期受到压抑的获利欲望，而相应的政府监管能力缺乏的现象，其结果是市场无序与监管乏力的恶性循环。从近年来假冒伪劣商品充斥市场，垄断企业谋取暴利以及环境、资源被严重破坏等现象中，已经可以明显观察到政府监管能力跟不上市场化改革的步伐，甚至成为改革推进的瓶颈。因此，在改革的过渡阶段，加强政府监管当然是重中之重的一项迫切工作，无论怎样强调都不会过分。

危险在于，面对市场无序与监管乏力的现状，监管机构在公众与其他各种社会压力之下，很容易滑向另一个极端，陷入过度监管的恶性循环①。如果考虑到我国政府权力过大的状况并没有根本改变以及监管机构也有谋取自身利益的实际，监管机构越位，陷入过度监管实际上也是非常现实的危险②。一些领域中，监管机构得到越来越多的权力、监管的范围越来越宽、监管手段越来越严厉、监管经费越来越多、装备越来越精良，但市场秩序、安全状况或者环境状况越来越差就已经证明了这一点。

过度监管之所以会导致恶性循环是因为：第一，过度监管必然导致市场主体守法成本过高，超过临界点之后会降低其守法的诱因，甚至可能导致整

---

① 美国联邦最高法院 Breyer 大法官对于监管机构、政治领导人与公众三者之间形成监管的恶性循环做了非常精彩的描述。参见 Stephen Breyer，*Breaking the Vicious Circle*：*Toward Effective Risk Regulation*，第 2 章（1993）。

② 焦津洪等通过对我国证券监管制度的研究发现，过度监管往往源自于表面上的监管缺位。“许多文字意义上的强制性规范由于缺乏相应的执行机制，往往流于形式而没有实际意义。但这些没有‘牙齿’的强制性规范却造成了一种监管缺位的假象，最终诱使证券监管者走入‘过度管制’的困境中”。焦津洪、丁丁、徐菁，《证券监管与公司治理》，载吴敬琏主编《比较》第 22 辑，第 135 页，中信出版社 2006 年 1 月。

个威慑失灵。结果，市场秩序在严厉的监管措施下不但不会变好，反而有可能变得更坏①。这样，会导致监管机构采取更为严厉的手段，导致更为失控的市场秩序。第二，过度监管必然导致监管的范围、程度扩大，胡子眉毛一把抓，无法突出监管的重心，集中资源解决主要问题。同时，如果对解决特定问题的监管目标设定过高，期望完全解决问题或实现零风险，势必不计成本，为细枝末节耗费大量的监管资源，违反管理的基本规律。这样，必然出现问题转移，使其他大量客观存在的问题无法在监管目标排序中得到足够的重视。第三，过度监管必然会养成过于依赖强制性监管手段的习惯②，逐步丧失采用其他政策手段与工具来实现管理目标的能力。一旦强制性监管手段在实践中不起作用，监管机构只会进一步强化其权力，使其他政策手段与工具逐步失去作用的空间，形成恶性循环。第四，过度监管必然导致执法者权力过大，容易出现权力滥用。如果制约机制不到位，监管机构有可能以手中的监管权力作为谋利的手段，并将维护和加强其权力作为监管制度的目的。结果，监管机构权力越大，获利越多，离有效监管的目标越远。第五，过度监管必然会抑制市场机制与其他社会调控机制的形成，使其无法分担公共治理的责任。这种状况反过来会将所有压力都加在监管制度上，进一步抑制其他机制的发育，无法形成良性的治理结构③。第六，过度监管很有可能导致多个部门监管重点不统一，相互争权夺利或者推卸责任，出现人为的监管真空或者职权交叉，影响监管的有效性和市场秩序。

在市场化改革与监管制度建设的过渡阶段，由于各种矛盾与问题比较集中，各种替代机制尚不能发挥作用，因此，对于政府缺位的弊端比较容易看到，形成“齐抓共管”的局面也比较自然。相比之下，对于政府越位所造成的问题却不是那么容易认清的，或者说很容易产生路径依赖，自觉不自觉滑

① 例如，我国多家政府机关都管网吧，设立一个网吧需要经过多道非常复杂的审批。结果，许多网吧干脆绕过政府审批，直接进行经营活动，一个时期里形成“黑网吧”比正规网吧还多的普遍现象，导致网吧管理基本失控。

② 在我国的实践中体现为政府机关过于依赖审批、收费与罚款三种手段。

③ 例如，为保证上市公司的质量，我国一度采用审批制选择上市公司。结果，上市公司普遍存在造假现象，业绩并不好。实际上，市场本身对上市公司的选择、监督机制比行政权力更为有效。再如，在行政权力的保护下，我国的一些企业往往存在做不大的问题，并因而使市场配置资源的作用无从发挥，必然导致低层次竞争与市场秩序的混乱。

向什么都管的传统管理方式。这一点在现实生活中应该说表现得特别明显①。然而，正如计划经济年代的行政管理方式导致了商品与服务的普遍短缺一样，管得过多在公共领域同样会造成公共产品的供给短缺，导致监管失灵。我们目前在经济调节、市场监管、社会管理与公共服务四个方面所面临的能力不足局面，既有监管缺位的原因，更多情况下可能是由过度监管造成的。因此，面对过渡阶段的市场秩序混乱，要冷静地分析，与其简单地扩大政府监管权力，不如更为科学地界定监管的边界，构建一个有效治理的良性结构。

合理地界定监管的边界，实际上是要进行监管措施的合理性计算，衡量监管的成本与收益。在这方面，国际社会近年来的一些制度创新应该说对我国有很大的借鉴意义，可以在我国的监管实践中逐步加以吸收和消化②。

七、过渡阶段监管职能与其他政府职能的关系

本文前面曾经指出，现阶段我国监管机构运作不力，并不是监管制度本身的原因，而是监管制度改革没有能够一步到位的情况下过渡阶段必然会面临的难题。由于我国的改革不是激进式的，改革措施往往难以同时到位，这就会产生一个旧体制已经失效而新体制尚未完全形成的过渡时期。平稳通过过渡期，对于建立监管制度具有决定性的意义。

我国传统行政管理制度的最大特点在于政企不分、政资不分、政事不分、政监不分、事先监管手段与事后反垄断手段不分、行政职能与司法职能不分，党政不分，由此造成政府职能错位、缺位等一系列弊端，行政权力高度集中且不受限制。为此，推进（经济）行政体制改革，一方面需要打破垄断，引入竞争，形成市场机制，另一方面还需要转变和调整政府职能，建立现代监管制度。某种意义上说，我国行政体制改革的过程，也就是政府职能重新定位与调整的过程，以实现政府管理职能与所有者职能的分离，公共管理职能与公共服务提供职能的分离，宏观政策职能与微观监管职能的分离，事前监

---

① 例如，虽然行政许可法规定了有限政府原则，强调要充分发挥个人自治、市场机制、行业自律、事后机制的作用，但是，从行政许可法实施两年来的情况看，仍然有许多政府机关习惯以传统的管理方式实现行政管理的目的。

② 美国率先在国际上推出监管措施的成本收益分析制度，到 2000 年底，14 个 OECD 国家广泛地采用监管影响分析制度，另有 6 个国家至少在一些规章中使用监管影响分析。具体情况可参见 OECD，Regulatory Impact Analysis Inventory，第 1 页（2004）。

管方式与事后反垄断方式的分离，以实现独立监管。近年来，我国在这方面进行了许多有益的探索。除了持续推进政企分开以外，党的十六大以后建立了专门的国有资产监督管理机构，初步实现了政府管理职能与所有者职能的分离；国务院体改办并入国家计委与国家发展与改革委员会的建立，为探索政府宏观政策职能的实现方式提供了平台；《反垄断法》的讨论与草拟，使事前监管方式与事后反垄断方式的分离成为可能；事业单位改革的加速，为政事分开提供了契机。

但是，应该看到，由于改革过程的渐进性，政府职能分离的目标不可能一步到位。对于某些政府职能如何分离，在认识上也还存在着重大的分歧，更不用说来自既得利益团体的各种影响力。当前，国有资产监管管理机构如何行使所有者职能，宏观政策部门如何定位，如何分离政策职能与监管职能，如何处理监管机构与宏观政策部门的关系，如何处理监管机构与未来的反垄断执法机构的关系，监管机构应该有哪些权力与手段，如何设计事后反垄断机制，如何界定政府的公共服务职能，如何实现司法独立等，均处在初步探索与讨论阶段。这些，都是渐进式改革留下的时代烙印。

对于监管制度而言，渐进式改革的过渡阶段是一个旧的体制已经失效而新的体制尚未建立的阶段，也是一个高风险的阶段。风险之一，在改革的这一阶段，如果机械地照搬发达国家的经验，以成熟市场经济条件下的监管标准来要求监管机构，单纯依靠新设立的监管机构，势必因为监管环境的缺乏和监管本身的乏力而造成市场无序，这是渐进式改革所面临的无序风险。风险之二，在改革的这一阶段，如果害怕变革，因循守旧，固守传统的集权管理方式，不能根据形势的变化及时、充分给监管机构授权，可能会使现代监管制度永远也无法发育，最终使改革走回头路，这是渐进式改革所面临的倒退风险[①]。观察中国的监管制度改革实践，应该说上述两种风险都已初露端倪，也都有可能进一步成为现实。更为严重的是，这两种风险之间内在地具有某种关联关系，处置失当，不但有可能形成无序与倒退之间的两难选择，甚至会出现并发症。也就是说，中国监管制度改革发展到这一阶段，除了继续向前，已经根本无路可退。

既不能激进，又无路可退，只有探索渐进式改革路径下监管制度的可能

---

① 对于转型时期无序与专制风险的制度经济学分析，参见詹科夫等著，《新比较经济学》，载吴敬琏主编《比较》第10辑，第9页，中信出版社2004年1月出版。

实现途径。一方面，既要坚定地推进职能分离的进程，进一步实现政资分开、政监分开、事先监管方式与事后反垄断方式分开，建立独立的监管制度；另一方面，又要特别强调不同职能之间的相互协调，在政府的微观监管职能与其他职能之间建立有效的协调机制，通过协调与合作来弥补职能分离过程中可能出现的管制真空，逐步向现代监管制度过渡。

我国虽然已经建立了几家独立监管机构，但在相当长的时间内可能不得不仍然借助于传统的所有者职能（典型的是人事任免权）、事后反垄断职能甚至是宏观政策职能来实现对市场的微观监管。反过来也是一样，当宏观调控职能、反垄断职能或者政府的所有者职能尚未发育成熟以前，宏观政策部门、反垄断机构或国有资产监管管理部门也会依赖于其他的政府职能实现其目标。实际上，即使在发达国家，也有以监管手段实现政策目标或者以政策手段实现监管目标的事例或领域，也有事先监管手段与事后反垄断手段之间的相互沟通与协调。从这个意义上讲，政府不同职能之间的相互协调，具有一定的合理性，只不过在渐进式改革的过渡阶段显得更为必要与迫切。

当然，政府不同职能之间的有效协调机制与传统的职能不分的集权管理方式相比，在性质与操作方式等方面均存在根本的区别。

首先，这种协调与合作是在政资分开、政监分开、事先监管手段与事后反垄断手段分离的分散化治理结构的基础上进行的，它不同于传统管理方式下职能不分或者一个机构集中所有的职能。因此，这种协调可以说既有分工与制约，又有合作与协调，性质上根本不同于职能高度统一之下的传统行政管理方式。由于初步实现了职能分离，不同机构或职能都必须在保持其独立性与相互协调之间保持平衡，既不能各自为政，也不能失去其独立性。

其次，这种协调的主要方式是不同机构或职能之间的信息交流与政策协调，而不是相互代替，更不是恢复传统的集权管理方式。因此，这种协调是有条件的，需要以制度为保障，是在各个机构独立判断的基础上进行的，其程序与权力的行使均必须体现依法行政的要求。这种协调方式对于习惯了各自为政的政府机构而言，无论是在观念上还是在技术上，都会是巨大的挑战。

再次，这种协调机制具有过渡性和效应递减性，是特定历史时期的产物。随着现代监管制度的形成和每项政府职能的逐步到位，不同职能之间相互协调的需要会越来越弱，最终甚至有可能不再需要。并且，在这种渐变过程中，市场运营主体的所有制结构改造、政府职能转变等方面的改革也会逐步到位，由此逐步弱化政府的所有者职能，直到最终建立独立的监管制度。

八、产权结构调整与监管制度改革的关系

过渡阶段监管机构之所以能够借助其他政府职能（尤其是所有者职能）弥补监管能力的不足，不同政府职能之间之所以能够相互协调和合作，很重要的一个原因是因为市场运营主体的国有性质。引入竞争的初期，主导的市场运营主体均是国有企业，这种产权结构使监管机构应该能够借助于政府的所有者职能对运营主体的行为进行调控，以弥补监管能力的不足。如果是产权多元化基础上的市场运营主体，则监管机构根本不可能求诸于政府的所有者职能进行调控。从这个意义上讲，假设其他因素保持不变①，市场运营主体的产权结构改造与政府监管能力建设之间存在某种正相关关系。政府的监管能力强，产权结构的改造可以加快；政府的监管能力弱，产权结构的改造应该更加谨慎。如果市场主体的产权结构调整与监管能力建设脱节，在监管体制成熟以前就进行激进的产权制度改革，监管机构至少会因为无法借助政府的所有者职能而加剧监管失灵。

在发达国家的放松政府管制改革中（最为典型的当数英国上世纪80年代末的改革），由于采用的是全盘改革的方式，其放松管制、引入竞争，建立独立监管制度与进行主导运营企业的产权结构改革几乎是同时完成的三个过程。在我国，由于不具备同时进行全盘改革的社会条件，因此，上述三个过程只能交替进行，逐步到位。如果简单照搬发达国家的改革经验，必然会造成制度之间的脱节，带来与改革初衷相违背的结果。这一点，从近年来一些国有企业简单地采用改制方式后所造成的一系列负面后果可以清晰地得到印证。

因此，如果监管制度能够一步到位，激进的产权制度改革可以与之相匹配；如果监管制度不能够一步到位，激进的产权制度改革可能是一场灾难。其结果，或者是因为监管机构能力不足而造成监管无效，或者是因为监管机构打破游戏规则，借助于各种非常规手段强行干预市场运营主体的活动，从而对政府威信造成长期负面的影响。

---

① 实际上，诸如事后机制是否完善，市场经营主体的规模与违规成本，市场的地域范围与行业的复杂程度，不同监管机构之间的监管能力差别，法治环境的状况等因素的差别，都会对监管制度产生重大的影响。例如，如果市场经营主体的违规成本高，无疑会使其自律机制更为有效；再如，对于地方性经营主体的监管难度肯定要小于对全国性经营主体的监管，因此，地方性（如城市公用事业领域的市场化）改革的力度可以更大些。

上述推论，当然不是为了固化市场运营主体现行的产权结构，其着眼点主要在于强调产权结构改造与监管制度建设之间的互动性。根据上述分析，随着监管能力的逐步加强，政府会逐步减少对所有者职能的依赖，为市场运营主体的产权结构的逐步调整开拓空间，直至最后实现市场运营主体的产权多元化。

各国垄断行业改革，除了打破垄断、引入竞争，建立现代监管制度以外，同样不可缺少的一个方面是进行市场运营主体的产权结构改造。市场运营主体的产权多元化具有的意义十分明显，它不但能提高企业的竞争能力与强化内部产权约束机制，也是实现政府不同职能之间有效协调与监管机构独立监管的必要条件。这是因为，在国有企业占据支配地位的环境下，尽管实现了政资分离、政监分离，但是，由于产权约束机制对国有企业领导人的利益影响更大，他们自然对产权约束机制更为重视。这种局面会使监管政策、反垄断机制的调控力度远远弱于产权约束机制与其他宏观调控机制，影响监管的有效性，甚至有可能使监管权威无法确立，监管机构无从发挥其作用。并且，在引入新的市场竞争主体以后，如果主导运营商仍然维持国有企业性质，会使监管机构无法实现公平监管，为各类市场主体提供公平竞争的平台。

由此可见，市场运营主体的产权结构改造，既不能太过激进，又不可久拖不决。需要根据相关环境的变化，尤其是监管能力的加强，逐步加大对产权结构进行调整的力度。

九、法治原则的重要性及其实现途径

传统集权型等级体制之下，维系共同意志的手段很多，上级既可以通过对资源的计划分配保持控制，也可以通过人事任免权力或者其他行政手段保持控制。一旦建立分散化治理基础上的监管机构，为体现监管的独立性，传统的控制手段就不再能够起作用，亟需寻找新的维系共同意志的方法，防止各自为政或者决策不能。如果不能设计一套成熟的监督与制约机制，监管机构有可能滥用其独立性，各自为政，成为权力巨大且不受制约的怪物。尤其在我国，由于部门利益的影响，已经使部门之间的协调非常困难，如果没有维系共同意志的有力手段，众多监管机构的设立势必使利益综合与协调更为困难，不可能实现分散化治理的目标。

发育分散化治理结构下的利益综合与协调机制，尤其是加强不同公共权力主体之间的合作，是一项系统性工作，涉及到整个治理结构的方方面面。例如，通过采用包括信息通讯技术在内的技术手段，可以加强部门间的沟通与信息共享；通过鼓励竞争，可以让市场更多地起到配置资源的基础性作用，缩小政府干预的范围；通过市场运营主体的产权结构调整，可以形成利益多元化的格局；通过提高全民（包括监管机构工作人员）的文化与道德素质，可以改善社会协作的外部条件；通过中央与地方的合理分权，可以使公众更多地直接参与地方事务的解决；通过完善人民代表大会制度，可以加强国家权力机关对行政机关的监督；通过市民社会的建设，可以发挥舆论监督与社会监督的作用。

在分散化治理结构之下，一项不可或缺的制度当然是法律制度，尤其是法治原则的实现。如果说传统的集权型等级体制解决利益冲突的方法主要是行政权力和等级制度，那么分散化治理结构解决利益冲突的方法只能是法律与法治。法治原则的实现有两个最为基本的要求①：一是有法可依，通过立法界定权力与权利的边界（包括监管机构本身的法律基础），为人们的行为提供明确的指引；二是公正司法，通过独立的第三方司法途径适用预先公布的法律规则，解决各种纠纷与利益冲突。可见，如果不能树立法治权威，不能实现从权力之治到法治的转变，监管制度的基础也就荡然无存。

问题在于，不论是在哪个国家，法治的形成往往都需要较长的历史时间，不是一朝一夕的事情②，而当代各国的制度竞争、技术进步与变革的速度几乎可以用一日千里来形容。即使立法可以采用拿来主义的快餐式方法，也始终

---

① 法治是一个不太好准确界定的概念。广义的法治强调的是法律制度的制度性与合理性，等同于法律制度，狭义的法治强调的是法律制度必须满足某些最低的原则和价值。在现代法治观念最初萌芽的西方国家，法治概念（Legality，the Rule of Law or the *Rechtsstaat*）尽管与各国的国情相关而各有侧重，但它们通常都包括对法律制度的某些最低要求。例如，the Rule of Law 强调的是法院制度的统一性，不允许案件由不同的法院审理；而 *Rechtsstaat* 是与 *Polizei*-或 *Verwaltungsstaat* 对应的概念，强调的是在独立、公正的法院面前维护个人权利，尽管法院可以不是"普通"法院。对法治原则的归纳，学者们也有不同的看法。富勒在《法律的道德性》一书中提出了法治的八要件——一般性、公开、不溯及既往、明确容易理解、不自相矛盾、相对稳定、不要求不可能、政府行为有明确的规范依据。用富勒自己的话说，这些只是法治的内在道德，与法律的实质目标并不相干。可见 Lon Fuller，*The Morality of Law*，第 96 页（1969）。拉兹在《法律的权威》一书中将不溯及既往、相对稳定、明确、一般性等原则视为对指导人们行为的法律制度的内在要求。见 J. Raz，*The Authority of Law*，第 11 章（1979）。

② 根据学者对西方法律发展史的研究，西方国家的法治进程历经了很长时间的演变。在欧洲，这一过程始于十一世纪，直至民族国家的最终形成，经历了数百年的发展。可参见 Harold J. Berman，*Law and Revolution*：*The Formation of the Western Legal Tradition*，第 2 章和第 11 章（1983）；Samuel P. Huntington：*The Clash of Civilization and the Remaking of World Order*，第 50 页（1996）。

无法与体制改革与技术进步同步，总是落后于社会发展。为此，只能通过一系列的制度设计（包括授权立法、制定行业自律规则等）尽量在立法环节拉近立法与现实的距离，并通过司法的创造性工作在最终的法律适用环节解决规则的不完备性问题[①]。

在我国，由于观念、体制与立法技术诸方面的原因，使法律的立、改、废异常困难[②]，加之改革与法律仍然存在比较严重的“两张皮”现象，使我国的法律规则落后于改革的现象更为突出、严重。许多情况下，改革措施已经推出了很久，而法律并未做相应的修改或废止，或者一部法律进行了修改而相关的法律并没有进行配套修改。这样，如果简单地采用法律形式主义的立场，可能会使一些改革措施陷入不合法的窘境，并进而抑制制度变革的生长空间；反之，如果简单地采用机会主义的态度，改革过程长期无视已经制定的法律规则，久而久之必然会滑向法律虚无主义，对于建立法治权威和独立监管制度同样有百害而无一利。

法律规则制定层面所存在的上述两难在司法环节同样存在。由于长期历史原因的影响，我国的法院不论是在司法能力、组织架构、行为方式、法律地位还是在公众的认可程度上，都还不能完全承担“正义的最后一道防线”的责任，无法通过法律适用来解决规则的不完备性问题。因此，如果简单地将规则制定层面所存在的问题全部都交给法院，法院既解决不了，也解决不好。从实践中已有的一些案例来看，法院极有可能同样会陷入法律形式主义与法律虚无主义的两难选择。无论是哪种选择，都不利于建立公正的司法形象和权威。反之，如果长期通过其他非规范渠道解决规则的不完备性问题，

---

① 皮斯托与许成钢教授对法律的不完备性及其剩余立法权与执法权的分配作了非常深入的研究。他们提出，在高度不完备的法律下，如果损害行为能够加以标准化，并且该行为继续下去会产生大量的外部性，此时监管优于法庭。除此之外，由法庭拥有立法及执法权是最优的。施莱弗教授通过对49个国家证券法的考察，得出的结论认为证券法之所以起作用，不是因为证券法提供了公共执法，而是因为它能够便利私人缔约和责任诉讼。这些研究成果均说明了在法律不完备情况下法院的重要作用。卡塔琳娜·皮斯托和许成钢，《不完备法律在金融市场监管中的应用》，载吴敬琏主编《比较》第3辑，第112页，中信出版社2002年11月。安德烈·施莱弗，《证券法中什么在起作用》，载吴敬琏主编《比较》第23辑，第143页，中信出版社2006年3月出版。

② 我国法律、行政法规的立、改、废分别要经过全国人大及其常委会与国务院常务会议的审议。由于会期与会议次数的限制，决定了能够列入立法议程的议案的数量是非常有限的。

将法院排斥在冲突解决机制之外，法院就不可能得到树立司法权威和法治权威的机会，同样不利于监管制度的建设。

从上述分析可以引申出来的一条结论是，在监管制度改革的过渡阶段，既要充分重视和发育法治权威，又不能仅仅只依靠法治一种治理手段。监管制度改革的过渡阶段，应同时发挥法治与其他社会治理手段。在我国，其中最为重要的两项制度分别是中国共产党的领导以及上文已经讨论过的国有企业的产权制度的作用，在政治权力支撑下发育出法治权威，在平稳发展中逐步实现体制转轨①。在中国这样的国度，要让法治在国家生活中起到基础性、全局性的作用，要让法治成为主要的社会治理手段，还需要很长的时间，既急不得，也停不得。为保证平稳过渡，可以分别在立法环节和法律适用环节进行一些制度设计。

在立法环节，主要的制度设计包括：第一，摆正改革与立法的关系，下决心解决立法与改革“两张皮”的现象，通过立法促进改革，通过改革推进立法，实现两者的良性循环。为此，需要首先对改革的推进机构与法制部门进行必要的整合，加强改革政策与立法进程的统一。第二，在立法的指导思想上，应贯彻宜粗则粗，宜细则细的原则，既避免宜粗不宜细所导致的法律适用随意性大的弊端，又避免宜细不宜粗所导致的规则迅速过时的弊端，使每一部制定出来的法律既有可操作性，又为改革留下制度空间。为此，需要界定好不同立法主体之间的权限划分，法律对某些问题有必要采用框架结构立法的方法，由监管机构根据情况制定、修改实施细则，由此形成结构合理的法律体系。第三，通过法典编纂方式，在不同部门法之间建立有效的联动修改机制，及时反映相关领域的法律变动情况，解决目前部门法各自分割、缺少沟通的问题，同时也节省宝贵的立法资源。第四，充分发挥市场主体的自律机制和特许合同管理、行政指导、行政奖励、产权规则、党内纪律调控等非强制手段的作用，减少立法的数量和范围，降低法律与社会冲突的可能性。由于法律规则在整个过渡阶段都不可能成为调整人们行为的主要规范，因此，既重视法律的作用又不迷信法律，合理地确定法律作用的范围，发挥多种治理手段的作用来解决实际问题，

---

① 最近，著名行政法学家罗豪才教授率先提出了软法之治理论，并迅速在法学界得到回应。可参见罗豪才、宋功德，《认真对待软法——公域软法的一般理论及其中国实践》，载《中国法学》2006 年第 2 期，第 3 页；姜明安，《软法的兴起与软法之治》，载《中国法学》2006 年第 2 期，第 25 页。

尤其具有重要的意义①。对于解决具体问题而言，法律手段有时候可能并不是最为有效的手段。如果过于理想地寄希望于单独的法律手段，极有可能陷入不断立法、修法而实际问题无法解决的怪圈②。当然，为避免这些非强制手段变相成为强制手段或者不当地侵犯个人权利，需要通过法律保留原则限定其作用范围，通过包括司法审查制度在内的监督制度设计来防止其滥用。并且，随着社会的发展，法律的作用范围可能需要不断地扩大，成为衡量人们行为的主要标准。

由于立法的完全到位需要时日，而必须解决的具体争议时时刻刻都在发生，并且，如果立法过于频繁地变动，也不利于建立法治权威。因此，与立法环节同样重要，甚至比立法环节更为重要的是法律适用环节，要更多地重视通过法律适用来解决法律规则的不完备性问题。第一，为避免法律规则层面的问题直接涌入法院，使法院陷入两难，应在传统的诉讼渠道与替代争议解决机制之间建立合理的结构，并尽量通过替代争议解决机制解决矛盾与冲突。在这种结构之下，诉讼渠道是最后一道防线，一般不轻易使用，使用更多的是诸如调解、仲裁、行政裁决等非诉讼渠道。由于替代争议解决机制更强调结果、灵活性与争议双方当事人的直接参与，而不像诉讼机制那样依赖程序与规则，因此，替代正义解决机制更容易实现规则与现实的统一，避免将法院直接暴露在规则冲突之中。转型过程中的司法体系，某种程度上就像

---

① 在英国和欧洲大陆国家中世纪的历史发展中，在政治行为（*gubernaculum*）与法治行为（*jurisdictio*）之间出现了一条界限，前者国王享有令状权并不受挑战，后者统治者需对臣民负责并受法院的监督。深入研究西方法治的形成历史可以发现，在“政治”与“法治”之间进行划分，然后逐步扩大法治的作用范围，最后形成法的统治，可以说是一条最为基本的成功经验。在我国的治理实践中，尤其在某些领域（如意识形态、新闻出版、广播电视等），法律以外的治理手段实际上也发挥着很大的作用。但是，学术界、立法部门并没有对这些治理方式给予足够的重视，导致无法界定它们与法治的关系，也无法进行规范和系统的制度建设。西方法律史的情况，可参见昂格尔著，吴玉章、周汉华译，《现代社会中的法律》，中国政法大学出版社 1994 年版，第 149 页。对社会规范作用的经典案例研究，可参见 Robert Ellickson, *Order Without Law: How Neighbors Settle Disputes*,（1991）。对法与社会规范关系的研究，可参见，张维迎，《法律与社会规范》，载吴敬琏主编《比较》第 11 辑，第 158 页及相关注解，中信出版社 2004 年 3 月出版。

② 经常可以听到一些部门以“缺少立法”为由，为其监管不力找借口。好不容易等到立法过程完成之后，又可以经常听到“法律规定太粗，缺乏可操作性”、“缺少实施细则”或者“法律的具体规定需要修改”的诉求，开始新一轮的立法、修法程序。这样，立法过程与解决实际问题的过程完全分离，立法、修法成为了目的本身，完全忽略了其他治理手段的作用。最后，不论制定、修改多少法律，问题依然如故。

一条尚未完全竣工的水渠，水流过大、压力过大是承受不了的。如果简单地将所有疑难案件都推到法院，势必挤压其成长空间，不利于其顺利成长。第二，一旦争议进入诉讼程序，法院首先仍然应该更多地发挥双方当事人的积极性与主动性，通过协商、和解、调解等方式解决争议，避免对法律问题作出直接的判断。如果法院必须对法律规则进行判断，应更多地在基本法律原则而非法律规则的指引下采用现实主义的法律观，根据法律原则、法律规则、社会主流价值标准、道德、政策考量、体制可承受程度等综合因素，在充分发挥司法能动性的基础上作出判断，推动社会进步。如果社会条件成熟，法院的推动作用可以更大，可以通过重大的判例来推动法律的进步；如果社会条件暂时还不成熟，法院可能需要等待更好的时机，而不能简单采用形式主义的机械法律推理方法。第三，由于监管涉及到复杂的技术、经济问题，可以考虑设立专门的行政法院或行政裁判所，负责审理相关的行政案件，提高案件审理的水平。

在监管制度改革的过渡阶段，中国共产党的领导具有决定性的意义。这一阶段，传统的管理方式已经被突破，不能够再继续那么有效，但是，由于渐进性改革的特点，各种新的管理制度（包括独立监管机构）还不能完全到位。因此，在监管制度改革的过渡阶段，会出现监管乏力以及因为内生制约机制缺乏而导致的部门利益泛滥等问题。谁都觉得权力不够，无法有效地履行责任，同时，大家都会拼命追求部门利益，并继而希望固化现有体制，阻碍新体制的形成。这种情况下，强而有力的党的领导可以说至关重要，不可或缺。一方面，通过党的领导，可以弥补监管真空，督促监管机构履行法定职责并加强彼此之间的合作；另一方面，通过党的领导和监督（包括纪检监察），可以有效地抑制监管机构追求部门利益的冲动，维护国家的整体利益。不过，需要强调的是，党的领导并不是由党组织来代替监管机构的工作或者代替监管机构作出决定，而是一种政治领导、思想统一、组织保障和纪律监督。可以说，监管制度改革的过渡阶段，为保持平稳过渡，必须加强党的领导，并首先通过外生的制约机制促进监管制度的发育。随着配套改革的到位和监管机构的逐步成熟，再改善党的领导方式，向发育内生的制约机制过渡。这样，在建立监管制度的过程中，不但坚持了党的领导，也改善了党的领导。

可见，党的领导是建立独立监管制度非常宝贵的制度资源，动摇不得。在监管制度改革的过渡阶段，能不能根据形势的发展变化，与时俱进地加强和改善党的领导，处理好党的领导与独立监管之间的关系，直接决定着中国监管制度改革能不能取得最后的成功。

劳动力市场监管对经济发展的阻挠
——来自印度的证据

提莫西·贝斯利　鲁宾·伯格斯

1. 引言

发展经济学面临的关键挑战之一是确定政策是否会阻碍经济发展，以及对政策的减贫效果进行评估。传统的观点认为，经济发展过程中，制造业的发展处于经济结构变迁的中心位置[①]。1960 年后，一些亚洲经济体的成功发展为这种观点提供了佐证。比如，1960 年至 1995 年，印度尼西亚的制造业占 GDP 的份额从 9% 增加到 24%；在马来西亚，则从 8% 增加到 26%；在泰国，则从 12. 5% 增加到 28%。所有这些国家总体经济成长都相当强劲，而且同期绝对贫困人口的比重也显著下降。

相反，在印度经济发展过程中，制造业占国民收入的比重却没有显著增加。1960 年，印度制造业产出占 GDP 的 13%（当时这一比重高于上述三个国家）；然而，到了 1995 年，制造业占 GDP 的比重仅增加到 18%。在此期间，印度的总体经济增长也相对平缓，绝对贫困人口比重的下降幅度也不及亚洲其他国家。虽然印度的发展模式背后有许多复杂的原因，但其中一个关

---

* 作者 Timothy Besley 和 Robin Burgess 均系伦敦经济学院教授。

① 比如，卡多尔（Kaldor 1967）早就对此做了强有力的论断。

键的问题就是政策抉择的确在起作用。

为了解释1958～1992年间印度制造业的表现，本文将探讨劳动力市场监管的影响。探究这一问题是基于以下四点原因：第一，劳动力市场的管制通常被认为是印度经济增长乏力的原因（例如，Dollar、Iarossi 和 Mengitsae 2001；Stern 2001；Sachs、Varshey 和 Bajpai 1999）。这一观点认为，给组织起来的工人过多的讨价还价的力量，就影响了投资的积极性，进而造就了印度不利的商业环境。第二，根据印度宪法，对劳动力市场的监管部分地属于各邦政府的权力范围。这意味着在印度的不同地区，劳动力管制的程度会各不相同，于是提供了时间序列上和横截面上的变量，可用于衡量劳动力管制的影响。第三，管制主要作用于一个具体的产业——在政府正式登记注册的制造业，这为研究政策的影响提供了一个具体的范围。第四，选择这段时期是十分恰当的，因为它始于从20世纪50年代后期形成的中央计划经济的全盛时期，终于1992年发端的经济自由化进程的起步阶段。在此期间，当计划经济体系开始逐步解体时，制造业却依旧受到了高度保护而免受国际竞争的压力。这一点使我们能够把印度国内政策对产业绩效的影响单独拿出来研究。

1958～1992年间，印度的制造业总体而言年均增长3.3%。然而，邦与邦之间的差别相当大。例如，在此期间，西孟加拉邦最初的人均制造业产出最高，而到1992年已降至第七位，人均产出年平均下降1.5%，而该邦正是立法机构中通过支持工人（pro-worker）的劳动力监管法案最多的邦。这与安得拉邦恰好形成鲜明对比。安得拉邦同期每年增长率接近6%，它正是实行打压工人（anti-worker）的劳动力管制政策的地区。在此，我们希望通过经济计量分析，看看劳动力管制的模式是否能解释长期以来不同邦之间制造业绩效的差异。我们的分析证实了如下观点：支持工人的劳动力管制导致制造业产出、投资和就业的低增长，同样使减贫速度趋缓。

有关劳动力管制的数据来自各邦对1947年的《产业纠纷法》（Industrial Dispute Act）的修正案。尽管该法案是在联邦层面通过的，但各邦政府有权根据印度宪法修正这个法案。我们参阅了每一条修正案（共计121条），把它们分为支持工人的、支持雇主的或是保持中立的三种类型。区分的依据是，修正案会使工人受益，还是雇主受益，或者任何一方都没有得到特别的好处。我们通过一个简单的不完备合同的两部门模型进行了理论解释（主要内容包括，企业首先进行资本投资，然后与劳工就生产剩余的分配进行谈判）。

本文关注了长期以来的争论，即政府的角色究竟是促进了经济发展还是阻碍了经济发展。尽管有大量的有关经济增长决定因素的跨国研究，但很少有研究能够确认经济增长与政策体制之间存在着显著的相关关系。而且，要在跨行业分析中找出增长绩效差异的真实来源，不可避免地存在着困难。于是，印度各邦在劳动力监管政策方面的共同背景，以及相对长的时间（35 年），使它成了研究监管政策对产出和福利的影响的理想的试验场所。

本文剩余部分的结构如下：下一节回顾了劳动力监管和经济的关系的相关文献；第三节追溯了印度劳动力市场管制的变迁，详细描述了监管的不同倾向，以及不同邦之间的经济状况的差异；第四节建立了简单的两部门模型，描述劳工们讨价还价的力量会影响就业模式和资本积累模式；第五节是劳动力监管对制造业绩效影响的实证分析；第六节从减贫的角度说明劳动力监管的福利后果；第七节进行了总结。

2. 相关文献

有关各国经济增长的文献非常多，其中有许多是研究政府政策是如何对经济现象施加影响的（Barro 1997），但文献中却很少提到有关政府作用的简单而确定的经验教训。在早期有关各国经济增长的文献中，政府的活动往往简单地被政府的大小所取代（Temple 1999）。然而，这些结论似乎不那么站得住脚，也不那么概念化，能否从理论的角度得出有意思的结论还不太清楚。有的学者（Hall 和 Jones 1999）为了确认政府对经济增长起到的作用，通过巨大的努力建立了有关社会基础设施的指数，以反映政府活动的各个方面，譬如合同的强制执行、政府机关的办事质量以及政府信用等。在运用统计方法研究后，他们发现良好的社会基础设施是与经济增长正相关的。

直接考察政策是十分困难的，因为各国政府的干预程度很不相同。近期的一篇文章（Djankov 等 2002）为研究政策做出了重要而有创新的贡献，该研究运用 85 个国家的横截面数据，考察了政府对创业的管制。他们发现监管程度严厉的国家在社会、政治和经济方面的进步幅度更小。尤其要注意的是，他们发现高度管制会扩大地下经济的规模，并认为这支持了公共选择学派的观点（Stigler 1997；De Soto 1989；Shleifer 和 Vishny 1998），即官员或当权者会利用监管来谋取私利。

我们关注的焦点是对劳动力市场的监管。在这方面，有的学者研究了部分 OECD 国家因为劳动力市场的制度因素而阻碍了经济发展的情况（Freeman 1988；Blanchard 2000；Lindbeck 和 Snower 2001）。有的研究利用这些制度和外部冲击的相互作用来解释欧洲国家失业率的变化（Blanchard 和 Wolfers 2000；Nickell 1997）。还有的研究认为，在欧洲国家，对经济发展影响更大的因素是工会和社会保障体制，而就业保护和最低工资制度的作用更小（Nickell 和 Layard 2000）。

我们的研究还涉及到，政府的政治倾向是否会影响经济发展的业绩。例如，有学者考察了左翼政府执政是否会减缓增长速度（Alvarez、Garrett 和 Lange 1991）。我们的研究将指出，印度的各级政府在劳动监管立法方面的表现会受到政治因素的影响，因此，政治进程会对经济发展产生长期作用。从独立以来，印度采取了政府主导的工业化战略，因此直到 1992 年的自由化改革之前，政府的政策选择对于制造业的发展发挥着核心作用（Mookherjee 1997）。有的学者指出，印度企业建立新的分支机构和扩大生产能力，都需要获得批准，这成了限制产业准入和竞争的壁垒（Bhagwati 和 Desai 1970）。近来，关于是否应该通过各种关税和非关税壁垒来保护国内的弱小产业的问题，成了人们争论的焦点。有学者很早就对不支持出口产业的悲观主义论调提出过怀疑（Singh 1964；Bhagwati 和 Srinivasan 1975）。另外还有学者认为，采取进口替代而不是出口促进的产业政策，是印度没有出现东亚国家那样的发展“奇迹”的主要原因之一（Bhagwati 1998；World Bank 1993）。

然而，中央计划和贸易保护政策不足以解释各邦之间长期存在的制造业发展速度的差异。在这里，邦政府的政策所导致的商业环境或投资环境的差异会发挥更大作用。特别是从 1958 年到 1992 年，由于企业和资本的流动性增加，这些因素的影响会越来越大。有研究指出，投资环境的改善是印度生产率提高和贫困现象减少的主要原因，特别是对劳动力市场监管措施的改革（Stern 2001）。其他研究也支持这种观点，认为政府对企业削减冗员的监管限制是印度的出口产业表现不佳的症结所在（Sachs、Varshey 和 Bajpai 1999）。有学者利用 10 个邦的 1 000 家制造业企业的资料，得出结论说，在那些经理人感觉商业环境欠佳的地方，生产率要低 44 个百分点。在仔细分析商业环境的构成要素时，他们发现劳动力市场监管乃是各邦之间生产率出现差别的主要原因之一（Iarossi 和 Mengitsae 2001）。有学者认为，1976 年和 1982 年，中央政府两次修正《产业纠纷法》，导致该法案适用的企业减少了对劳动力的需求，而该法案没有覆盖的小企业则未受影响（Fallon 1987；Fallon 和 Lucas 1993）。还有学者指出，在20世纪80年代，政府本来希望通过监管措施来保护就业，结果，在工业产量出现增长之后，就业人数却止步不前（Bhalotra 1998）。

3. 有关的制度背景和数据

我们的目的是考察对劳动力市场的监管是否影响了印度各邦的经济发展。上面介绍过，经济增长的差异可以有许多解释，我们关注劳动力市场监管的原因在于，与其他监管不同，各邦在这个方面有相当大的自主权。此外，这种监管主要是针对一个特殊的产业部门——在政府正式登记的制造业——进行的，这些企业的标准是，雇员人数超过10人并且有能源供应，或者在没有能源供应的情况下，雇员人数超过20人。

3.1 印度自独立以来的劳动力监管

独立之后，印度成为联邦制的民主国家。在1949年的宪法中，规定了三种不同类型事务及其立法权——联邦层次的事务（the Union List）、邦层次的事务（the State List）以及“共同事务”（the Concurrent List）。中央政府和各邦的政府可以分别为联邦和邦层次的事务制定法律，同时都有权针对共同事务制定法律。宪法并没有赋予邦政府产业发展方面的管辖权，但是中央政府却可以。特别是联邦事务中的第7、第52和第54条，授予中央政府对国防工业以及其他涉及“公共利益”的工业和矿业的管辖权。在1951年的《产业监管与发展法》中，也引入了“公共利益”条款，让中央政府有效控制了印度所有的重要工业部门。

对劳动市场的控制则不同，涉及到工会、劳资纠纷的事务属于“共同事务”的范畴（第22条）。这意味着中央政府和邦政府都有权制定相关的法律。中央的立法主要是1947年制定的《产业纠纷法》，它规定了处理产业纠纷的仲裁和判决程序。后来，各邦政府对此法律进行了大量修正，我们所研究的也主要是这些修正带来的影响。

《产业纠纷法》的目的是工人提供某些保护，免受雇主的剥削。与之相比，在第一次世界大战前所颁布的劳动法则主要是为了限制劳工的权利，保护英国人的商业利益。新的法律共包含40条，规定了政府、法庭、法官、工会和工人的权力，解决产业纠纷必须遵循的程序，以及纠纷中的各方的谈判地位。

3.2 立法的演变

有学者总结了了印度各邦政府对于1947年《产业纠纷法》的全部修正记录（Malik，1997），以此为基础，我们把每次修正区分为中性、支持工人和打压工人三种类型。尽管这种区分有主观的因素，但实际上还是很明确的。我们给各个修正案赋值，支持工人的为1，中性的为0，打压工人的为-1。

举个例子来说，1987年安得拉邦引入了一项有利于雇主利益的改革。其主旨如下，“在必须并且适当的情况下，邦政府为了维持公共秩序、提供必需的社区服务、保证工业企业的正常运作，可以颁布如下的命令：（1）要求雇主和工人遵守政府的命令；（2）禁止与产业纠纷有关的罢工和封闭工厂的行为”。在我们的数据整理中，这项修正案的得分为-1。

相反，在西孟加拉邦1980年的一项改革中，则规定，“雇员人数在50人以上的工业企业在遇到裁员、削减开支和关闭等事务时要获得邦政府的批准”。然而根据中央的法律，这些规定只适用于300人以上的企业。因此在我们的数据整理中，这项修正案的得分为1。

然后，我们把各年的得分逐一计算出来，就得到了监管环境在长时间里的变化，并成为后面的回归分析的数据基础。在某些时候，一年里有多次修正，我们只采用了总的政策变化结果。例如，某个邦在某年通过了四个支持工人的修正案，当年的得分也只是1，而不是4。

结果发现，各个邦分为“改革”和“维持”两种类型。“维持”原状的邦共有6个，分别是阿萨姆邦、比哈尔邦、哈利亚纳邦、查谟-克什米尔邦、旁遮普邦和北方邦，它们在1958年到1992年期间没有通过任何支持工人或打压工人的修正案。而在“改革”类型的各邦中，有6个倾向于保护雇主、打压工人，分别是安得拉邦、卡纳塔克邦、喀拉拉邦、中央邦、拉贾斯坦邦和泰米尔纳德邦。另外4个则是倾向支持工人，包括古吉拉特邦、马哈拉施特拉邦、奥里萨邦和西孟加拉邦。图1反映了各邦的得分的变化，总的来说，各自的变化倾向是保持一致的。

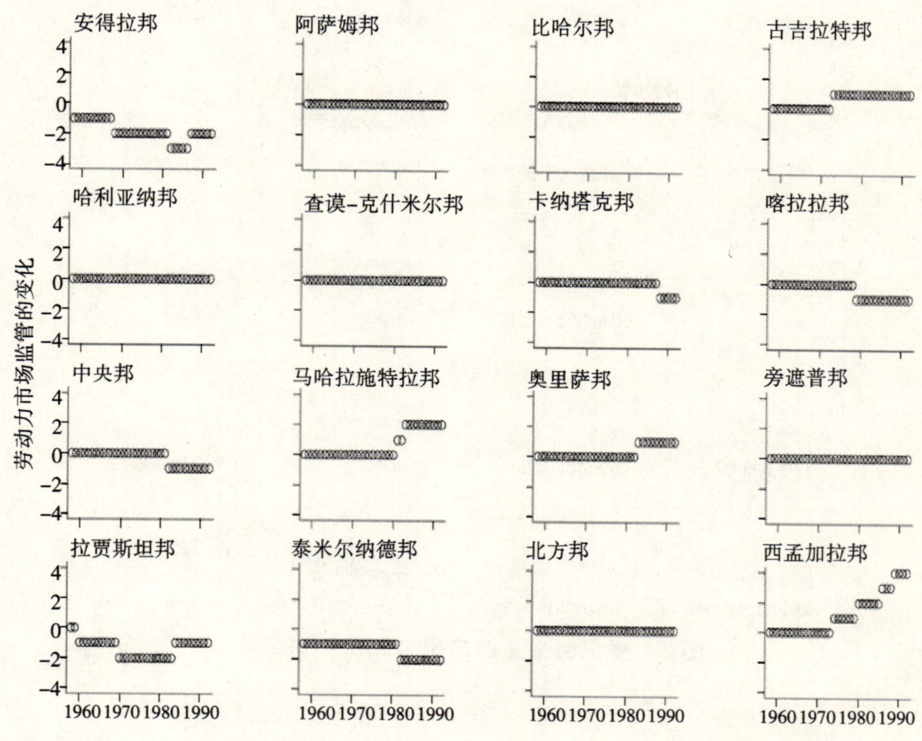

图 1　1958 ~ 1992 年印度劳动力市场监管

3.3　有关的历史背景

目前，印度的非农业产出占总产出的 66%。其中，制造业只占各邦的总产出的 13%，登记的企业占 9%。在我们考察的期间，登记企业在全部制造业中所占的比重从 50% 提高到了 65%。

图 2 和图 3 显示了各邦的登记制造业企业的发展情况，其中图 2 反映的是人均产出水平，图 3 是雇员人数。有几个邦，包括安得拉邦、古吉拉特邦、卡纳塔克邦、泰米尔纳德邦和马哈拉施特拉邦等，增长速度很快，而阿萨姆邦、查谟 - 克什米尔邦和西孟加拉邦等则相对停滞。请注意，在表现出色的各邦中，既有支持工人的邦，也有支持雇主的邦。

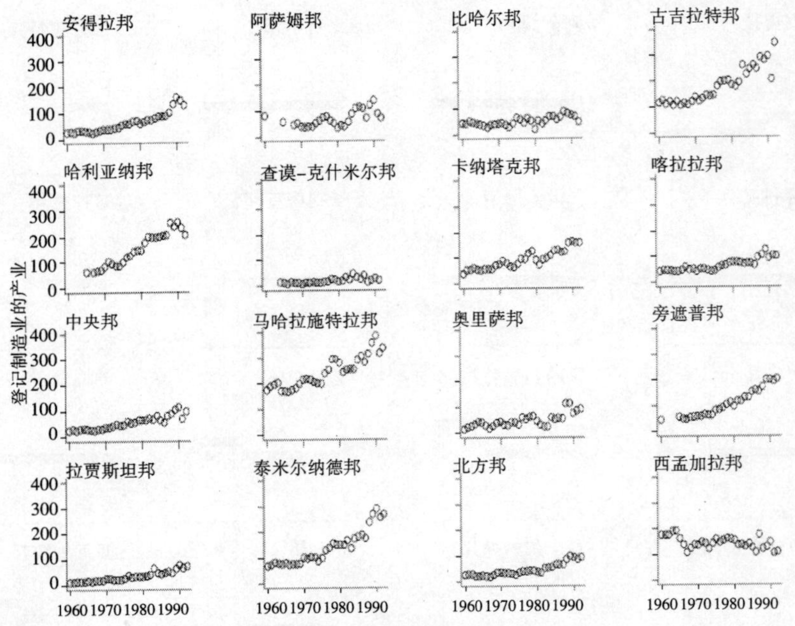

图 2　登记制造业的产出:1958～1992 年

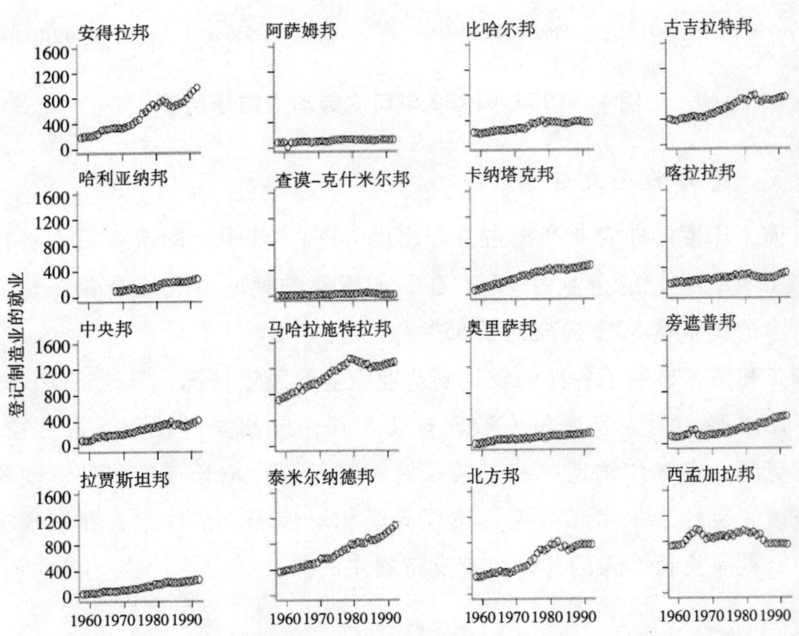

图 3　登记制造业的就业:1958～1992 年

表 1 反映了有关的一些数据，显示在 1960 年，那些支持工人的邦总体来说登记制造业的产出水平更高，但是到 1990 年，就不存在显著优势了。还

有，支持雇主的各邦平均的登记制造业产出水平已经赶上了在政策上维持原状的邦，但在人均产出方面表现得不那么明显。其他一些因素，如人均税收、人均发展支出、人均电力供应和识字率等，则对各邦没有明显不同的影响。

表 1　劳动市场监管对各邦经济的影响

	支持雇主的各邦	中性政策的各邦	支持工人的各邦
1960 年登记制造业产出	35	48	109
1990 年登记制造业产出	149	132	229
1960 年人均产出	763	822	950
1990 年人均产出	1380	1463	1574
人口增长率（%）	2.1	2.2	2.2
人均税收	91	93	97
人均发展支出	93	112	99
人均电力供应	0.03	0.04	0.04
识字率（%）	40	32	43

4. 模型的构建

首先，我们建立了一个理论模型，考察工人谈判力量与经济发展速度的关系。我们主要关注制造业，假定它是整个经济中的一部分，并通过工资和产品价格与其他部分相互联系。

考虑到印度的实际情况，模型把制造业分为两个部分：登记的和未登记的。我们假定，这两个部分的主要差别在于规模，登记的企业有各种规模，它们在工资谈判中要受到政府监管的影响；未登记的企业不受监管，但规模比较小，员工的人数少于某个指标（L^*）。所有的企业都面对同样的要素市场，为了简化起见，还假定大家都生产同样的产品。

每个企业都包含某种不能市场化的要素，可以理解为特定的人力资本或者技术，用参数 θ 来表示。企业的产出为 $\theta F(L, K)$，其中，$F(K, L)$ 为同质的生产函数。那么，企业的所有者将得到 θ 带给他的租金。所有企业的产品的价格都假定为 1。

我们再假设，每家企业要首先决定，登记还是不登记（第 0 期）。然后，再决定投入多少资本（第 1 期）。在资本投资之后，决定雇用多少劳动力（第 2 期），并且与工人们就租金的分配进行谈判。为了简化，假定从第 2 期以后，如果资本从生产中撤出，价值将全部损失。

我们假定，未登记的企业在第 2 期拥有最大的谈判权，可以获得全部租金，在这种情况下，劳动和资本的投入将完全满足边际产出等于价格。唯一的限制条件是第 2 期雇用的工人的数量不能超过 L^*。

在登记企业方面，我们假定存在一批“内部”员工（可以看成是企业要面对的工会），而且企业与员工之间的合同是不完备的，已经达成的合同未来会重新谈判，存在不确定性的问题。沿用有关的研究模型（Grout 1984），我们用一个参数（α，$0 \leqslant \alpha \leqslant 1$）来代表雇主的谈判力量。这样，企业的谈判结果将有两方面的影响——直接影响企业所有者获得的租金的多少，以及已经投入的资本的“价值”。谈判的结果，劳动力的成本依然等于工资水平（w），然而，由于不确定性的影响，工人的谈判权力的增大将造成资本的成本提高。于是，企业将投入更少的资本，雇用更少的劳动。

企业可以有三种选择：不开办、登记或者不登记。现在我们要求解登记企业的总量的大小。

命题 1：有如下三种情况：

1. 如果 L^* 足够高，α 足够低，所有开办的企业都会选择不登记。

2. 如果 L^* 足够低，α 足够高，所有开办的企业都会选择登记。

3. 否则，存在一个临界值 θ^*（α，L^*），它随 α 递减，随 L^* 递增，所有满足 $\theta \geqslant \theta^*$ 的企业会选择登记。劳工谈判权力的增强将缩小登记企业的规模，扩大未登记企业的规模。

这样，我们将看到在那些支持雇主的邦里，登记企业的规模更大。

命题 2：劳工谈判权力的提高将导致，（1）在登记企业里，产出、资本投资和雇员数量减少；（2）在未登记企业里，产出增加；（3）全部产出减少。

上面的第三个结果表明，如果登记企业中的工人有更大的谈判权力，那么整个制造业的产出都会降低。原因在于，企业只有在能够提供更多产出来弥补谈判力量损失的情况下，才会选择登记，于是，未登记的企业比重的增加将导致总产出的减少。

登记企业的工人有两部分收入：工资收入以及通过谈判分到的租金。劳动力监管带来的影响主要是针对租金的部分。

工人的谈判力量的增强包含三个方面的影响：首先，α 的降低会导致不确定性增加，提高资本投资的成本，减少租金的总量。这样，登记企业的规模将减小，它们的租金也会减少。这对于工人而言，也是不利的。然而，工人的谈判力量增强却首先会提高工人获得的租金的比重，使他们的情况好转。总的来说，我们认为有一个使租金最大化的 α 值。工人并不希望自己的谈判权力过大，因为那会完全打消投资的激励。在最佳的 α 值附近，工人的谈判权力的提高不会给他们带来更多的好处。

不过，在联邦制的印度经济中，实际决策过程还要负责些。因为在某些邦里，企业家可以选择登记或者不登记，同时从上面可以看到，α 的值根据各邦的监管程度而有所不同，监管的加强会导致 α 的降低。因此一般来说，在模型中，所有登记的企业都希望迁移到有着最高的 α 值的邦去。

当然，也需要考虑到，θ 中也包含了某些地方性的因素，使得企业留在当地更有优势，比如熟悉本地的语言、靠近供应链等。然而，在各邦之间，还是存在某种程度的替代性，使得企业可以选择开办的地点。

5. 分析结果

请参看表 2。第 1 列显示了劳动市场监管对各邦的人均总产出的影响，结论是没有相关关系。第 2 列表明，监管与人均的非农业产出有明显的负相关关系。第 3 列说明，监管与人均的农业产出没有相关关系。第 4 列说明，在制造业的产出方面，监管的影响更大，效果更显著，这证实了前面的命题 2 的最后一个预测。在第 5 列，我们看到登记的制造业企业的产出，发现监管的影响最为明显。

再看其他一些参数，可以发现电力供应与登记制造业企业的发展有正相关。而在未登记企业方面，许多影响的效果与登记企业相反——支持工人的监管助长了未登记企业的发展。这些都与我们在命题 1 中的预测一致。

第 5 列的数据有助于解释印度各邦在经济增长率上存在的差异。例如，安得拉邦在 1958 ~ 1992 年的年均增长率为 6%，而测算表明，如果该邦没有进行有利于保护雇主利益的改革，增长率可能下降到 4.1%。相反，西孟加拉邦如果不通过有利于保护工人利益的法律修正，就可望把登记制造业人均产出的年增长率从 -1.5% 提高到 2.2%。仅从这个因素，就足以解释它们的增长率差异的 2/3。

表 2 改革期间的财政收入和支出

	(1)	(2)	(3)	(4)	(5)	(6)
	邦人均产出	非农业产出	农业产出	制造业产出	登记制造业产出	未登记制造业产出
滞后发展变量	0.544 (11.27)	0.692 (17.50)	0.326 (5.57)	0.609 (12.83)	0.416 (4.72)	0.747 (13.81)
劳动市场监管	-0.003 (0.60)	-0.010 (2.10)	0.009 (1.07)	-0.026 (2.84)	-0.094 (5.05)	0.020 (1.99)
人口增长	-3.645 (1.97)	-3.528 (1.89)	-0.768 (0.26)	-2.345 (0.83)	3.545 (0.85)	-2.905 (0.69)
电力供应	0.012 (0.98)	0.004 (0.47)	0.051 (2.52)	0.008 (0.52)	0.084 (3.13)	-0.037 (1.63)
发展变量	0.081 (2.58)	0.128 (4.56)	0.055 (1.21)	0.199 (4.41)	0.100 (1.30)	0.196 (2.81)
样本数	478	473	473	473	473	473
R-squared	0.95	0.98	0.88	0.97	0.96	0.93

在表 3 中，我们进行了如下计算，看看各邦如果没有自行对《产业纠纷法》进行修正，它们的制造业产出和就业水平在 1990 年会达到什么样的水平。表中的数字是计算结果与实际水平的百分比。维持原状的那些邦的比例为 100%。最极端的例子分别是安得拉邦和西孟加拉邦，如果安得拉邦没有进行保护雇主利益的改革，登记制造业的产出水平将只有 1990 年实际数字的 84%，制造业就业人数将只有 94%。相反，如果西孟加拉邦没有进行保护工人利益的改革，产出水平和就业人数将分别提高 14 和 4 个百分点。在监管加强后，产出受到的影响要比就业受到的影响更大，显示某些企业在不赚钱的情况下仍被迫开工（参见 Fallon 和 Lucas 1993）。

表 3 劳动市场监管对产出、就业和贫困的影响

邦	(1) 制造业产出	(2) 制造业就业	(3) 城市贫民数量
安得拉	84%	94%	110%
卡纳塔克	98%	99%	101%
喀拉拉	96%	99%	103%
中央邦	96%	99%	102%
拉贾斯坦	89%	96%	107%
泰米尔纳德	88%	96%	107%
古吉拉特	106%	102%	97%
马哈拉施特拉	107%	102%	97%
奥里萨	103%	101%	98%
西孟加拉	114%	104%	90%

我们还测算了劳动力监管对登记制造业企业的员工收入水平的影响，显示没有明显的相关关系，这也与模型在前面的预测一致。

在监管对企业的效率和投资的影响方面，数据显示，劳动力监管越多，企业创造的附加价值就越少，但登记制造业企业的人均产出没有受到明显影响。在投资方面，支持工人的各邦的企业的投资数量明显更少，表明过多的监管既可能导致新企业不愿意进入，也可能导致老的企业更多地退出。还有，有利于工人的监管法规减少了固定资产投资，不过资本与劳动的投入比没有受到显著影响。

总之，实证结果与我们模型中关于在不完备合同情况下、劳工谈判权力提升所带来的理论影响完全一致。

6. 对社会福利的影响

下面，我们看看劳动力市场监管与社会贫困的关系。

我们认为，由于穷人的收入很多来自登记制造业企业，因此监管会对贫困有直接影响。我们对此没有得到直接的数量估计，但考察了各邦的贫困率与产出构成的关系。如果把全部产出分解为农业、登记制造业、未登记制造业和“其他”部门等几个部分，将会发现，对城市贫困率而言，最大的相关因素是登记制造业和“其他”部门。农业产出与未登记制造业对于城市贫困率没有显著影响。对农村贫困率而言，未登记制造业和贫困率存在显著负相关，登记制造业没有显著影响。

从这些数据出发，我们认为，支持工人的监管主要与城市地区的贫困率有正相关关系，因为这种监管会减少登记制造业的产出和就业人数。回归结果表明，支持工人的监管措施既会增加城市贫困人群的数量，也会扩大收入差距，而且影响很显著。例如，在西孟加拉邦，如果历史上没有采纳支持劳工的修正案，到1990年时，贫困人口会减少10%，或者说180万。而在安得拉邦，如果没有进行有利于雇主利益的改革，城市贫困率可能为1990年实际水平的110%，也就是说，城市贫民要增加170万。这样的鲜明对比显示了监管的实际效果。另外与我们的判断一致的是，监管对农村地区的贫困率没有显著影响，原因在于大多数登记制造业企业都集中在城市。

可以说，这些结果是最让人吃惊的。对于劳动力市场实行监管，最主要的起因是人们以为资本和劳动之间的力量对比不平衡，因此监管会对改善收入分配带来良好的影响。但我们的研究显示恰恰相反，监管对收入分配的影响不利于穷人。

7. 结论

本文考察了监管和长期经济增长的关系，特别是劳动力市场监管对于印度的制造业发展的重要影响。结果发现，保护工人利益的监管措施会导致登记制造业企业的投资、就业、生产率和总产出水平下降。

在印度，除了市场的无形之手以外，政府的干预之手与在决定资源配置上也发挥着重要的作用。人们曾激烈争论过，这种干预是否对经济发展带来了不好的影响。而我们的研究明确表明，干预造成的损失是存在的，对于劳动力市场的监管并没有达到预定的目的，甚至导致了完全相反的不利于穷人的结果。

数据显示，希望保护劳工的市场监管并没有起到帮助工人的作用，更让人担忧的是，这些监管阻碍了经济增长和减少贫困。我们发现，在各个邦之间，由于政策存在差异，资本和劳动可能出现了流动。特别值得注意的是，人们原本希望通过监管来解决资本和劳动之间力量对比不平衡的问题，结果导致了城市贫困率的上升，反而有害于穷人。

这些分析进一步表明，许多发展中国家的政府监管并没有真正改善社会福利。我们的研究是针对特定领域和地区进行的，不能被普遍地用来支持或反对政府监管。希望在未来有更多的工作，包括研究特定国家的历史经验，帮助人们在政府的扶持之手与破坏之手之间找到恰当的平衡。

（赵少钦　余江　译）

参考文献

[1] Alesina, Alberto and Rodrik, Dani, [1994], "Distributive Politics and Economic Growth", Quarterly Journal of Economics CIX, 465 - 490.

[2] Alvarez, R. Michael, Geoffrey Garrett, and Peter Lange [1991], "Government Partisanship, Labor Organization, and Macroeconomic Performance," The American Political Science Review, 85(2), 539 - 556.

[3] Barro, Robert, [1997], Determinants of Economic Growth : A Cross - Country Empirical Study, Cambridge: MIT Press.

[4] Bhagwati, Jagdish [1998] in Alhuwalia, Isher and Ian Little (eds) India's Economic Reforms and Development: Essays for Manmohan Singh (Delhi: Oxford University Press).

[5] Bhagwati, Jagdish and Padma Desai, [1970], India: Planning for Industrialization (Delhi: Oxford

University Press).

[6] Bhagwati, Jagdish and T. N. Srinivasan, [1975], Foriegn Trade Regimes and Economic Development (Delhi: McMillan).

[7] Bhalotra, Sonia, [1998], "The Puzzle of Jobless Growth in Indian Manufacturing," Oxford Bulletin of Economics and Statistics; 60(1), 5 - 32.

[8] Blanchard, Olivier and Justin Wolfers, [2000], "The Role of Shocks and Institutions in the Rise of European Unemployment: the Aggregate Evidence," Economic Journal, 110, C1 - C33.

[9] Blanchard, Olivier, [2000], Rents, product and labor market regulation, and unemployment, lecture 2 in The Economics of Unemployment: Shocks, Institutions, and Interactions (Lionel Robbins Lectures, LSE, October 2000), MIT Press forthcoming.

[10] Butler, David, Lahiri, Ashok and Roy, Prannoy, [1991], India Decides : Elections 1952 - 1991. (New Delhi : Aroom Purie for Living Media India).

[11] Caballero, Ricardo J. and Mohamad L. Hammour, [1998], "The Macroeconomics of Specificity," Journal of Political Economy, 106(4), 724 - 767.

[12] Davidson, R. and McKinnon, J. [1993], Estimation and Inference in Econometrics (Oxford: Oxford University Press).

[13] De Soto, Hernando, [1989], The Other Path: The Invisible Revolution in the Third World (New York : Harper & Row).

[14] Djankov, Simeon, Rafael La Porta, Florencio Lopez - de - Silanes, and Andrei Shleifer, [2002], "The Regulation of Entry," Quarterly Journal of Economics 117, (1), 1 - 37.

[15] Datt, Gaurav and Martin Ravallion, [1992] "Growth and Redistribution Components of Changes in Poverty Measures: A Decomposition with Applications to Brazil and India in the 1980s" Journal of Development Economics XXXVIII, 275 - 295.

[16] Dollar, David, Guissepe Iarossi and Taye Mengistae, [2001], "Investment Climate and Economic Performance: Some Firm Level Evidence from India" mimeo, World Bank.

[17] Fallon, Peter and Robert E. B. Lucas, [1993], "Job Security Regulations and the Dynamic Demand for Labor in India and Zimbabwe" Journal of Development Economics, 40, 241 - 275.

[18] Fallon, Peter, [1987], "The Effects of Labor Regulation upon Industrial Employment in India," World Bank Research Department Discussion Paper No 287.

[19] Freeman, Richard, [1988], "Labor Market Institutions and Economic Performance," Economic Policy, 6, 64 - 80.

[20] Grout, Paul, [1984], "Investment and Wages in the Absence of Binding Contracts: A Nash Bargaining Approach," Econometrica, 52(2), 449 - 460.

[21] Hall, Robert E. and Charles I. Jones, [1999], "Why Do Some Countries Produce So Much More Output Per Worker Than Others?," Quarterly Journal of Economics, 114(1), 83 - 116.

[22] Kaldor, Nicholas, [1967], Strategic Factors in Economic Development, (Ithaca: Cornell University Press).

[23] Kannappan, Subbiah, [1959], "The Tata Steel Strike: Some Dilemmas of Industrial Relations in a Developing Economy," Journal of Political Economy, 67 (5), 489 - 507.

[24] Lindbeck, Assar and Dennis J. Snower, [2001], "Insiders versus Outsiders" Journal of Economic Perspectives 15 (1), 165 - 188.

[25] Maddala, G. S. and Shaowen Wu, [1999], "A Comparative Study of Unit Root Tests with Panel Data and a New Simple Test," Oxford Bulletin of Economics and Statistics, 61, 631 - 52.

[26] Malik, P. L., [1997], Industrial Law (Lucknow: Eastern Book Company) [27] Mookherjee, Dilip, [1997], Indian Industry: Policies and Performance (Dehli: Oxford University Press).

[28] Neary, J. Peter and Kevin W. Roberts, [1980], "The Theory of Household Behavior Under Rationing," European Economic Review, 13 (1), 25 - 42.

[29] Nickell, Stephen, [1997], "Unemployment and Labor Market Rigidities: Europe versus North - America," Journal of Economic Perspectives, 11 (3), 55 - 74.

[30] Nickell, Stephen and Richard Layard, [2000], "Labor Market Institutions and Economic Performance," in Orley Ashenfelter and David Card (eds), Handbook of Labor Economics, (Amsterdam: North Holland).

[31] Ozler, B. Datt, G. and Ravallion, M., [1996], "A Data Base on Poverty and Growth in India" mimeo, World Bank.

[32] Planning Commission, [1993], Report on the Expert Group on the Estimation of the Proportion and Number of Poor, (New Delhi: Government of India).

[33] Sachs, Jeffrey, Varshney, A, and N. Bajpai (eds), [1999], India in the Era of Economic Reforms (Delhi: Oxford University Press).

[34] Shleifer, Andrei and Vishny, Robert, [1998], The Grabbing Hand: Government Pathologies and Their Cures (Cambridge: Harvard University Press).

[35] Singh, Manmohan, [1964], India's Export Trends (Oxford: Clarendon Press).

[36] Stern, Nicholas, [2001], A Strategy for Development, (Washington DC: World Bank).

[37] Stigler, George, [1971], "The Theory of Economic Regulation," The Bell Journal of Economics, Spring, 3 - 21.

[38] Temple, Jonathan, [1999], "The New Growth Evidence," Journal of Economic Literature, 37 (1), 112 - 56.

[39] World Bank [1983], The East Asian Miracle, (Oxford: Oxford University Press).

[40] World Bank, [1997], Poverty in India: 50 Years after Independence, mimeo, World Bank.

劳动力监管

J. C. 伯特罗　S. 詹科夫　R. 拉·波塔
F. 洛佩兹—德—西拉内斯　安德烈·施莱弗

我们通过对 85 个国家的雇佣法、集体雇佣关系法和社会保障法进行分析来研究劳动力市场监管。结果发现，左翼执政的特点是更严厉的劳动力监管和更优厚的社会保障，同时，与普通法系国家相比，有着社会主义的法律传统、法国的法律传统或斯堪的纳维亚的法律传统的国家对劳动力市场的监管力度要大得多。而相对政治派别因素，法律传统更能解释各国监管力度的差异。更严厉的劳动力市场监管与较低的就业参与度及较高的失业率，特别是年轻人的失业率之间存在相关性。这些结论与法律传统决定理论存在高度一致性，该理论认为，一国采用的普遍监管模式传承自它所移植的法律体系。

一、引言

世界各国都已建立起一套复杂的法律与制度体系来保护劳动者的利益，并帮助确保民众能够享受最低标准的待遇。在大多数国家，除了一些基本的民事权利保护外，这一体系还包含三种法律：雇佣法、集体雇佣关系法和社会保障法。雇

* Juan C. Botero，Simeon Djankov，Rafael La Porta，Florencio Lopez-De-Silanes，Andrei Shleifer：本研究得到了世界银行、Gildor 基金会、国家科学基金会和耶鲁大学公司治理国际研究所的支持。本研究完整的数据和国家层面的所有变量都可以在 http：//iicg. som. yale. edu//获取。原载于《经济学季刊》（*Quarterly Journal of Economics*）2004 年 11 月刊。

佣法规制个人雇佣合同。集体雇佣关系法规制集体雇佣协议的谈判、采纳和执行，工会的组织及劳动者和雇主的集体行动。社会保障法则是应付那些对生活质量有着重要影响的社会问题，如老年、残疾、死亡、疾病和失业等。

本文中，我们将使用下面三个主流的制度选择理论对85个国家的这些法律进行考察：效率理论、政府权力理论和法律传统理论。效率理论认为：制度会适应社会的需要，创造最高的效率。每个社会都会选择一套经济控制体系，它包含了市场力量、法院纠纷解决机制、政府监管、以及税收和补贴等，并对这些因素进行最佳组合（Djankov 等 2003a）。政府权力理论则认为，制度由执政者设计，他们为自己谋利，让在野者付出代价。不管是选举政治，还是利益集团政治，赢家都可以牺牲输家的利益，为自己争取好处，同时，政府的权力也受制约，限制了再分配的程度。法律传统理论则认为，一个国家的监管模式取决于其法律传统。世界上大多数国家的基本法律框架移植自他们的殖民者（如英国、法国、德国、葡萄牙、西班牙）或征服者（拿破仑、前苏联）。不同殖民者和征服者所具有的不同法律传统，对被征服国家的法律体制产生了重大影响（Zweigert 和 Kotz 1998；La Porta 等 1997，1998）。一般而言，普通法系和大陆法系会运用不同的方式来解决市场失灵问题：前者依靠合同和私人诉讼，后者依靠政府对市场进行直接监督。该理论认为，一个国家法律的历史渊源决定了该国的劳动力及其他市场的监管模式。

我们对劳动法的集中分析可能有助于区分政府权力理论和法律传统理论之间的差异。有研究者提出，劳动者争取到的政治权力是20世纪劳动法律和监管体系建立起来的主要动力（Roe 2000；Pagano 和 Volpin 2001）。他们使用经合组织国家的数据对拉·波塔等人（La Porta 1997，1998）的观点提出了质疑。拉·波塔等人认为，法律传统理论可对普通法系国家和大陆法系国家金融市场发展的差异做出最佳解释。而罗依（Roe 2000）则认为，大陆法系不过是社会民主发展程度的表现而已。对劳动法的分析将为政府权力理论提供了严格的检验：首先，左翼政府会加强对劳动力市场的监管，使自己的支持者受益；其次，由于劳动法是相当晚才产生的，所以法律传统对它的结构应该不会有显著影响。

为了检验这些推测，我们搜集了詹科夫等人（Djankov 2002）样本中的85个国家的雇佣法、集体雇佣关系法和社会保障法的1997年年度数据，并对这些数据进行了系统梳理，以评估劳动者保护状况。我们将这些数据与已有的（和部分最近刚搜集的）关于经济发展、政府倾向、工会权力、对政府行为的政治制约因素以及法律传统的信息结合起来，以考察对劳动力监管的决定因素。我们同时还使用了关于地下经济、劳动者参工情况、失业和相对工资的数据来考察谁从劳动力监管中受益，谁又从中受损。

与大部分其他法律相比，现有的关于劳动力监管的研究要深入得多：经合组织资助建立了一个成员国劳动力监管的数据库（Nicoletti、Scarpetta 和 Boylaud 1999；Nicoletti 和 Pryor 2001）。世界银行也汇集了国际劳工组织的一个涵盖 119 个国家的数据库，并提出了一个偏袒劳动法的观点（Forteza 和 Rama 2000）。有学者对一组关于拉美和加勒比国家劳动保障监管的庞大数据进行了分析（Heckman 和 Pages-Serra 2000）。另外有学者搜集分析了关于社会保障制度的数据（Mulligan 和 Sala-i-Martin 2004）。我们的研究与上述成果的不同之处在于，既覆盖了众多的国家，又对劳动力市场监管采用了综合的分析方法。

下一节里，我们将简要描述各种有关劳动力市场监管的决定因素的理论。在第三节，介绍有关的数据。在第四节中，我们将对新西兰和葡萄牙的数据进行比较。在第五节，我们将考察劳动力市场监管的决定因素。在第六节，对劳动力监管模式和其他活动的监管模式进行比较。第七节，考察监管的结果。最后在第八节概述研究的结论。

二、假设

（一）背景

政府为什么要干预劳动力市场？对大多数干预作出的理论解释是：自由的劳动力市场是不完善的，因此，在雇佣关系中存在租金，而雇主将压榨劳动者以收回租金，从而导致不公平和无效率。例如，雇主会歧视弱势群体，压低那些流动性差或对特定企业有人力资本投资的雇员的工资，随意解雇员工，增加国家供养的负担，以解雇来威胁雇员，要他们承担超过其预期的工作，以及不为雇员提供死亡、疾病和伤残保险等等。为了应对自由劳动力市场中雇佣关系的不公平和无效率，几乎每个国家都对雇佣关系进行了干预，以保护劳动者。

对劳动力市场的监管采取以下四种形式：首先，政府禁止劳动力市场中的歧视行为，并规定劳动者在执行雇佣关系里拥有一些基本权利，如产假和最低工资；第二，政府通过限制合同的有效条件、提高解雇雇员和延长工作时间的成本等方式对雇佣关系进行干预；第三，为了制约雇主相对于劳动者的强势地位，政府赋予工会代表劳动者同雇主进行集体谈判的权利，并保护工会在谈判过程中采取的特定战略；最后，政府自己还提供了针对失业、老年、残疾、疾病和死亡的社会保险。本文所要解答的基本问题是，什么因素决定了政府对劳动力市场进行干预。我们对上述的三种理论进行了验证。

（二）效率理论

德姆赛茨（Demsetz 1967）和诺思（North 1981）提出，制度选择主要取决于效率因素。这一观点暗含着，国家对劳动力市场进行干预目的在于使社会福利最大化，也就是解决市场失灵问题。最近进行的研究更多集中在寻找那些成本最低、破坏最少的干预行为（Glaeser 和 Shleifer 2002，2003；Glaeser、Scheinkman 和 Shleifer 2003；Djankov 等 2003b）。例如，当市场中雇主虐待雇员的情况比较严重时，国家将进行更严厉的干预（以解决市场失灵问题）；而当政府干预的扭曲更严重时，国家将进行比较弱的干预（以降低社会执行成本）。

然而，效率理论本身太宽泛，不能从中得到关于监管程度和结果的明确推断，同时又很难否定。我们考察了这一理论的两个有可能正确但并不确定的推断。首先，如果以保护劳动者方式对劳动力市场进行政府干预是有效的，那么就不应该出现大量的相反的后果，比如失业、劳动者退出市场、地下经济的增长等。当然，受监管措施保护的劳动者可能受益，并且比上述扭曲造成的损失更大，从而没有导致总体福利的减少。第二，如果效率解释是正确的，那么某些政治因素（比如政府的政治倾向或者对政府的制约等）就不会影响监管政策的选择。当然，也有可能在一些“分裂的社会”中，需要更多的监管才能维护社会安定，并且需要极左翼的政府掌权来实施监管。不过，我们却发现，在“分裂的社会”中，监管其实更少。效率理论和法律起源理论之间的关系非常复杂，我们将在后文中对其进行讨论。

（三）政府权力理论

该理论认为，制度的作用是将资源从在野者那里转移到执政者手中，并且巩固执政者的优势地位（Marx 1872；Olson 1993；Finer 1997）。具体到劳动力市场，如果左翼政府掌权，市场监管措施将更加注重对劳动者的保护。如果在自由市场条件下，劳动者受到虐待，那么监管可以提高效率。而如果政府的干预会导致资本被劳动者“剥削”，那么监管就可能损害经济效率。

政府权力理论有两个分支。第一个分支认为，政府决策的最重要方式是选举，赢得选举的政党将影响法律的制定。第二个分支认为，不管在民主社会还是在独裁社会，法律的制定都要受到利益集团的影响（Olson 1965；Stigler 1971；Posner 1974；Becker 1983）。

到目前为止，政府权力理论是对劳动力市场监管的主流解释。“选举”理论认为，保护劳动者（或至少是受雇佣的劳动者）的监管措施是由社会主义、社会民主主义和更广义的左翼政府引进的，其目的在于使他们的选民受益（Esping-Andersen 1990，1999；Hicks 1999）。“利益集团”理论则认为，劳动力监管是工会的压力产生的结果，因此，不管什么政府执政，在工会力量强大时，劳动力监管的力度就会更强。

政府权力理论还认为，执政者利用监管使自身受益的能力受制于政府权力的制约因素（Buchanan 和 Tullock 1962）。独裁政府比选举产生的政府所受的制约要少，因此会制定更多的涉及收入再分配法律和制度。宪法、立法机构和其他形式的政府权力制约因素都有助于减少监管。这一理论在我们之前的关于市场准入监管的研究中找到了一些实证支持（Djankov 等 2002）。

（四）法律传统理论

在讨论制度演进时，法律传统理论受到了相当的关注。这一理论强调说，自 12 世纪开始，西欧就出现了两个迥异的法律传统，即普通法系和大陆法系，这两大法律传统通过征服和殖民在欧洲和其他地区进行了广泛移植。特别重要的是，由于大部分国家是以这种非自愿的方式建立起自己的基本法律结构的，因此这些法律结构对当地的经济而言具有外生性。

普通法系起源于英国，其特点是强调陪审团判决、法官的独立性和司法的自由裁量权（而非法典）的重要性。普通法被英国移植到其殖民地，包括爱尔兰、美国、加拿大、澳大利亚、新西兰、印度、巴基斯坦、东亚和南亚的一些国家及加勒比国家。

大陆法系来自西欧在中世纪继承的罗马法，其集中体现是 19 世纪的法国和德国的民法典。大陆法系的特点是法官独立性低、陪审团相对不重要、强调实体法与程序法（而不是司法自由裁量权）的重要作用。得益于拿破仑的征服，法国的民法典被移植到了全西欧，包括西班牙、葡萄牙、意大利、比利时、荷兰，随后被移植到北非和东非、所有拉美国家和部分亚洲国家。

除了普通法系和法国法传统以外，还有三个法律传统在世界的部分地区扮演着某些角色。德国民法典被德国化的西欧国家接受，同时还被移植到日本、韩国和台湾地区。社会主义法律被苏联影响力所及的国家所接受。土生土长的斯堪的纳维亚法律传统在瑞典、挪威、丹麦和芬兰得到了发展。

法律传统理论认为，法律传统不同的国家利用不同的制度来对商业生活进行社会控制（Djankov 等 2003b）。普通法国家更依赖市场和合同，而大陆法系和社会主义国家则更倾向于监管和国家所有权。正如有的学者指出的那样，法律传统的母国可能是基于效率而考虑建立了不同的法律传统（Glaeser 和 Shleifer

2002）。不过，世界上大部分国家法律结构的构建并非出于自愿，他们的社会控制方式更多地是由法律移植的历史决定的，而非内生性的选择。

如果考虑到执行成本的问题，那么法律传统理论可能与效率理论有一致的方面。假设一个国家从其征服者或者殖民者那里继承了某个法律传统，那么该国的基本法律、法律执行制度和人力资本都会受到这一传统的影响。假设现在这个国家决定对一种之前从未监管过的活动进行监管，如劳动，那么即使它不愿从其他任何国家借鉴什么经验，采取一种与母国相似的监管方式的边际成本也要比选择一种全新的方式要低，因为不同的监管领域在人员和规则方面其实有互通的地方（Mulligan 和 Shleifer 2003，2005）。已在其他领域应用的监管方式，借鉴到新的监管领域里来可能会更有效率。在这种意义上说，对于接受了法律框架移植的国家而言，在法律和监管方式形成路径依赖不失为一种有效率的选择。

法律传统理论认为，各国对劳动力市场的监管方式应该与各自的法律体系相适应。这意味着，大陆法和社会主义法国家对劳动力市场的监管更多，而普通法系的国家更注重保护契约自由（Deakin 2001）。该理论还认为，普通法系国家的社会保障体制更薄弱，因为他们更倾向于依靠市场提供保险。最后，法律理论认为，不同活动的监管方式具有跨国相关性。

法律理论已经受到了政府权力理论支持者的挑战（如 Roe 2000；Pagano 和 Volpin 2001）。他们主张至少就西欧而言，大陆法系国家经常遇到通常来自左翼的要求进行监管的政治压力。我们试图综合考虑样本中的 85 个国家的政府政治倾向和法律传统的广泛数据来区分纯粹的政府权力与法律理论。

三、对劳动力监管程度的评估

我们创建了一组新的反映 85 个国家劳动力市场监管的各方面的数据。我们的劳动力监管评估涉及三个领域：（1）雇佣法；（2）集体雇佣关系法；（3）社会保障法。此外还搜集了一些国家民事权利法律的数据，并在脚注中对这些数据进行了描述和概括，但是并没有像对其他法律那样对其进行系统分析，因为法学家对民事权利由什么构成存在很大的分歧。我们考察了上述三种法律中的一系列涉及劳动力市场监管的成文法。随后，我们创建了概括这些保护的不同维度的子指标，并在最后将它们合并为相应的指数。我们把所有的评估结果综合，以较高的数值代表更广泛的对劳动者的法律保护。

同我们之前的研究一样，这里的评估对象也是正式的法律规则。对这种方法存在两种质疑：首先，有人提出，规则的执行质量在不同的国家变化非常大，因此，正式规则本身只能就规则执行效果提供很少的信息。我们不能直接评估规则的执行情况，但是像在其他地方一样，我们大体上控制了规则执行质量因素的影响。此外，尽管很多批评认为，正式规则无关紧要，但我们将在下面证明正式法律规则至关重要（参见 La Porta 等 1997，1998，2003，2004；Djankov 等 2002，2003b）。

第二，有人认为只关注法律规则的正式形式具有误导性，因为，形式上迥异的法律体系可以并且事实上也取得了相同的实施效果，只不过途径不同而已。这种观点认为，最极端的形式是在法国式的大陆法系传统下，在实践中要求把法律成文地“记录”下来，进而导致了更严重的形式主义和干涉主义。因此，我们可能会得出大陆法系国家对劳动者实行了更好的保护的结论，从这个角度来看站不住脚——因为普通法系国家尽管从未在成文法上进行“记录”，但仍有可能通过法院判决实施了同等程度的监管①。例如，有学者就描述了美国的普通法法院如何系统地背离了雇佣关系中的自治原则，即使这种背离没有任何成文法依据（Autor 2003；Krueger 1991）。

在我们看来，这种批评并不能令人信服。首先，实际上几乎所有的劳动法都是成文法，即使在普通法系国家也是如此，并且对成文法的背离是例外而非原则。第二，更重要的是，我们创建了各种指数，如延长工作时间的成本、解雇雇员的成本，以反映实际经济成本而不仅仅是成文法层面的理论成本。这些变量使理论和实际成本之间的差异被最小化了。至少，我们运用一些关键变量对劳动者保护的经济成本进行了评估——反映了执行上的差异——并不是纯粹形式上的。

我们运用了一系列资料来源对劳动者保护评估进行了系统梳理。表 1 提供了本文使用的变量的简要定义和来源②。

（一）雇佣法

雇佣法规制个人雇佣关系，包括标准雇佣合同之外的替代性雇佣合同、劳动条件的弹性和雇佣关系的终止。为了体现所有这些因素，我们引入了以下四个子指标：（1）替代性雇佣合同；（2）延长工作时间的成本；（3）

① Bertola、Boeri 和 Cazes（2000）对一些富裕国家雇佣保护的执行状况进行了考察，结果发现西班牙和法国（法国法传统国家）的法院比美国和加拿大（普通法国家）的法院更倾向于对劳动力进行监管。这些数据表明法院执行情况扩大了法国法传统国家与普通法国家之间的差异。

② 由于篇幅所限，本文省略了表 1 和表 2，有需要的读者可向《比较》编辑室索取：bijiao@ citicpub. com。

解雇雇员的成本；（4）解雇程序。我们的雇佣法指数比其他指数更能反映雇主违反一个严格的假定工作条件且不得解雇雇员的雇佣合同的成本。这一指数是对（受雇）劳动者保护的经济性评估，而不仅仅是对法律形式的反映。

如果雇佣临时工或签订临时合同能获益或减少成本，那么雇主就会考虑选择之。因此，我们使用第一个子指标来反映法律保护这些替代性雇佣合同的严格程度。我们分析了兼职工人能否享有全职工人所能享有的法定权益，及解雇兼职工人是否比解雇全职工人更容易且成本更低。我们还分析了固定期限合同是否只能适用于固定期限工作，以及固定期限的最长限度。

第二个子指标衡量延长工作时间的成本。我们假设每个国家中的假想企业的每个雇员每年额定工作 1 758 小时，而现在，为了满足不断增长的需求，企业希望每年延长 660 小时（即最后达到每一雇员每年 2 418 小时）。我们假设，每一国家的企业满足不断增长的需求的方式是：首先使其雇员工作时间达到国家规定最长标准，然后使雇员加班并享受法定加班津贴。如果这样还不够，我们进一步假设企业必须雇佣另外一组完全相同的员工，每人每年额定工作 1 758 小时（即，雇员是定额的，每一工作岗位必须有一个额外雇员以满足不断增长的需求）。基于这些假设，我们可以计算相对于早先支付的工资，企业为适应不断增长的需求所付出的成本，即评估雇佣法能够在多大程度上保护劳动者不被“强迫”超额工作。

第三个子指标衡量解雇雇员的成本。我们假设我们的标准企业拥有 250 名雇员，现在要解雇 50 个，其中因为冗员而解雇 25 个，另外 25 个不说明任何原因。解雇雇员的成本是通知期间、遣散费和其他任何形式的与解雇雇员直接联系的法定赔偿金的总和。很多规则限制削减冗员和无故解雇雇员的情形，我们假设，国与国之间在这方面也存在可比性。如果一个国家的法律不允许企业解雇雇员，解雇成本就是雇员的全年工资。

第四个子指标概括雇主解雇个人雇佣合同或者集体雇佣合同雇员的限制。这些限制可能包括：通知、批准、强制换岗或再培训和再雇佣的优先权。这些规定体现了前三个子指标之外的解雇成本。

（二）集体雇佣关系法

集体雇佣关系法保护的是劳动者在集体行动中的权利。它们规制工会与雇主、雇主联盟之间的力量均衡[1]。我们讨论这些法律中的两个因素：(1) 法律赋予工会的权力；(2) 规制集体雇佣纠纷的法律。

工会权力子指标衡量工会关于劳动条件的权力。很多国家法律规定了工人有组织工会、与雇主集体谈判的权利，以及雇主参加集体谈判的义务。在一些国家，集体协议的适用范围被当作一个公共政策，在国家或部门层面上扩展到第三方，而在其他国家，仅仅扩展到工厂层面的未缔约劳动者，或者仅限于集体协议的订立方。一些国家的法律允许设立只雇佣工会会员的企业，甚至赋予工会任命企业的某些管理者的权利。最后，很多国家法律要求组建劳动者委员会，以实现雇员利益最大化。

第二个子指标衡量集体雇佣合同纠纷中的雇员保护。一些国家在宪法中规定了劳动者参加集体行动的权利，并允许举行未经工会批准或授权的罢工、抗议政府非劳动事务政策的政治性罢工、声援罢工劳动者之外其他劳动者权利的“同情罢工”。而另一些国家不允许这么做。对罢工权利的程序性限制可能包括多数支持、提前通知、禁止集体协议有效时举行罢工、罢工前必须进行调解。雇主的防御手段可能包括停工和对参加罢工雇员采取报复措施，如终止与参加罢工雇员的雇佣合同和在合法罢工举行期间雇佣替代性雇员的权利。最后，在很多国家，雇佣合同的一方（通常是雇主）或者双方可能必须遵守不符合其意愿的仲裁裁决。

（三）社会保障法

各国社会保障开支包括养老金、疾病和医疗保健开支、失业救济。我们的变量涵盖了下列风险：(1) 老年人，残疾，死亡；(2) 疾病和医疗保健；(3) 失业。我们使用四个变量来衡量各国社会保障制度的优厚程度。

子指标的构建有些困难，不过净福利占净工资的百分比可以体现福利的优厚程度。这样大体上可以衡量劳动者所能享受的生活水准，同时也考虑了税制和福利享有期限的影响。影响社会福利优厚程度的第二个因素是，劳动者为享有社会福利权利所需支出的成本。我们对其进行分析的方法是：衡量法律规定为享有一项标准养老金或者失业和疾病福利所需的最短受雇期限，以及法律规定的劳动者为享有这些福利所需缴纳费用占其月工资的百分比。

---

① 一些措施旨在保护劳动者免受其他劳动者侵害。比如，美国的非工会会员就业权保障法不允许排他的雇佣工会会员，以保护非工会会员。这种例子很少见，更多的集体雇佣合同监管措施是用来保护劳动者免受雇主侵害的。

最后，我们分析了得到这些福利之前的等待期的长短。

（四）综合

我们将其各自子指标的平均值作为上述三种法律的综合指数。这并不是进行综合的唯一路径，但是很透明。表 2 显示了各种子指标和劳动力监管指数之间的相关性。比如，该表显示三种法律指数各自的子指标之间都高度相关，雇佣法和集体雇佣关系法指数之间的相关性很高且统计显著，这与认为不同种类的监管可以相互替代的观点不一致。

（五）独立变量

我们搜集了一些关于劳动力监管潜在决定因素和劳动力监管结果的数据，使用 1997 年（我们考察监管的年份）人均收入和 25 岁以上人口平均受教育年数对发展状况进行了分析（Barro 和 Lee，2000）。

世界银行汇集了 1975 ~ 1995 年各国主要执政党，或议会第一大党，或两者都属于左翼、右翼或中间派的数据。为了检验政府权力理论，我们将世界银行的数据扩展到了 1928 年。我们提供了对 1928 ~ 1995 年和 1975 ~ 1995 年的主要执政党和左翼或中间派主导议会的数据进行分析的结论（这些变量为政府权力理论提供最有力的证据）。我们使用工会密度（union density）来体现劳动者利益集团的影响。为了衡量政府权力制约因素的影响，我们引用了阿瓦雷兹等人（Alvarez 等 2000）所作的 1950 ~ 1990 平均独裁程度的分析，和贝克等人（Beck 等 2001）所作的 1975 ~ 1995 年比例代表制与“分裂的政府”平均值的分析。

为了检验法律理论，我们使用了拉 · 波塔等人（1999）对近 200 个国家进行的商事法法律传统的分析。劳动力市场监管结果包括地下经济的规模、劳动者参工情况、涵盖年轻人数据的失业率及对受保护劳动者与不受保护劳动者比较工资的粗略分析。

四、对数据的观察

对新西兰和葡萄牙这两个收入水平大体相同的国家进行比较可以验证我们的指数。两个国家的雇佣法都没有将兼职劳动者排除在全职劳动者所能享有的法定福利之外，同时也没有使解雇兼职劳动者比解雇全职劳动者更容易或成本更低。在新西兰，可以任何理由签订固定期限雇佣合同，同时法律也没有规定这种合同的最长持续期限。在葡萄牙，这种合同的最长期限是 3 年，并且只有在特定情形才可以签订这种合同（如为替代其他劳动者或季节性劳动而雇用），因此，这种合同在葡萄牙本质上是临时的。新西兰的替代性雇佣合同子指标得分是0.50，而葡萄牙是0.91。

葡萄牙宪法规定了工作时间、假期、薪酬和劳动条件；而新西兰这些事项则在集体谈判或雇佣合同中规定。葡萄牙的加班津贴标准是，每周加班的前六个小时是工资的150%，之后是175%；每年有24天的带薪假期；每年加班不得超过200小时。新西兰法律没有对加班津贴进行规定，也没有加班数量限制，每年只有15天的带薪假期。因此，葡萄牙在我们的样本中延长工作时间的成本最高（1.00），而新西兰最低（0.00）。

新西兰法律并没有规定通知期间和遣散费，而葡萄牙则对最短通知期间和遣散费作了严格的规定，如在葡萄牙一个有三年工龄的劳动者被以冗员理由解雇时有权在解雇一个月前得到通知，并能得到相当于3个月工资的遣散费。新西兰允许解雇雇员而不说明原因，这在葡萄牙是违宪的。这就说明了为什么新西兰解雇成本最低，而葡萄牙则最高。

在新西兰，一份适当的提前通知通常被认为是解雇冗员的公平理由。而葡萄牙则规定了一份关于解雇条件公共政策清单，在其中列举了终止雇佣合同的正当理由，并对解雇设置了严格的程序性限制，如通知政府的强制义务、终止集体雇佣合同必须经批准、冗员雇员对再雇佣拥有优先权。这些差别反映在解雇程序子指标就是：新西兰得分是0.14而葡萄牙是0.71。

这些差异最后反映在雇佣法指数上就是：新西兰（世界上最低之一）得分0.16，而葡萄牙（世界上最高之一）得分0.81。

就集体雇佣关系法而言，葡萄牙宪法赋予劳动者组织工会和参加集体谈判的权利，而雇主有与工会谈判的法定义务。法律将集体雇佣合同的适用范围扩展到了第三方，同时强制规定劳动者委员会应允许劳动者参与管理。在新西兰，法律并没有对这些事项进行规定。比如，如果集体雇佣谈判代理人取得代表一个雇员的授权，雇主就必须认可他的授权，但是没有义务同这一代理人进行谈判。新西兰和葡萄牙都不允许设立只雇佣工会会员的企业。这些差异解释了为什么新西兰的工会权力子指标在样本中得分最低（0），而葡萄牙则最高（0.71）。

两个国家关于集体雇佣纠纷的规定很相似。它们都保护罢工权，不过在新西兰罢工自由较小，而在葡萄牙罢工则是宪法权利。新西兰允许雇主下令停工，而葡萄牙不允许。新西兰没有规定罢工举行前的等待期和通知义务，而葡萄牙规定罢工举行前必须通知雇主。两个国家都不允许雇主解雇参与罢工的雇员；也都没有规定举行罢工前必须进行调解；也没有强制规定劳动纠纷必须进行第三方仲裁。最后，葡萄牙的集体雇佣纠纷子指标得分是 0.58，而新西兰是 0.50；葡萄牙的集体雇佣关系法指数是 0.65，而新西兰是 0.25。

葡萄牙的宪法有社会保障的规定，而新西兰的没有，但两个国家仍然构筑了相似（且优厚）的社会保障制度。就养老、残疾和死亡保险而言，新西兰的劳动者不仅享有福利所需的工作期限要求更低，而且可以获取预期长达 13.4 年的福利，而葡萄牙则只有 10.5 年。新西兰净福利占早先净工资的百分比是 76%，而葡萄牙只有 58%。新西兰的养老、残疾、死亡福利子指标得分是 0.84，而葡萄牙是 0.60。

葡萄牙规定，劳动者只有在参加工作六个月后才可以享有疾病和医疗保健福利，并且需要为这些保险支付月工资的 3.17%，同时在雇员患病与保险开始偿付之间有三天的时间差。新西兰没有规定参加工作最短期限条件、等待期，也没有规定劳动者需要为这些保险支付费用。葡萄牙的净福利大约占净工资的 65%，而我们考察的新西兰的员工的净福利与工资的比例比这个要高。这些差异彼此之间大体上可以互相抵消：新西兰的疾病、医疗保健福利子指标得分是 0.75，而葡萄牙是 0.70。

新西兰没有就享受失业福利规定最低工作期限，而葡萄牙的规定是 8 个月。不过，葡萄牙雇员在被解雇后就可立即享受福利即没有等待期，而新西兰必须等待 70 天。在葡萄牙所能享有的福利更优厚：净福利占早先净工资的 77%，而新西兰仅仅是 25%。这一差异反映在失业福利子指标上就是，新西兰得分 0.56，而葡萄牙则高达 0.90。

三个社会保障法子指标转换为社会保障法指数后，葡萄牙得分（0.74）比新西兰（0.70）稍高。

表 3 显示了各国雇佣法、集体雇佣关系法和社会保障法指数、1997 年人均 GDP 的对数、1928 ~ 1995 年间政府首脑和议会由左翼或中间派主导的时间比例、以及法律传统各变量的得分情况。图表还显示了收入、政府的左倾程度和法律传统的平均值和中位数。乍一看来，数据似乎表明：富裕国家的社会保障制度比贫穷国家要优厚得多，而劳动者保护法律却可能相似；左翼执政更多的国家有更多的劳动者保护法律；普通法国家的劳动者保护程度比四种大陆法系传统的国家低。下面我们将对这些数据进行系统考察。

表 3 各国主要指标得分

A 组显示了雇佣法指数、集体雇佣关系法指数、社会保障法指数、1997 年人均 GDP 的对数、1928 ~ 1995 年间主要执政党及议会第一大党具有左翼和中间倾向年数占总年数的百分比、各国的法律传统指标。B、C、D 组显示了各国各自的人均 GDP、左翼/中间派倾向和法律传统的统计结果。变量定义参见表 1，由于篇幅有限没有刊登，有需要的读者可向我们索取：bijiao@ citicpub. com，原始数据可以在 http：//iicg. som. yale. edu/获得。

	雇佣法指数	集体雇佣关系法指数	社会保障法指数	1997 年人均 GDP 的对数	左翼和中间倾向执政年数占总年数的百分比（1928 ~ 1995）	法律传统
A 组 数据						
阿根廷	0.3442	0.5774	0.7154	9.0070	0.4559	法国法传统
亚美尼亚	0.6017	0.5179	0.7337	6.2538	1.0000	社会主义
澳大利亚	0.3515	0.3720	0.7820	10.0110	0.3529	普通法
奥地利	0.5007	0.3601	0.7139	10.2481	0.2353	德国法传统
比利时	0.5133	0.4226	0.6240	10.1988	0.0882	法国法传统
玻利维亚	0.3728	0.4613	0.3702	6.8773	0.4412	法国法传统
巴西	0.5676	0.3780	0.5471	8.4638	0.2206	法国法传统
保加利亚	0.5189	0.4435	0.7610	7.0648	0.7059	社会主义
布基纳法索	0.4396	0.5268	0.1447	5.4806	0.9429	法国法传统
加拿大	0.2615	0.1964	0.7869	9.9179	0.6912	普通法
智利	0.4735	0.3810	0.6887	8.5112	0.3824	法国法传统
中国	0.4322	0.3304	0.7643	6.5511	0.6765	社会主义
哥伦比亚	0.3442	0.4851	0.8131	7.8241	0.3676	法国法传统
克罗地亚	0.4879	0.4524	0.6797	8.3802	0.6765	社会主义
捷克	0.5205	0.3393	0.6981	8.5698	0.8382	社会主义
丹麦	0.5727	0.4196	0.8727	10.4406	0.7353	斯堪的纳维亚
多米尼加	0.5972	0.2715	0.4876	7.4384	0.1176	法国法传统
厄瓜多尔	0.3966	0.6369	0.6542	7.3588	0.3971	法国法传统
埃及	0.3683	0.4107	0.7550	7.0901	0.8382	法国法传统
芬兰	0.7366	0.3185	0.7863	10.1511	0.7941	斯堪的纳维亚
法国	0.7443	0.6667	0.7838	10.1601	0.3382	法国法传统
格鲁吉亚	0.7713	0.5685	0.4491	6.3456	1.0000	社会主义
德国	0.7015	0.6071	0.6702	10.2608	0.2941	德国法传统
加纳	0.2881	0.4821	0.1576	5.9662	0.7368	普通法
希腊	0.5189	0.4851	0.7386	9.4222	0.2059	法国法传统

（续）

	雇佣法指数	集体雇佣关系法指数	社会保障法指数	1997 年人均 GDP 的对数	左翼和中间倾向执政年数占总年数的百分比（1928 ~ 1995）	法律传统
香港	0. 1696	0. 4554	0. 8050	10. 1382	0. 2794	普通法
匈牙利	0. 3773	0. 6071	0. 7275	8. 4141	0. 6618	社会主义
印度	0. 4434	0. 3839	0. 4003	6. 0403	1. 0000	普通法
印尼	0. 6813	0. 3929	0. 1772	7. 0121	0. 1957	法国法传统
爱尔兰	0. 3427	0. 4643	0. 7144	9. 8924	0. 0000	普通法
以色列	0. 2890	0. 3095	0. 8068	9. 7238	0. 7660	普通法
意大利	0. 6499	0. 6310	0. 7572	9. 9311	0. 3235	法国法传统
牙买加	0. 1628	0. 2262	0. 1677	7. 5229	0. 4242	普通法
日本	0. 1639	0. 6280	0. 6417	10. 5545	0. 0147	德国法传统
约旦	0. 6977	0. 3810	0. 2099	7. 3840	0. 0000	法国法传统
哈萨克斯坦	0. 7796	0. 6815	0. 2778	7. 2298	1. 0000	社会主义
肯尼亚	0. 3687	0. 2262	0. 3114	5. 8579	1. 0000	普通法
韩国	0. 4457	0. 5446	0. 6774	9. 3405	0. 4000	德国法传统
吉尔吉斯斯坦	0. 7459	0. 4613	0. 7678	6. 1527	0. 9412	社会主义
拉脱维亚	0. 7211	0. 5327	0. 7023	7. 7407	0. 7647	社会主义
黎巴嫩	0. 5024	0. 4137	0. 3948	8. 1197	0. 1923	法国法传统
立陶宛	0. 6233	0. 4970	0. 7458	7. 7053	0. 7941	社会主义
马达加斯加	0. 4749	0. 4643	0. 2003	5. 5215	1. 0000	法国法传统
马拉维	0. 1833	0. 2470	0. 0000	5. 3471	0. 1290	普通法
马来西亚	0. 1885	0. 1875	0. 1950	8. 4338	0. 0000	普通法
马里	0. 6674	0. 3929	0. 1658	5. 5607	0. 3429	法国法传统
墨西哥	0. 5943	0. 5774	0. 5063	8. 2188	1. 0000	法国法传统
蒙古	0. 3256	0. 2292	0. 7383	6. 0403	0. 9706	社会主义
摩洛哥	0. 2616	0. 4881	0. 5165	7. 1309	0. 0000	法国法传统
莫桑比克	0. 7946	0. 5804	0. 4452	5. 1930	1. 0000	法国法传统
荷兰	0. 7256	0. 4643	0. 6282	10. 2128	0. 2647	法国法传统
新西兰	0. 1607	0. 2500	0. 7188	9. 6909	0. 4559	普通法
尼日利亚	0. 1929	0. 2054	0. 3447	5. 5984	0. 5429	普通法
挪威	0. 6853	0. 6488	0. 8259	10. 5018	0. 7059	斯堪的纳维亚
巴基斯坦	0. 3433	0. 3095	0. 4714	6. 2344	0. 4375	普通法
巴拿马	0. 6246	0. 4554	0. 7431	8. 0163	0. 5000	法国法传统
秘鲁	0. 4630	0. 7113	0. 4167	7. 7832	0. 4265	法国法传统

（续）

	雇佣法指数	集体雇佣关系法指数	社会保障法指数	1997 年人均 GDP 的对数	左翼和中间倾向执政年数占总年数的百分比（1928 ~ 1995）	法律传统
菲律宾	0.4762	0.5149	0.4941	7.1148	0.3469	法国法传统
波兰	0.6395	0.5655	0.6459	8.1775	0.9118	社会主义
葡萄牙	0.8088	0.6488	0.7352	9.3281	0.0882	法国法传统
罗马尼亚	0.3273	0.5565	0.7411	7.2442	0.9265	社会主义
俄罗斯	0.8276	0.5774	0.8470	7.8633	0.9412	社会主义
塞内加尔	0.5099	0.5744	0.3835	6.2729	1.0000	法国法传统
新加坡	0.3116	0.3423	0.4618	10.2198	0.3000	普通法
斯洛伐克	0.6571	0.4524	0.7284	8.2584	0.8824	社会主义
斯洛文尼亚	0.7359	0.4851	0.7755	9.1973	0.7353	社会主义
南非	0.3204	0.5446	0.5753	8.2134	0.0147	普通法
西班牙	0.7447	0.5863	0.7660	9.6382	0.3088	法国法传统
斯里兰卡	0.4685	0.5060	0.1945	6.6720	0.8298	普通法
瑞典	0.7405	0.5387	0.8448	10.2306	0.8529	斯堪的纳维亚
瑞士	0.4520	0.4167	0.8151	10.6782	0.6912	德国法传统
台湾	0.4534	0.3155	0.7478	9.2519	0.0000	德国法传统
坦桑尼亚	0.6843	0.3244	0.0880	5.3471	1.0000	普通法
泰国	0.4097	0.3571	0.4707	7.9302	0.0735	普通法
突尼斯	0.8158	0.3810	0.7063	7.6401	0.9744	法国法传统
土耳其	0.4026	0.4732	0.4777	8.0678	0.5441	法国法传统
乌干达	0.3530	0.3810	0.1088	5.7683	0.9697	普通法
乌克兰	0.6609	0.5774	0.8499	6.9177	1.0000	社会主义
英国	0.2824	0.1875	0.6915	9.9763	0.2794	普通法
美国	0.2176	0.2589	0.6461	10.3129	0.7059	普通法
乌拉圭	0.2762	0.3542	0.6778	8.7641	0.5000	法国法传统
委内瑞拉	0.6509	0.5357	0.7299	8.1662	0.5441	法国法传统
越南	0.5401	0.4821	0.5198	5.8290	1.0000	社会主义
赞比亚	0.1480	0.2914	0.1055	5.9135	1.0000	普通法
津巴布韦	0.2513	0.4435	0.1623	6.5793	0.5000	普通法
样本平均值	0.4876	0.4451	0.5690	8.0213	0.5646	
样本中位数	0.4749	0.4554	0.6774	8.0163	0.5441	
B 组　人均 GDP 数据						
中位数以下：平均值	0.4889	0.4408	0.4481	6.6285	0.6846	

（续）

		雇佣法指数	集体雇佣关系法指数	社会保障法指数	1997年人均GDP的对数	左翼和中间倾向执政年数占总年数的百分比（1928～1995）	法律传统
	中位数	0.4657	0.4613	0.4471	6.6256	0.8120	
中位数以上：	平均值	0.4862	0.4493	0.6872	9.3817	0.4473	
	中位数	0.5007	0.4554	0.7154	9.6382	0.4000	
C组　左翼/中间倾向执政							
中位数以下：	平均值	0.4378	0.4345	0.5504	8.4929	0.2676	
	中位数	0.4277	0.4330	0.6350	8.4875	0.2971	
中位数以上：	平均值	0.5361	0.4554	0.5873	7.5607	0.8546	
	中位数	0.5205	0.4732	0.7063	7.2442	0.8824	
D组　法律传统数据							
普通法传统	平均值	0.2997	0.3313	0.4236	7.8045	0.5204	
	中位数	0.2886	0.3170	0.4311	7.7266	0.4779	
社会主义	平均值	0.5944	0.4925	0.6923	7.3650	0.8646	
法律传统	中位数	0.6233	0.4970	0.7337	7.2442	0.9118	
法国法传统	平均值	0.5470	0.4914	0.5454	7.9034	0.4484	
	中位数	0.5161	0.4792	0.5855	7.9202	0.3750	
德国法传统	平均值	0.4529	0.4787	0.7110	10.0557	0.2725	
	中位数	0.4527	0.4807	0.6957	10.2545	0.2647	
斯堪的纳维	平均值	0.6838	0.4814	0.8324	10.3310	0.7721	
亚法律传统	中位数	0.7110	0.4792	0.8354	10.3356	0.7647	

五、对各种理论的检验

我们对劳动者保护和它的两个潜在决定因素（人均收入和法律传统）之间的关系进行了统计考察。结果没有发现表明雇佣法或集体雇佣关系法随各国经济发展水平变化的证据。这一结论同效率理论关于富裕国家的监管因市场失灵较少而较少的推论不一致。相反，有明确的证据表明，不管用总体指数还是分别用养老、医疗保健和失业福利子指标来衡量，富裕国家的社会保障制度都更优厚。

统计还表明，法律传统对劳动法的各领域影响都很大。所有种类的大陆法系法律传统国家的雇佣法指数都比普通法国家高，同时法国法传统国家、社会主义法国家、斯堪的纳维亚国家之间也存在相当大的数量差异。法律传统的解释力很强：R2 回归的结果是44％。

不同法律传统之间在集体雇佣关系法方面的差异也很大：普通法国家对劳动者的保护力度比大陆法系国家弱。这里的 R2 回归的结果是 31%。在社会保障法方面情况更复杂，社会主义法国家、斯堪的纳维亚国家、法国法传统国家（而不是德国法传统国家）的社会保障制度比普通法国家优厚得多。由于收入因素对社会保障法至关重要，这里的 R2 回归结果达到了惊人的 64%。总之，法律传统是劳动者成文法保护诸方面的一个令人吃惊的重要决定因素，同时与关于其他经济生活监管的证据所表明的一样，法国法传统国家、社会主义法传统国家对劳动力市场干预力度最大（La Porta 等 1999；Djankov 等 2002）。

我们还运用样本中 1950～1995 年非民主国家的三种法律指数进行了回归，以对罗依关于大陆法系代表社会民主发展程度的假设进行分析。结果表明，即使在非民主国家，法律传统因素仍然是雇佣法、集体雇佣关系法和社会保障法的重要决定因素，这与 Roe 的上述假设不一致。这一结论在运用各种不同的非民主国家定义进行检验后仍然很稳健。

在将人均收入作为常数的情况下，我们考察了政府权力对劳动法的影响。结果发现，在 1928～1995 年和 1975～1995 年两个期间里左翼或中间派执政时间更长的国家对劳动力市场的监管更严厉（6 项指标中的 5 个统计显著）。更高的工会密度也和更严厉的劳动者保护相关。这一结论支持了认为劳动者保护源自其政府权力的理论，尽管这些回归中较低的 R2 回归结果表明政府权力变量的解释力比法律传统弱得多。

此外，我们的研究证明了政府制约因素重要性的混合证据。实行比例代表制的国家制定了更多的雇佣合同法和集体雇佣关系法，这意味着政府制约因素带来了对劳动者的更多保护。但是，同样的结论并不适用于其他变量。这些结论提供了政府制约因素减少了对市场的干预的混合证据。不过，它们的确为阿莱西亚—格雷泽（Alesina-Glaeser 2004）的理论提供了一些支持：作为一种民主方式，比例代表制是对工会权力的反映，保护劳动力的法律亦是如此。

在法律传统和政府权力的比较研究中，我们将社会主义法律传统从样本中去掉，因为左翼政府变量和社会主义法律传统变量之间存在着很高的相关性，不过，在对包含社会主义国家的样本中进行检验后，所有结论仍然成立。结果显示法律传统的重要性超过了政府权力，也解释了大部分 R2 结果。在我们进行的 9 个回归中的 6 个中，政府权力变量对劳动力监管的影响并不一致。相反，普通法国家和法国法传统国家之间的差异总是统计显著的。法国法传统国家的雇佣法和集体雇佣关系法平均得分比普通法系国家高 50% 到 100%。德国法传统国家和斯堪的纳维亚国家比普通法系国家为劳动者提供了更好的保护，尽管就斯堪的纳维亚国家而言结论与政府制的因素带来对劳动者更多保护的结论并不是非常一致。因此，我们认为法律传统比政府权力对劳动力监管的影响更大，并且两者对劳动力监管的影响之间存在差异。

这并不意味着政府权力因素不重要，但也不认同法律仅仅代表社会民主发展程度的极端假设。法律传统的重要性（和人均收入的不重要性）也很难说与劳动力监管的效率理论一致，除非效率理论认为监管模式的效率很大程度上取决于它与该国法律框架的一致性。

六、不同领域的监管

法律理论最有力的一个推断是，监管模式的选择部分取决于其法律制度，因此社会对某一活动进行监管同样也可能对其他可能完全不相关的活动进行监管。我们之前的研究已经表明法国法传统国家对新设立企业、法院纠纷解决机制和其他活动的监管比普通法系国家要严厉得多（La Porta 等 1999；Djankov 等 2002，2003b）。本文同该研究的结论大体上是一致的。

我们对劳动力监管的考察和詹科夫等人（Djankov 等 2002）进行的市场准入监管考察及詹科夫等人（2003b）进行的法律形式考察之间具有相关性。数据表明，这些不同的监管相互之间存在一致性，尽管三个研究的数据搜集方法很不一样。雇佣法指数和法律形式指数之间的相关性在一种情况下是 0.33，在另一种情况下是 0.41。雇佣法指数和市场准入所需步骤数量的对数之间的相关性是 0.34。如果我们去掉社会主义国家，这些相关性大约下降 0.05，但是仍然保持很高的统计显著。集体雇佣关系法的数值甚至更高一些，尽管社会保障制度与市场准入监管之间存在负相关（原因是收入因素对两者的影响正好相反）。不同活动的监管模式之间存在很多共通性——与法律传统理论观点一致。

七、监管的结果

最后，我们分析了劳动力监管的一些结果。这样做有两个原因：首先，效率理论推测说，严厉的监管会给劳动力市场带来更好（且肯定不会更坏）的结果。这一推测已经被拉泽尔（Lazear 1990）贝斯利和布尔格斯（Besley 和 Burgess 2003）进行的一系列实证研究所推翻，我们在这里也验证了他们的发现。第二，如果劳动力监管会使部分劳动者受损，那么谁又将从中受益？从另一角度看，严厉的劳动力监管是否有政府权力的支持？或者说，法律传统可以在技术上为劳动力市场的社会控制提供支持？

我们考察了劳动力监管的各种潜在后果，包括地下经济的规模和雇佣关系、男性与女性劳动者参工情况、失业率、20～24岁的男性、女性劳动者的失业率。此外还考察了蓝领与白领雇员的平均工资，以对受保护与不受保护的劳动者之间的比较工资进行评估。这些变量都存在衡量尺度问题，尤其是在发展中国家，那里的很多雇佣关系是非正式的且并没有官方统计。不过，我们希望通过对数据的不同维度进行考察，大体上得出一个结论。

我们在所有考察中都控制了平均受教育年数（该变量主要由人均收入而非监管决定），作为法律执行质量代表的影响①。总体而言，没有显示劳动力监管有特别的收益或成本。一些证据表明，更多的保护性集体雇佣关系法（而不是别的）与更大规模的地下经济相关，同时更多的保护性雇佣法、集体雇佣关系法和社会保障法带来了更低的男性（而非女性）参加工作的比例，更多的保护性雇佣法导致了较高的失业率尤其是年轻人失业率。最后，一些证据表明，优厚的社会保障制度与其覆盖范围内的劳动者的较高比较工资相关。关于年轻人失业率的证据支持了政府权力理论认为劳动法所赋予权利的享有者支持更严厉的劳动法的观点。这一发现与其他研究的发现一致（Blanchflower 和 Freeman 2000）。

我们还对法律执行质量进行了考察：依人均收入的中位数将样本国家分成富裕国家和贫穷国家。在分析富裕国家时，我们的结论仍然成立，但是分析贫穷国家时，结论总体上并不成立。这一证据支持了劳动法在其更可能得到执行的国家即富裕国家中会产生反向结果的观点。这对效率理论提出了进一步质疑，因为它准确的证明了当法律影响更大时监管将造成损失。

我们还用法律传统（只采用普通法进行虚拟或采用全部法律传统进行虚拟）作为制度变量对回归进行了评估。结果表明，在大多数情况下对男性劳动者参工率、失业率尤其是年轻人失业率的分析结论仍然保持统计显著，并且很多指数明显上升。关于受保护劳动者和受保护水平较低劳动者的比较工资的结论变得更有力。

所有的证据都没有为效率理论提供多少支持，即劳动力监管解决了市场失灵问题。分析的结论支持了下面的观点：法律传统决定了监管模式，并且至少一些效率衡量证明这种关系造成了反向后果。

---

① 作为法律执行质量的一种替代性分析，我们在搜集正反影响因素时使用了法院诉讼时间长度，并引入了 Djankov 等人（2003b）所使用的拒付支票和逐出未付租金租赁人的因素，结论仍然成立。

八、结论

关于劳动力政府监管有三种理论。效率理论认为，监管的目的在于最有效地解决市场失灵问题。政府权力理论认为政治领导人利用监管使自己及同盟者受益。法律传统理论认为各国的法律传统决定了该国的监管模式，而法律传统又在很大程度上取决于对少数法律体系的移植。我们利用这三种理论分析了 85 个国家的劳动力市场监管。

正如我们指出的，很难对效率理论进行批驳，但是我们也没有找到多少能支持其基本观点的证据。需要特别指出的是，我们发现严厉的劳动力监管给劳动者参工率和失业率尤其是年轻人失业率带来了反向后果。有一些证据支持政府权力理论的如下观点：左翼政府执政时间更长的国家对劳动力的监管更严厉。最后，有很有力的证据证明，一个国家的法律传统是其劳动力和其他市场的监管模式的重要决定因素。此外，法律传统似乎并不代表社会民主主义——它的解释力是独立的并且相当大。这一证据与法律传统理论一致，该理论认为各国的监管模式在很大程度取决于其所移植的法律结构。

这些结论并不意味着效率因素在监管中并不重要，更确切地说，注重分析样本中的发展中国家而不仅仅是法律演进更快的富裕国家的做法，使我们的结论容易与效率假设抵触。这些发现也并不意味着政府权力因素并不重要，实际上我们还发现了证明其重要性的证据。然而，我们数据中劳动法的主要解释因素是法律传统。

这一证据证明了我们之前进行的关于市场准入监管和司法程序形式主义的研究。那些研究表明，法律传统不同的国家运用不同的制度设计来进行社会控制。本文的一个核心发现是，我们对各国不同领域监管进行的评估之间具有高度相关性：对市场准入进行监管的国家同时也对劳动力市场和司法诉讼程序进行监管。本研究的基本结论是制度移植的中心地位：各国对各种活动的监管模式之间存在共通性，而它们的法律传统决定了各自的监管模式。

（中国政法大学　辛亚杰　译）

（参考文献从略，如有需要可向《比较》编辑室索取：bijiao@ citicpub. com）

香港：发展城市公共交通优先体系背后的经济学和管理学

王缉宪

引 言

凡是到过香港的人，无不被那种典型的“港式”城市形象吸引：维多利亚港湾两旁高楼的层层叠叠、繁华商业区的熙熙攘攘、狭窄街道的车水马龙。不过，当有机会到香港郊野地区或者众多的岛屿一游的时候，这个城市又呈现出其完全不同的一面：宁静谐趣的绿色山野小径、一望无际的蔚蓝海岸，其实离每个家庭都不到30分钟的路程。这种闹静相邻的景象恰恰反映出香港城市发展上的最大特色：在这片1 100平方公里的土地上，经过100多年的城市化所形成的建成区面积仍然只占城市总面积的18%（对照深圳：25年的城市化形成了的占总面积40%的建成区）。690万人口集中居住和工作在不到200平方公里的空间，自然是“立体发展”，楼挨着楼。而正是这种城市空间格局决定了她那同样独特的交通运输体系。

今天，香港有1 100万人次每天乘搭公共交通工具上学、放学和上下班，占整个通勤人数的89%。这是世界上最高的公交搭乘比例（与之相比，美国的主要城市都在10%～20%左右，西欧城市在20%～40%，中国的主要城市在20%～50%）。这个公交系统是相当多元化的，它包括地铁和郊区铁路（占公交系统的36.5%），大型巴士（占35.1%），小型公共巴士（16座，占16%），居

* 作者为香港大学地理学院副教授。联系地址：jwang@ hkucc. hku. hk。

民巴士（占 1.4%），轮渡（占 1.6%），有轨电车和小型出租车，（占 8.6%）①。

在香港可以看到很多漂亮干净的名牌高档小轿车，据称这里是世界城市中拥有显示身价的劳斯莱斯牌轿车最多的地方。但是，事实上香港是世界主要发达城市中人均汽车拥有量最低的三个城市之一（另外两个是纽约和新加坡）。到 2005 年底，香港注册的私人轿车为 338 311 辆。以 690 万人口计算，平均每百人 5 辆私家车，或者每百个家庭 20 辆（对比：美国目前每百人 70 辆）。可以说，如果把世界城市交通分为以私人小汽车为主和公交为主的两大基本体系，美国的洛杉矶和中国的香港可看作这两大阵营的极端代表者。图 1 列出了世界 37 个城市人均私人汽车使用量和城市人均产值的关系，显示香港在高收入水平上成功限制了私人汽车的使用。

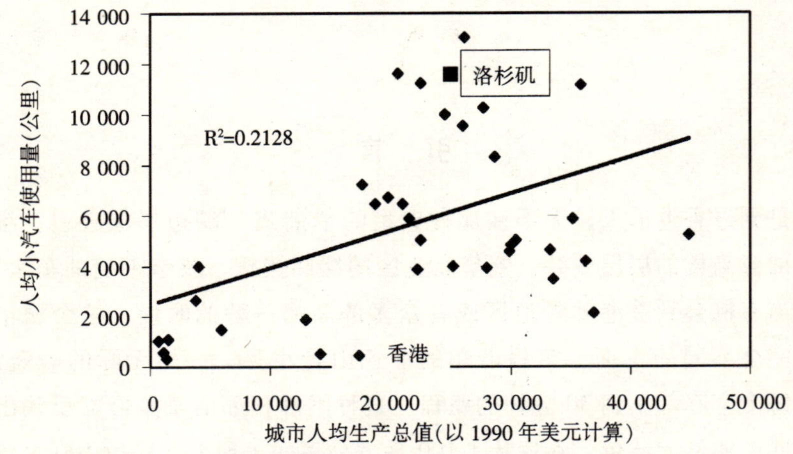

图 1　世界 37 个城市人均产值与人均轿车使用量的关系

资料来源：Newman，Peter（2000）：Table 1 in Sustainable Transportation and Global Cities，可以登录网站 http：//wwwistp. murdoch. edu. au/publications/e_ public/Case% 20Studies_ Asia/sustrans/sustrans. htm。

上面这个简短的介绍让我们看到了香港以公交为本的特点。但是，人们更关心的是：为什么这样的城市交通体系可以建立？怎样可以做到控制私人汽车的增长和使用而保证公共交通优先？发展这样的体系遇到的主要问题在哪里？什么样的制度使得这样的交通体系可以持续？我这里将以有限的篇幅尽力回答上述问题，希望得到一些值得我国大城市借鉴的东西。

---

① 2005 年统计数据，来自香港特区政府运输署网站。

香港发展公交优先体系的过程与经验

40年前，也就是20世纪60年代中期，香港开始接触和接受西方刚刚兴起的城市交通规划思想，着手早期的城市交通调研，并在60年代末进行了第一次整体城市交通发展研究。就是在那个最初的研究中，确立了“公共交通优先”的基本指导思想，并配以一系列相关的政策，成为政策白皮书，在1989年修订之后，自始至终地贯彻到今天。当时确定公交优先的原因有以下两个。首先，充分认识到香港发展空间的局限——作为一个殖民地城市，除了填海，它的“尺寸”绝对不会增加，因而这么宝贵的土地资源必须有效利用。由于道路系统是占用土地资源的一个大项，所以，如何最有效地使用路面，或者发展不占用路面的交通系统，对于香港来说极为重要。其次，香港需要安顿大量的低收入移民和劳工，不仅要为他们提供廉价的基本居所（即“公共屋邨”，又称廉租屋，那里居住的人口占到总人口的50%以上），更要配合这样的大型高密度屋邨建设发展出相应的公共交通系统。

既然这个城市的土地是最宝贵的，发展相应的城市交通系统就有两件事要做好：第一，以单位路面的空间利用率给路面交通运输工具排座次，以此给予优先权。巴士的道路利用效率最高，排第一，从道路使用上给予最大优先权，小型巴士第二，出租车再次，私人汽车因为每车平均载人数最低，所以排在最后，不仅没有优先权，还通过在中心区设立有限的停车位、高油税和高轮胎税等经济手段来限制其使用。第二，不断建设地铁或高架铁路，提高这种大运量、高效率、无塞车、不占路面空间的运输方式在整个运输系统中的比重。在发展铁路系统的过程中，一并发展了所谓的“铁路站场上盖物业”，也就是说，将人口活动的地点（居住和商务）相对集中地建设在距离地铁站150米的半径内，沿线铸成糖葫芦串式的空间发展形态，或者通过免费转乘巴士驳接大型公共屋邨。这种“大运量运输方式 + 高密度住宅小区”成为香港城市建设的最大特色之一。发展“铁路站场上盖物业”除了体现城市活动和居住布局与城市交通网线布局同步规划和发展之外，还体现了背后的价值流和资金流的重要关系。由于铁路线路的专营和网络独立性，其无交通阻塞的特点使它可以明显地改善所连接的地点之间的可达性。在市场经济条件下，这种改善给乘客带来出行时间上的节约，将会自动转化为铁路站上盖和附近地点地租的上升。因此，如果将铁路站上盖物业的发展权交给铁路系统的运营商，则可以将这种出行时间节约带来的额外租金转化为铁路运营的资金。香港政府在地铁发展时就是采用这种政策，参见图2。于是，香港地铁公司是世界寥寥无几的实现盈利的城市铁路系统之一，其50%以上的资金收入不是来自票务，而是物业和广告的租金。

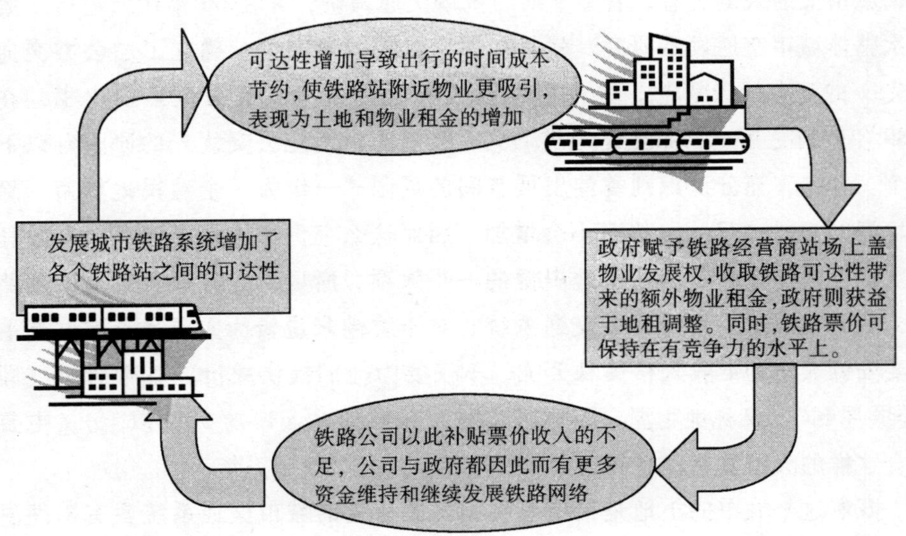

图2　铁路可达性提高与铁路站上盖物业的发展形成的铁路网发展的良性资金链

除了铁路系统，提供第二大单元运输能力的是巴士（大型公共汽车）系统。它与铁路不同，虽然要占用宝贵的路面，但其网络的灵活性始终是铁路望尘莫及的。因此，如果说铁路系统提供了城市运输的脊梁的话，那么一个有效率的巴士服务就好比覆盖城市全身的血管系统，可以保障城市的正常运作。这个系统成功与否有三个关键：一是有个良好的自组织体系，二是有个与城市发展的配合机制，三是有一套有效的监督控制公交体系运作的办法。

所谓自组织体系，是指一个有竞争又有合作的市场机制。世界上多数城市的公交或者巴士系统是非盈利的，或者说，是政府补贴下的福利型运营。而香港从整体交通运输规划的一开始，就支持一种非公营的竞争市场机制来运行巴士系统。考虑到巴士公司需要一个基本的市场规模才能盈利，政府有意给每个巴士公司一定的地段与线路组合，以保证其生存条件。例如，九龙巴士公司在九龙和新界地区基本是垄断的独家生意，而其来往港岛地区的过海线路则要与其他巴士公司及线路直接竞争。与城市发展配合，是指如何保证新区与老区、高密度高流量地区与低密度低流量地区都得到适当的服务。政府假设私营巴士公司在市场竞争机制中是以牟利为目标的，因此其行为如果不加管制，那么车辆必然只走赚钱的线路，放弃不赚钱的地段。这样，政府就在批出专营权时，肥瘦搭配地捆绑线路，交给同一家中标公司经营，并设置下限服务标准，例如主要时段的发车间隔时间，以保证巴士所到之处都有一定水平的公交服务。

巴士和铁路仍然不能覆盖所有地点，特别是人口密度低和道路狭窄的地方。这两类地方又往往是居住方面有特色的地点，可能是沿海或者山顶的高尚住宅区，也可能是缺少投资的旧街陋巷。对于前者，不提供公共交通服务，就等于变相鼓励私人汽车的使用；对于后者，不提供公交服务是社会的不平等。所以，政府不仅接受了六十年代自动兴起的小巴（14 座），还因势利导地将其合法化和专营化，让它成为巴士的补充，提供两种一般巴士做不到的事情。一是由绿色小巴系统提供相对低密度居住地段的交通；二是由红色小巴系统负责处理不定时、不定点的人流聚集点，例如大型集会的散场时刻。这种红色小巴是一种价格、路线都可以自由变动的公交工具，专门接送夜班工人、集会散场人群等常规公交无法处理的客流。这样，不同的交通工具形成了一个多元组合公交系统，不仅有效覆盖全市所有地区，也服务了不同的人群和活动，成为私家车的有效和有力的竞争者。

保证这样一个多元系统的正常运行需要有一个有效的监察和控制系统，因为城市交通服务具有市民基本生活保障品的性质，不能完全依赖市场力量。政府以权力和税收得来的资源去监督、扶植和管理好城市交通是责无旁贷的，难点或者绝招在于如何与市场力量配合。在香港，政府在这里做了以下几个方面的事情：

（1）大力扶植铁路系统。从 20 世纪 70 年代末香港第一条地铁线投入建设起，政府就一直强调公交系统中铁路的重要性。发展铁路系统最大的问题是投资大而回报慢。因此，铁路系统一开始就是完全公营的，回报主要不是靠提高票价，而是上盖物业和广告的租金。

（2）建设高效率的道路体系。虽然道路狭窄，但香港却有世界上最有效率的城市道路系统之一：在过去 30 年，它的主要道路高峰时间的车辆平均时速一直保持在大约 22 公里的水平（相比之下，北京、上海等城市在过去 20 年在 8～16 公里之间）。其基本措施除了有效控制了车辆总量之外，还包括实行大量的单向行车、电脑路口灯号调控、局部限制沿线停车、巴士专用线、精心设计各种以车流量为本而不是以美观对称为本的立交桥（与许多内地城市不同，在香港见不到双向或者多向对称的立交桥，因为各个方向的车流量通常都是不平衡的，所以从实用考虑，应设计各方向流通能力不同的高架桥）。

（3）以专营方式开放巴士和小巴市场。政府以合约方式将线路组合后批给中标的巴士公司，在合约中规范巴士公司的行为，并在每五年续约的时候，评审巴士公司的表现并及时修订合约内容，从而不断提高对巴士公司的管治水平。

（4）鼓励和扶植交通系统之间的配合。根据各个运输方式和各个主要站场的客流量情况，要求小运力方式（如小巴）与大运力方式（如地铁）尽量配合，同时提供的有防雨上盖的大型综合转乘站，方便公交方式间的转乘，因为只有出色和方便的整体公交系统才能和私家车竞争，仅靠公交优先的总政策是不够的。

（5）通过灵活但稳定的多运输方式互动的价格体系，保持各个系统之间的竞争。2006 年初，本人与麦肯锡公司合作，分析了香港的地铁、有轨电车和巴士这三种运输方式在同一路段提供服务时的价格关系，证实了这样的一个假设：经过多年市场竞争之后，这几个不同运输方式之间形成了一个合理的价格关系，它的基本特征是，点到点的旅行时间与车票的价格成反比。具体而言，如果从始发地需要走很长的路到地铁站上车，再在出站后走一段才到达目的地，而乘坐巴士可以更直接省时的话，巴士的票价是相对贵的，它反映了其价值；如果情况相反，乘地铁更快捷和直接的时候，地铁的票价则相对较贵，同样反映出其节约旅行时间的价值。同理，市区内出行的距离越长，采用铁路而不需要转乘的乘客时间节约越多，票价也相对越贵。而对于时间要求不高而不希望转乘的旅客而言（如下班回家的旅程），他们往往愿意付出较低的票价，搭乘巴士，一坐到底，甚至睡上一觉。这种情况反映了票价机制与市民对于出行时间价值节约的认识是一致的。形成这样的价格体系的关键在两点：一是相对独立自由的票价变动机制，二是适度的多方式的同线路竞争。关于票价调整，香港多年来采取了一种允许巴士公司随通货膨胀率加价的机制，而其他运输方式的价格则根据其与巴士公司竞争的需要而相应调整。这样做的好处有三个。第一，每次加价的幅度都不会太大，以致引起社会不满；第二，公交运输系统可以长期自负盈亏地运营，不需要政府补贴；第三，由于受到其他运输方式在价格上的竞争，即使在某些由单一巴士公司专营的地区，巴士公司的定价也会相对合理，而乘客会自动选择其出行方式。比如几个人去某地午餐就通常会乘的士，因为它比其他公交方式更便宜和直接。这个价格体系可以说是香港交通体系成功的核心内容之一。

（6）限制小汽车的使用。香港从30年前开始采取高燃油税、高轮胎税和高车辆首次购买税三个方式控制私家车的拥有和使用。20世纪70年代到90年代，香港曾成功将私家车拥有量控制在每100户12～13辆的水平。但随着人均收入的不断提高，这种控制愈来愈难。于是，这方面的政策就越倾向于限制车辆的使用而不是拥有。燃油税和轮胎税都是与使用量挂钩的，所以订得很高。目前的燃油税为油价的100%左右。香港将在2012年左右将局部实行电子道路收费，以限制进入城市中心（中环）的车，在道路使用上体现“用者自负”的原则。

（7）从方法上不断改善，以配合城市土地使用规划。从早期相对简单的“LUTO”交通—土地使用一体化分析模型开始，政府就通过各种方式研究如何更好地使交通规划与土地使用规划配合起来。例如，从20世纪70年代到90年代，香港的“新市镇”（即卫星城）的发展就经历了从“居住优先”（housing-led）到“交通优先”（transport-led）的发展过程。所谓交通优先，就是在规划的居住人口还没有到位的时候，新市镇的交通基础设施和部分巴士线路都已经到位。政府通过这种超前补贴的方式，鼓励市民迁入新区。

（8）从体制上不断实现专业化和民主化。香港政府的运输署成立于1970年。从那时候开始，香港的交通管理和执法就分开了：警察只负责执法，交通的规划、管理以及相关的融资和财务事项（如车辆牌照税等）都与警方无关。相比之下，内地城市的交警仍然是城市管理的核心机构，而且很多城市的汽车牌照税还与交警的经费高度相关，造成管理交通的机构从本质上期望路上有更多的车辆，而不是更畅顺的交通！体制专业化的另外一个重要方面是成立由非政府的专业人士为主的交通咨询委员会，负责审定诸如票价、出租车管理等社会敏感的交通事务。体制上的民主则体现在，主要交通投资建设的公开咨询逐步程序化和相关资料逐步透明化。

教训、改进和仍然存在的问题

香港发展公交为本的城市交通体系虽然从一开始路子就走对了，但在实施过程中还是遇到了各种问题，吃到过一些苦头，而且仍有不少头痛的问题有待解决。

首先，由于香港城市交通体系发展与其市场经济体系奉行相同的哲学，就不难发现其核心是寻求运输的效率。对各个运输方式以动态路面使用效率来分出优先发展的排名，就是追求整个运输服务的运作效率。同时，在道路等基础设施建设上当然也会追求单位时间的车流量。这样做的结果，必然导致城市街道在发展和改造时，重视为车服务的“道”，而不是为行人服务的“街”。香港很多地方都可以看到路边的人行道非常狭窄和拥挤。但在效率第一的哲学里，行人很难得到重视。直到近年来，随着可持续发展思想抬头，步行街等恢复“街”功能的规划和行动才得到重视。也许在不久的将来，随着人文主义的进一步提升，香港的交通系统可以更以人为本一些。

在交通运输基础建设中，另一个难题是如何让私人发展商参与。典型的个案是香港三个连接港岛与九龙的过海隧道的关系。红墈中区海底隧道是20世纪60年代由政府全资兴建的，至今为止，一直是位置最好、收费最低、流量最大。而东区海底隧道和西区海底隧道是后来政府通过BOT方式（即“建设－营运－转让”），由私人发展商投资兴建的。由于政府受到当时缔约的条款的限制，不能左右这两条隧道的收费，所以今天落得三条隧道流量极不平衡但又束手无策的局面。这反映出当年政府“省钱”的做法，导致了今天纳税人更多的付出（要么在政府经营的中区隧道排长队而付出更多的时间，要么在其他两条隧道付出更贵的买路钱）。但如何解决这个问题并不简单，因为提前解约和买回隧道需要付出极高的代价，否则就需要采用交互补贴（cross-subsidizing），以中区隧道部分加价得到的收益，“买低”另外两条隧道的收费水平，使隧道使用者在政府的变相支持下平均使用三条隧道。但这种技术上可行的办法在越来越民主的香港，实际操作的政治困难变得很大，因为有人会认为，政府这样做等于变相确保了私人隧道经营商的高额利润。这个问题的出现甚至令人从根本上怀疑在城市公共交通这个领域采用BOT方式的可行性，而采用哪一种办法计算交通运输基础设施的财务回报和社会经济效益也仍然需要探讨。

政府如何监管巴士市场也不是一件容易的事。在这方面香港虽然比起世界大多数城市（包括比较成功地放松了对巴士的监管的伦敦）还成功，但还是有不少教训，其中比较突出的是对专营巴士公司的利润管制。2006年以前，政府授予巴士公司专营权的时候都附带利润上限管制：票价的调整以业界平均固定资产回报率15%为收入上限，超过上限的回报必须50%还给乘客。这项限制的目的是为了保障普通乘客不受巴士公司为追求更大利润空间而加价的困扰。在很长时间内，该政策没有出现问题。但是，当1997年以后香港经济出现下滑、巴士的利润空间收窄时，巴士公司便采取了一种提高自己竞争力、同时提高绝对利润额的办法：购买和投入更多的车辆以提高资产总值。一时之间，路上多了很多巴士，但每辆车上的乘客则减少了。结果，道路这个“准公共物品”被挤占，导致道路使用效率下降，其他道路使用者的成本上升，香港公交系统引起的空气污染也不正常地上升。经过仔细的研究，政府在得到民众和各党派的支持后决定从2006年开始新的票价调整，其指标为0.5×运输业工资变化+0.5×消费指数变化-0.5×生产率变化。而超过上限的回报必须50%还给乘客这个条件不变。这样的改革更合理地体现了政府所期望的有监管的市场运作（regulated market operation）。

表1　香港政府对于各种公共交通工具监管方式的比较

种 类	拥有权	政府对供应的控制		政府对价格的控制
		车的数量	行走线路/班次	
专营巴士/专线小巴（绿）	私营	没有	有	有
非专线小巴（红）	私营	有	没有	没有
渡轮	私营	没有	有	有
地铁	私营	没有	有	没有
九广铁路/轻铁	公营	没有	没有	没有
的士	私营	有	没有	有

另外，1997～2003年经济出现衰退的五年间，香港的公交系统被所谓“邨巴”——即私人居住小区发展商为了提高自己楼盘竞争力而开办的非专营巴士服务。这些巴士主要于高峰时间提供本小区和主要就业中心（如中环、湾仔）的单向直达服务，车上备有报纸，甚至允许吃东西、喝咖啡，而价格适中。因为是以居住区服务的方式收费，绕过了“巴士”这个正式头衔，也就绕过的政府对于公交的监管。就香港的整体而言，邨巴盛行除了导致车辆总数的增加，更造成高峰时段市区出现了更多的“停车等人”的路段，拖慢了交通流的速度。这种“百密一疏”的漏洞如何填补，或者说如何因势利导地管理好这类“半公交”，是目前政府比较棘手的一件事。

随着香港回归祖国和珠江三角洲形势的巨变，香港城市交通也面临着前所未有的挑战。首先，由于需要不断开通城际通道（如港珠澳跨海大桥和连接深圳西部蛇口地区的公路桥），以防香港经济的边缘化，这个城市将面对失去以往那个相对独立和封闭空间单元所具有的特质。就公共交通管理而言，这种特质的好处有二：第一，香港本土没有汽车工业，所以其政府的政策一直不曾受到来自汽车生产商和相关工业集团的压力；第二，封闭的边界给政府管理和控制私人汽车的总量带来了极大的便利。然而，随着上述城际通道的开辟，允许车辆北上和南下势在必行。至今为止，香港尚未对此有任何部署，而届时如何保持公交优先和实现规划中45%～50%的客流量由铁路负担的目标，对政府来说将是一项真正的挑战。

结　论

这几年，我国不少城市都先后出现了买车热潮，学美国那种“汽车进入家庭”的现代化。而近来，北美学者却已经在反省自己国家走过的高汽车拥有量、低居住密度的道路，提出“聪明增长”的新城市主义交通，提倡公交优先，提倡环保，以人为本。这其实是回归到香港已经实行了30多年的基本政策。换言之，香港没有像曼谷、台北那样，走以私人汽车为主的那段弯路。因此，香港的经验特别值得注意。

香港的公共交通优先的城市交通系统在发展中强调了港式的“一个中心、两个基本点”：效率是中心，政府管理和市场竞争机制是两个基本点。以效率为中心，实际上是将城市整体运作看成是一部机器，交通运输的效率是城市效率的一个部分。在长期的市场经济思想的熏陶下，香港市民认可这种效率第一的哲学，香港政府由头至尾地在管理交通中贯彻这个总原则，通过政府在体制上规范、在基础设施上支持、在具体细节上配合的方式，对市场有效进行监管，实现了真正的公交优先。虽然我们也注意到现有的管理体制和运行机制仍有不少尚待解决的问题，注意到更新的以人为本、可持续发展的思维和区域化的发展趋势都在提出新的问题，但那毕竟是另一个层次的话题了。

时至今日的香港已有不少经验可以借鉴。首先，根据香港的情况从整体上制定公共交通发展策略，并将其贯彻始终。在运输署几十年来视为指导自己工作原则的交通政策白皮书中，香港从来没有把小汽车进入家庭看作是现代化的目标，甚至从来没有量化地提出过如何大力建设立交和道路系统。相反，如何将运输系统与土地利用、空间发展密度配合起来，提高城市主要地点之间的通行能力和时间效率才是问题的关键。要做到这一点，恰恰是要限制私人汽车的发展和提倡效率高的公交运输方式。第二，公交运输方式得以成功既有赖于一定的居住和商业活动密度（保证基本乘客量），更有赖于成功的市场机制。所谓成功，是指各种公交方式在相互竞争的同时相互配合，各尽其用，达到一个多数人认为使用公交系统出行比自己开车更方便的境界。政府的责任就是如何因地制宜地设计出这个机制，然后培育、调校和维护它走向那个境界。

在技术上，我们可以总结出更多值得借鉴的“点”，但上述两点也许是最不容易做到的。为什么在香港做到了？我反复思索，认为这不是交通本身的事，而是市政管理体制和目标上的事。香港的公务员制度，使得每一个政府的官员和公务员都清楚地知道，自己相对高的薪金和稳定的职务都是纳税人用钱堆起来的，而自己的任务就是在市民的监督下为他们服务。政府整体上的职责和市民对政府的期待，是政府及其各个具体部门为市民提供满意的服务。这与一些企业性的目标，例如竞争力之类，并不相干。一个城市交通运输效率提高后，工作和生活在这个城市的人们和企业在出行和运输上得到的节约会悄悄地转化为他们的生产效率和休闲质量。这两样东西不会像修桥建路那样直接地反映在城市的 GDP 增长中，也不会表现为所谓的亮点或者城市名片。然而，恰恰是这些悄悄转化的东西提高了这个城市的竞争力和吸引力，构成了讲求经济效率、社会公平、环境良好这三个城市可持续发展要素的实际内容，让这里的人们生活得更好。

日本的政策性金融：历史、现状与改革趋势

张韶华

一、庞大政府系金融机构50年来的变迁历程

20世纪40年代末以来，为迅速在战后恢复国内经济，日本陆续设立了数量相当多的政策性金融机构。日本政策性金融的特点主要有：将金融手段作为财政投融资的环节；对不适应市场机制的民间经济活动进行政策性诱导；有效运用有偿资金，满足政策需求。政策性金融通过向期限长、收益低、风险高的项目提供长期、固定、低利率贷款，以发挥补充期间、补充收益、共同抵御风险和信用补充功能。此外，政策性金融通过提供信息、策划项目、调整人员、监控项目等手段，发挥支援项目功能和信息传输功能。

针对不同经济发展时期的国内政策需求，日本政策性金融主要功能的发挥可分为四个阶段：第一阶段（20世纪40年代中期至70年代）的日本处于

---

* 作者为中国人民银行金融研究所博士后。

** 日本所称的民间金融并非民间融资活动，而是指商业金融活动。据日本全国银行协会2005年6月披露的数字，日本共有民间金融机构2362家，其中城市银行7家，地方银行112家，其他普通银行79家，信托银行25家，信用金库298家，信用组合175家，农业渔业组合1304家，保险公司90家，证券公司272家。

经济复兴时期，国内政策目标是为基础产业的复苏以及现代化提供资金。政策性金融也围绕这一目标，发挥补充民间金融的功能。第二阶段（20 世纪 70 年代至 90 年代）的日本进入经济高速增长期，企业资金需求旺盛，城市开发、防治公害、开发石油替代能源等方面的政策需求相当大，决定了这一时期政策性金融的主要功能是以市场化运作方式代替财政补助金。第三阶段（20 世纪 90 年代至本世纪初）的日本经济处于泡沫期，其中 1993 年是经济泡沫最严重的一年。国内政策主要是应对商业性金融机构的“惜贷”倾向，弥补因停发公司债等因素导致金融、资本市场功能不全的缺陷。相应的，政策性金融的功能主要是补充金融、资本市场，构筑金融安全网。第四个阶段（21 世纪初）的日本经济进入恢复期，国内政策需求转向可持续发展，主要面向保护环境、技术开发、地方开发等。针对金融、资本市场不完善、不发达状况，这一时期，政策性金融的主要功能是培育金融、资本市场，积极提高市场效率。

二、政策性金融机构现状

目前，日本的 8 家政策性金融机构被简称为“二行六库”，即日本政策投资银行（Development Bank of Japan）、国际协力银行（Japan Bank for International Cooperation）这两个银行以及国民生活金融公库（National Life Finance Cooperation）、中小企业金融公库（Japan Finance Cooperation for Small and Medium Enterprises）、农林渔业金融公库（Agriculture，Forest and Fisheries Finance Corporation）、公营企业金融公库（Japan Finance Corporation for Municipal Enterprises）、住宅金融公库（Japan Finance Corporation for Housing）和冲绳振兴开发金融公库（Okinawa Development Finance Corporation）。此外，商工组合中央金库（The Shoko Chukin Bank）虽然是中小企业共同出资的互助型组合金融，实质上也被视作一个政策性金融机构。

政策性金融机构中，除商工组合中央金库有存款功能，可以自行发债外，其他均无存款功能，资金来源主要是邮政储蓄、国民养老金、福利养老金、邮政简易保险资金以及政府借款等有偿资金，其中邮政储蓄资金占总资金来源 90% 左右。政策性金融机构的贷款余额相当大，截止 2005 年 3 月末，8 家政策性金融机构的贷款余额共计 135. 69 万亿日元。

表 1　二战后日本政府系金融机构整合变化情况

机构成立及时间	机构重组情况及时间	整合后的现有机构
日本进出口银行（1950 年 12 月 28 日）	—	新设：国际协力银行（1999 年 10 月 1 日）
海外协力机构（1961 年 3 月 16 日）	—	
日本开发银行	（1951 年 4 月 20 日）—	北海道东北开发公库（1957 年 4 月 27 日）
北海道开发公库（1956 年 6 月 8 日）	新设：日本政策投资银行（1999 年 10 月 1 日）	
国民金融公库（1949 年 6 月 1 日）	—	重组：国民生活金融公库（1999 年 10 月 1 日）
环境卫生金融公库（1967 年 9 月 2 日）	—	
中小企业金融公库（1953 年 8 月 20 日）	—	重组：中小企业金融公库（2004 年 7 月 1 日）
中小企业事业团（1980 年 5 月 20 日）	—	重组：中小企业综合事业团（信用保险部门）（1999 年 7 月 1 日）
中小企业信用保险公库（1958 年 7 月 1 日）	—	
纤维产业构造改善事业协会（1967 年 9 月 1 日）	—	
产业基础整备基金（1986 年 9 月 1 日）	—	独立法人化：产业基础整备基金（2004 年 7 月 1 日）
商工组合中央金库（1936 年 11 月 30 日）	—	商工组合中央金库
住宅金融公库（1950 年 6 月 5 日）	—	独立法人化：住宅金融公库（2006 年 4 月 1 日）
农林渔业金融公库（1953 年 4 月 1 日）	—	农林渔业金融公库
公营企业金融公库（1957 年 6 月 1 日）	—	公营企业金融公库
冲绳振兴开发金融公库（1972 年 5 月 1 日）	—	冲绳振兴开发金融公库
医疗金融公库（1960 年 7 月 1 日）	整合：社会福祉与医疗事业团（1985 年 1 月 1 日）	独立法人化：社会福祉与医疗事业团（2003 年 10 月 1 日）
社会福祉事业振兴会（1954 年 4 月 19 日）		

表2 2005年3月末8家政策性金融机构的贷款余额 （单位：亿日元）

机构	2005年3月末贷款余额	2004年贷款新增
日本政策投资银行	139 656	11 480
国际协力银行	198 403	17 029
中小企业金融公库	75 000	16 353
国民金融公库	95 775	27 381
住宅金融公库	550 994	10 534
农林渔业金融公库	32 699	3 271
公营企业金融公库	250 240	16 064
冲绳开振兴开发金融公库	14 154	1 140
合计	135 6921	103 252

日本的政策性金融所占国内市场份额相当大。截至2003年末，政策性金融贷款余额占全部金融机构贷款余额的20.3%，在金融机构中仅次于城市银行，列第二位。

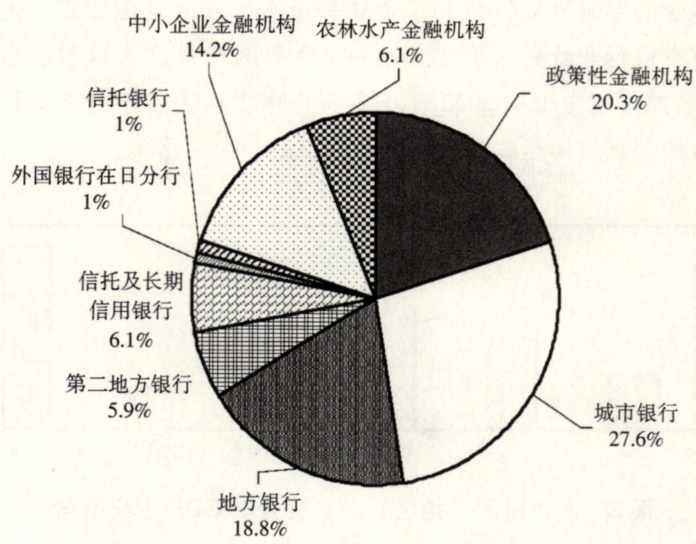

图1 2003年末各类金融机构的市场份额

注：因统计口径问题，故图中各项占比合计并非100%。

资料来源：日本银行。

三、政策性金融改革的深层次原因

政府干预使政策性金融机构很难真正建立内部治理结构，同时也影响了行政改革的顺利进展。战后，日本政府组建复兴金融公库（日本开发银行的前身），但仅运转了两年就被迫终止。主要原因就是政府指令贷款造成坏账大量增加，难以为继。北海道东北开发公库也因政府干预过多而彻底宣告失败。近几年，在日本“高效率小政府”为导向的行政改革进程中，《行政改革的重要方针》、《行政改革推进法案》等均将政策性金融机构的改革作为重要内容。

财政注资支持政策性金融机构，导致民间金融机构在市场竞争中地位不公平，很难激发民间金融部门的活力。据统计，2000～2004年仅5年，日本中央财政就为农林渔业金融公库注资2 922亿日元填补赤字。日本政策性金融机构贷款余额GDP占比一直偏大，而且随着时间推移还有逐渐增大的倾向。1964年，日本政策性金融机构贷款余额GDP占比尚不到10%，而到2004年末，相应比例已攀升至18%左右。发达国家政策性金融机构贷款余额占GDP比例都比较低，如美国为5.4%，德国为6.8%（扣除相关因素前为16.7%），法国为8.7%。政策性金融市场份额大且有财政注资支持，这在很大程度上影响了民间金融的健康发展，扭曲了金融和资本市场的资源配置。国际清算银行认为，日本银行业盈利水平低下的一个重要因素是“来自政府金融机构的激烈竞争”，国际基金组织2002年国别报告中也认为“不合格银行的退出和政府金融机构缩减规模是改善银行盈利水平的必由之路”。

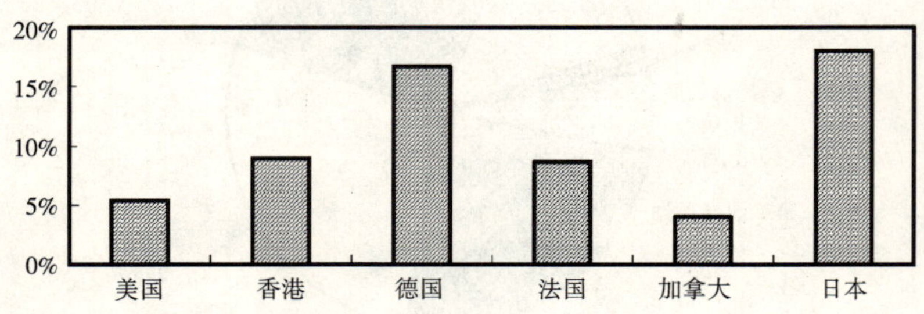

图2　发达国家（地区）政策性金融GDP占比情况

按照旧有的国内经济结构，几乎每一个需要扶助的产业领域都对应成立政策性金融机构，不同机构在各自领域以独特方式向特殊对象开展金融业务，导致出现机构庞杂的局面。但近年来，随着经济发展，日本产业结构方面发生了深刻变化，表现为：零售、金融及其他服务业GDP占比越来越高，从1946年的34.9%一路攀升到2001年的66.9%；农林水产业占比则呈明显下降趋势，从1946年的38.8%下降到2001年的1.7%；工业方面也从轻工业逐渐转向重化学工业化，食品、纤维行业占比从1955年的17.3%和17.5%分别下降为 2003 年的 8.3% 和 1.8%，机械行业占比却从 1955 年的 14.9% 上升到 2003 年的 46.4%。在旧有产业结构发生重大变化的情况下，政策性金融机构现有模式将面临挑战。

政策性金融业务与民间金融业务之间、不同政策性金融机构的业务之间界定不清，界限模糊。实际上，现阶段的政策性金融业务如长期、固定利率项目，民间金融也可以提供，特别是一些面向大企业的融资活动，政策性金融再继续介入毫无意义。

近年来，邮政民营化改革措施逐渐明朗。2005 年 9 月重新选举后的众议院在 10 月通过邮政改革法案，决定在 2007 年 10 月前成立一个国家控股公司，100% 控股窗口 NW 公司（从事快递及窗口网络服务等邮政便捷服务）、邮政事业公司、邮政储蓄银行、邮政保险公司四个公司。在 10 年过渡期内，国家控股公司会逐步减持股份。到 2017 年 10 月，国家只控股邮政窗口公司和邮政事业公司三分之一以上的股份；邮储银行和邮政保险公司则完全民营化。邮政改革使政策性金融资金来源失去保障，政策性金融改革势在必行。内阁很早就开始酝酿对政策性金融进行一揽子彻底改革，通过重新定位职能和机构合并，最终实现政策性金融机构集约化和民营化。

四、政策性金融机构改革内容与目标

此轮政策性金融改革对象是包括商工组合中央金库在内的 8 家机构（不包括住宅金融公库）。2001 年 6 月国会通过的《特殊公共机构改革基本法》中开始涉及公共金融机构。2002 年 12 月 13 日经济财政谘问会议（Council on Economic and Fiscal Policy，CEFP）后所归纳的《关于政策金融改革》中，明确了政策性金融机构改革阶段、政策性金融改革目标。2005 年 11 月 29 日，经济财政谘问会议进一步明确了政策性金融改革基本原则、政策性金融功能分类、新组织形式等内容。到 2007 年，国会将通过《个别政策金融机构改革法案》，使政策性金融改革有法可依。

（一）政策性金融改革的指导思想

以“从官转民”、“民间能做的事交给民间”为指导思想，包括长期、固定、低利率在内，即便是民间做不到或不愿做的，也不能籍此认为政策性金融存在就必然合理化。

政策性金融存在的前提是有明确政策必要，而且必须采取金融功能应对，要同时符合以下两个条件：

1. **公益性相当强**

在社会收益明显大于社会成本的前提下，政府才可以设立政策性金融机构，在不断淡化行政干预的前提下，通过政策性扶助手段，使国民经济有显著提高。

2. **金融风险评估难度非常大**

由于缺乏信息、信息不确定或项目风险太大，加大了金融风险评估风险难度，导致民间金融不能提供合理融资的情况下，才能设立政策性金融机构。

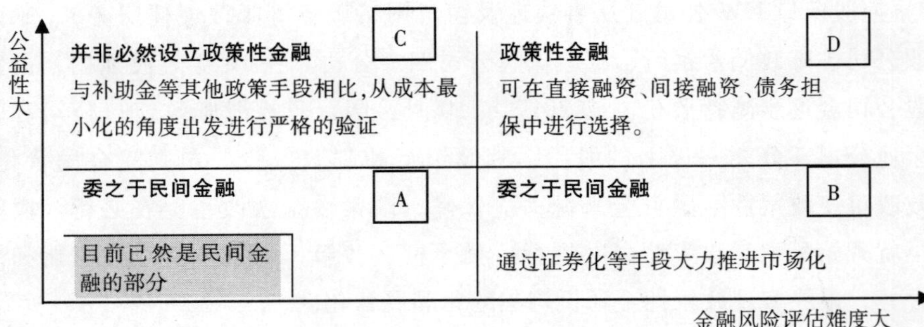

图3　从评估公益性、金融风险等困难程度看政策性金融的定位

（二）政策性金融改革的基本原则

1. **将政策性金融功能严格限定为三个方面，此外全面退出**

所限定的三个方面包括：为支援中小零星企业、个人筹措资金；对于重要的海外资源、确保国家的国际竞争力不可或缺的；日元贷款（兼具政策金融功能与援助功能）。

2. **坚持“高效率小政府”，实现政策性金融规模减半目标**

2008年，实现政策性金融机构贷款余额占GDP比例的减半目标；不增加新的财政负担；通过市场化试点、设置评估、监视机构，于重组后也继续为缩减规模作努力；民营化机构要实现完全民营化。

3. **追求高效的政策性金融机构经营**

主要措施有：通过部分担保、证券化、间接融资等补充完善民间金融机构；摒弃向政策性金融机构派退休官员任职的做法；在合并新设的统一机构中，简化组织，提高业务运营效率。

（三）政策性金融改革三阶段

鉴于国内的经济金融形势，为实现正常的民间金融功能，政策性金融改革分为三个阶段：第一阶段是坏账的集中处理阶段（2002 年至 2004 年底）。第二阶段是过渡期（2005 年至 2007 年底），对国家真正需要使用政策性金融手段的领域进行严格筛选，彻底理清政策性金融机构功能，做出或废或并或民营化的决定。第三阶段是向新体制过渡阶段（2008 年 4 月开始），实现政策性金融机构贷款余额占 GDP 比例减半的目标。

（四）政策性金融功能定位与组织调整

首先，将现行政策性金融的各项功能分为三类：一是作为政策性金融全面退出的部分；二是作为政策性金融有必要保留的部分；三是当前是必要的、但在将来会退出的部分。每一个政策性金融机构均应对照分类，明确各自退出、保留的功能，以适应组织形式方面最终的调整变化。

1. 民营化 2 家——日本政策投资银行、商工组合中央金库

全面退出：日本政策性银行退出面向大企业、骨干企业的融资领域（与整个国家资金匮乏的高度增长期不同，目前以上企业不仅可以从民间市场贷款，还可以通过公司债、股票等形式筹措资金，没有必要再作为政策性金融的对象）；商工组合中央金库退出存款、票据贴现等业务（与民间金融机构完全同质）。

以上两家金融机构将于 2016 年 3 月末前实现民营化。

2. 废止 1 家——公营企业金融公库

公营企业金融公库的借款方主要是地方政府，而地方政府可以有效利用资本市场发行地方政府债券，没有必要再通过政策性金融机构融资，因此，将公营企业金融公库予以废止。

3. 合并 5 家——国际协力银行国际金融部门、国民生活金融公库、中小企业金融公库、农林渔业金融公库、冲绳振兴开发金融公库

国际协力银行国际金融部门（贸易金融、投资金融、无条件援助贷款）方面除确保影响日本国策的重要资源、国际竞争力部分外，全面退出。国际协力银行日元贷款部门则与外务省的无偿资金援助、国际协力机构（Japan International Cooperative Agency，独立行政法人）进行整合，由重组后的新国际协力机构负责无偿资金援助、技术援助和日元贷款。国际协力机构全面退出国际金融、日元贷款以外的其他领域。

国民生活金融公库对民间中小金融机构核算困难的零星、中小企业的事业资金融资作为政策性金融予以保留(包括改善经营贷款、生活卫生资金贷款)。教育资金贷款是鉴于低收入层的小额资金需求,在加以缩减的同时予以保留。通过民间金融机构、日本学生支援机构的奖学金制度可以取代的教育资金贷款部分则全面退出。

中小企业金融公库全面退出面向中小企业的一般贷款领域（与整个国家处于资金不足的高度增长时期不同，目前中小企业不再需要由国家来进行一般贷款方面量的补充）。特殊贷款[①]必须定期进行调整，对于必要性降低的特别贷款，也要全面退出。

农林渔业金融公库退出面向食品产业的大企业、中坚企业的融资领域。面向农业、林业、水产业的超长期低利率融资功能，在资本市场所不能代替的范围内予以保留。面向中小企业的仅限于10年以上融资予以保留。

冲绳振兴开发金融公库与日本本土政策性金融机构一致的功能，按照同等原则进行职能界定和机构改革。但冲绳独有的开发制度和特别利率制度鉴于其历史、地理上的特殊性予以保留。冲绳振兴开发金融公库最晚于2012年3月末与其他4家机构合并。

（五）政策性金融改革涉及的其他事项

政策性金融改革涉及的其他事项主要有：

（1）在组织重组、民营化等方面，对资产、负债进行严密评估和审慎性审核（Due Diligence）调查，无人要的部分转让或归还国库。

（2）注意政策性金融改革不应损害目前政策性金融机构的借款人以及政策性金融发行债券的持有者的利益。

（3）确定政策性金融的必要功能时，要设置评估监视机构，有效利用市场化试点，不断完善机制。

（4）对于独立行政法人、公益法人类似政策性金融机构的有关业务，参照政策性金融机构改革方针，由所辖政府部门在2006年内调整完毕。

---

① 特殊贷款是指与政府推行路线符合的贷款，特殊贷款的发放需由经济产业省中小企业厅认定。

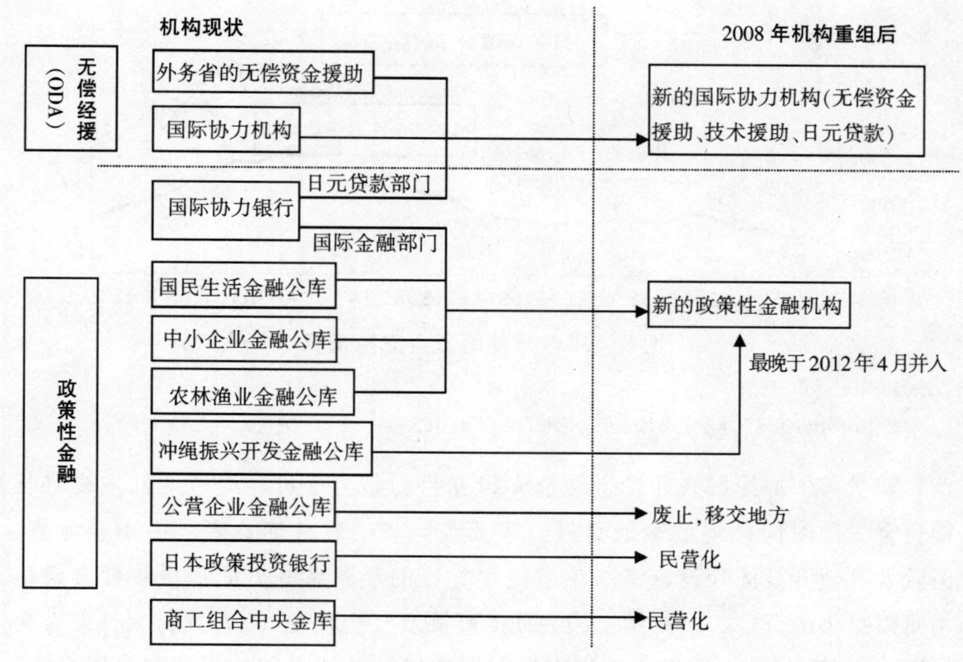

图4　政策性金融的组织调整

资料来源：2006年2月18日《日本经济新闻》（期刊）。

五、政策性金融机构改革的一个范例——冲绳振兴开发金融公库

冲绳县是日本最落后的地区。为开发冲绳，缩小地区差距，日本曾制定过四次冲绳振兴开发计划，目前正在实施第四次计划，开发理念转向“构建民间主导，自主、自立型经济”。冲绳开发一直依靠“双轮”驱动：冲绳振兴开发金融公库的政策性资金为一轮；冲绳振兴开发事业部的财政资金为另一轮。1972～2004年，“双轮”分别累计融资4.9344万亿日元和7.5968万亿日元，较大地促进了冲绳本地经济的发展。

1972年5月15日，冲绳振兴开发金融公库依据《冲绳振兴开发金融公库法》成立，是一个区域政策性金融机构。2004年末，冲绳振兴开发金融公库资本金余额为702亿日元，融资余额1.4154万亿日元。设有总部、东京总部和4家分店（冲绳岛内2家），职员224人。

冲绳振兴开发金融公库成立时接收了琉球开发金融公社（美国政府设立）、大众金融公库（琉球政府设立）以及琉球政府的5项特别会计业务、资

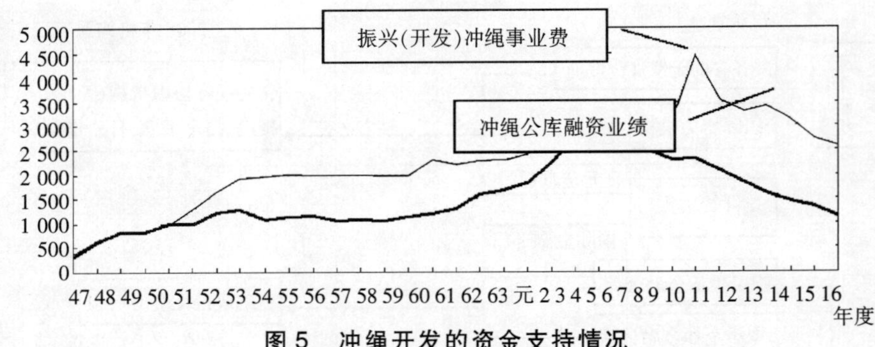

图 5　冲绳开发的资金支持情况

注：1. 图中单位为亿日元。

2. 图中年份使用日本纪元方法，前为昭和（元年为 1925 年），后为平成（元年为 1988 年）。

产和职员等。冲绳振兴开发金融公库设立目的是为促进冲绳产业开发提供长期资金，同时向冲绳的普通百姓、需要住宅者、农林渔业者、中小企业者、医院及其他开设医疗设施者、生活卫生方面的经营者等方面提供一般金融机构难以提供的资金，以有助于振兴冲绳经济及社会开发（《冲绳振兴开发金融公库法》第 1 条）。可见，该公库最明显的特征是整合了日本政策投资银行、国民生活金融公库、住宅金融公库、农林渔业金融公库、中小企业金融公库、环境卫生金融公库等 6 个政策性金融机构的有关业务，一揽子发挥政策性金融功能职能，实现金融更紧密联系地方的功能。

冲绳振兴开发金融公库主要在民间资金远远不足的领域发挥补充作用，官与民分工明确，共同开发冲绳地区。一是公库融资重点在设备资金，民间则在运营资金（公库设备资金融资占县内设备资金 48% 的份额，民间运营资金融资占县内运营资金 92% 的份额。二是公库融资重点在风险高的领域和公共基础设施方面。如提供中小企业安全网贷款、支持创业及风险企业以及轻轨等大规模项目等。“911” 事件后，冲绳观光客急剧减少，公库创设紧急特别资金，设置特别咨询窗口迅速应对，累计发放贷款 99 亿日元。三是公库利用自身公信力、专业知识和经验，与民间金融合力推进高技术含量金融业务。如积极推进不过度依赖抵押、担保融资方式。

近几年，公库贷款规模趋于下降，逐渐从部分领域退出，以应对 2012 年的机构整合。

六、结语：两点启示

中国目前正加紧制定三家政策性金融改革方案，政策性金融走向开发性金融。因此，日本政策性金融改革以及落后地区开发性金融相关经验很有借鉴意义。笔者认为，日本政策性金融改革对我们有以下启示：一是严格限定和准确定位政策性金融职能，正确处理政策金融与商业金融的关系。政策性金融是商业金融的补充，设立政策性金融机构必须有相当严格的前提条件。开发落后地区时，政策金融与商业金融更应分工明确，政策金融不能与商业金融争利，要重视政策金融对商业金融的引导及双方的相互合作。政策金融使命完成后，可以转为商业金融或者转向其他政策使命。二是建立和完善政策性金融法律体系，政策性金融改革必须“立法先行”。日本信奉“法治主义”，每一个政策性金融成立前，均由国会单独制定法律，对机构设立宗旨、职能、融资目的等内容进行明确规定。2008 年 4 月政策性金融机构重组前，《国民生活金融公库法》、《住房金融公库法》、《中小企业金融公库法》、《公营企业金融公库法》、《农林渔业金融公库法》、《冲绳振兴开发金融公库法》、《国际协力银行法》、《日本政策投资银行法》等法律仍然有效。政策性金融改革本身也严格依法进行，在 2001 年酝酿改革时，就将政策性金融改革列入《特殊公共机构改革基本法》；2007 年，国会还将通过《个别政策金融机构改革法案》，保证 2008 年的重组活动有法可依。

参考文献

［日］前川守（日本内阁经济对策 金融担当参事官），“政府性金融机构的重组”，日方提供资料，2006 年 3 月。

［日］小山昌久（日本政策投资银行国际协力部长），“日本的地方、产业开发与政策性金融（政策性金融机构的成立、作用、改革）”，日方提供资料，2006 年 3 月。

［日］宫诚健三（冲绳振兴开发金融公库企划调查部业务企画课课长），“冲绳振兴开发金融公库概要”，日方提供资料，2006 年 3 月。

［日］Shinichi Nishimiya（日本驻华使馆公使），“政策银行改革—日本案例”，政策性银行改革与转型国际研讨会，2006 年 4 月。

白钦先，耿立新，“日本近 150 年政策性金融的发展演变与特征”，《日本研究》2005 年第 3 期。

［日］鹿野嘉昭，《日本的金融制度》，余熳宁译，中国金融出版社，2003 年。

孙芳，“日本政策性金融的新特点及其对中国的启示”，《新金融》，2002 年第 4 期。

曹文炼，“德日韩政策性金融透视”，《中国投资》，2001 年第 9 期。

走出神话

——中国不会改变世界的七个理由

作者：乔纳森·安德森

ISBN：7-5086-0702-3/F·1049

定价：35.00 元

中国已经改写世界经济增长的历史，中国正在带来全球资本和商品市场的动荡，中国即将挑战自由资本主义模式的未来……

中国的国有企业和银行还在大量失血，中国的人口老龄化速度举世无双，中国的政治体制与经济发展不相匹配，潜伏的各种矛盾和危机一触即发……

关于中国的现状和未来，无论是“正方”还是“反方”，都充满了大量的“神话”。

本书是上述一系列问题的正面回答。一方面，作者详细分析了中国面临的诸多难题，包括政经关系、人口老化、银行坏账、社会矛盾、增长模式以及中国与世界的相互影响，并探讨了现实的解决办法。另一方面，针对各种夸大其辞的论调，作者还原了中国经济增长的真相，指出中国尽管是新崛起的亚洲巨龙，却并非人类从未见过的物种。从宏观经济的各种表现来看，它都将沿着东亚地区的既定模式发展，在未来二十年逐渐成为亚洲经济的领头羊。同时，在七个重要的方面，它不会改变整个世界的面貌。

对于“中国的崛起及其对世界的挑战”这一全球性话题而言，本书可谓态度最冷静、观点最深入、资料最详实的力作。

本书作者乔纳森·安德森（Jonathan Anderson），早年毕业于哈佛大学经济系，曾先后服务于国际货币基金组织驻俄罗斯代表处、驻中国代表处和美国高盛集团，现任瑞银证券公司投资研究部董事总经理、亚太区首席经济学家。安德森先生能讲流利的俄语和汉语，曾长期担任《财经》、《商务周刊》、《经济观察报》及《21世纪经济报道》等著名国内财经媒体的专栏作家，与胡祖六合著过《关于中国和世界的五大神话》一书。

以比较传递理念、思想和智识

由吴敬琏主编、中信出版社出版的《比较》，是为读者提供的一个有关比较制度分析的学术性平台。《比较》站在理论前沿，根据中国经济改革中遇到的重大问题，有选择地介绍别国的经验和教训、转轨经济的理论和实践，以及比较研究领域的发展，同时有针对性地介绍国内外学术理论界对中国经济改革的方案设计、政策建议和评论。

《比较》开设的栏目有"比较制度分析"、"转轨经济"、"海外特稿"、"法和经济学"、"改革论坛"、"前沿"、"学界"、"比较之窗"等。

《比较》秉承"以比较传递理念、思想和智识"的宗旨，自2002年7月出版第1辑以来受到了广大学者、研究人员、政府工作人员、高校师生等众多读者的关注和赞誉。从第一辑以来，《比较》坚持每两月出版一辑，每年奉献六辑精华之作，以飨读者。

读者订阅《比较》：

- **可在当地书店购买（参见"《比较》部分销售网点"）**
- **可从当当网订购**
- **可联系《比较》编辑室**

联系地址： 北京市朝阳区东外大街亮马河南路14号塔园外交办公大楼
中信出版社《比较》编辑室（邮编100600）

联系电话： 010-85322632　　**传真：** 010-85322631

E-mail： bijiao@citicpub.com　　**网址：** www.bijiao.org

《比较》部分销售网点

北京图书大厦1层
北京中关村图书大厦2层
北京王府井新华书店1层
北京三联书店地下一层
北京人民大学读者服务部1层
广东学而优书店广州各零售店1层
珠海文华书城地下一层
东莞永正购书中心2层
厦门光合作用文化传播公司（各阳光书坊）1/2层
厦门市新华书店1层
厦门对外图书交流中心2层
福州市新华书店1层
福建越洋图书文化城1层
海南省新华书店各分店1层
杭州图书大厦2层
庆春路购书中心1层
杭州晓风书屋
安徽图书城3层
合肥四牌楼新华书店1层
宁波市新华书店1层
江西时代购书广场2层
济南市新华书店（泉城路书城、东图书店）1层
青岛香港中路书城1层
郑州市新华书店购书中心1层
石家庄新华书店5层
太原市新华书店
山西太原图书大厦
山西太原尔雅书店
包头市新华书店
呼和浩特市新华书店
西安市新华书店
西安市嘉汇汉唐书城
西安万邦书城
兰州市新华书店西北书城
兰州纸中城邦书城
西宁三田书城

乌鲁木齐新华书店
新疆库尔勒市三联书店
上海书城3层
上海大众书局
上海季风书园
南京书城
南京市新华书店
南京大学出版社书店
常州新华书店
无锡新华书店
苏州新华书店
南通新华书店
扬州新华书店
徐州新华书店
南通新华书店
连云港新华书店
武汉光谷书城（武汉市光谷光电子大市场）
武汉武胜路新华书店（武汉市武胜路93号）
武汉崇文书城（武汉市雄楚大街268号）
武汉乐雅书刊有限公司（武汉市雄楚大街268-203号）
湖南图书城（长沙市芙蓉路二段76号）
湖南弘道文化传播有限公司（长沙市定王台书市四层）
广州购书中心（广州市天河路123号）
深圳书城（深圳市深南东路5033号金山大厦）
深圳南山书城（深圳市南山区南油大道）
佛山市新华书店（惠景店）
佛山市新华书店（祖庙店）
珠海书城（珠海市吉大景乐路36号）

成都西南书城（成都市春熙路）
重庆精典书店（重庆市解放碑）
重庆书城（重庆市解放碑）
贵州西西弗（贵阳市中山西路）
昆明新知图书城（昆明市小西门）
昆明新华书城（昆明市南屏街）
云南清华书屋（昆明市一二一大街）
南宁市新华书店（南宁市新华街）
柳州市新华书店（柳州市中山东路81号）
长春联合图书城
大连东北财经大学东大财经书店
大连金融书店
大连市新华书店
大庆市新华书店
大庆油田书店
哈尔滨工业大学出版社大学书店
哈尔滨九知新书店
哈尔滨市精华书店
哈尔滨市学府书店
黑龙江省鹤岗市新华书店
吉林省长春市高新园区学者法律书店
吉林省文化图书城
吉林市长青书店
宁夏银川市新华书店
齐齐哈尔市方正法律书店
齐齐哈尔市文华书店
天津南开区文友书店
天津市河东区书香缘书店
天津市新华书店滨江书城
温州市文乐书社
株州市新华书店
淄博科教书店
当当网www.dangdang.com
卓越网www.joyo.com
中信出版社《比较》编辑室

经济学、神经生物学和行为科学的综合视角

培养美国未来的劳动力

艾里克·克努森 詹姆斯·赫克曼 朱蒂·卡梅隆 杰克·肖克夫

越来越多的美国劳动力将在有缺陷的不利环境中成长起来，导致这个问题的原因之一在于认知能力和社会技能较低的人群占总人口的比例相对较高。一个包括经济学、发展心理学和神经生物学在内的跨学科项目研究了早期环境对人的技能发展的潜在影响，并就一系列基本原则达成了深刻共识。这些原则的核心是：人的早期经历对认知能力、社会技能以及大脑结构和神经生物学都具有非常重要的独立影响；不论是技能发展，还是大脑发育，都是一个由低到高的层级过程，其中更高层级功能的形成建立在较低层级功能发展的基础之上，并且具有很强的依赖性；就人的技能发展和神经系统形成的基础阶段而言，应变能力在生命的早期阶段是最强的，并且将随着时间的推移而逐步下降。这些发现得出了如下结论，从经济学和神经生物学的角度来看，增强未来劳动力能力和改善其生活质量的最佳战略是对弱势儿童的早期成长环境进行投资。

美国经济要在未来取得成功至少在部分程度上要依赖于受过良好教育的

---

* Eric I. Knudsen 是斯坦福大学医学院神经生物学系教授；James J. Heckman 是芝加哥大学经济系教授；Judy L. Cameron 是匹兹堡大学精神病学教授；Jack P. Shonkoff 是布兰迪斯大学社会政策与管理学院教授。本文由编委高世楫推荐。——编者注

高素质工人。这样的工人能够学习新的技能，从而可以在一个不断变化的全球市场中始终保持竞争力。这一美好未来现在正处于危险之中，因为在美国未来的成年劳动力的构成中，有越来越大的一部分人群是在有缺陷的不利环境中成长起来的。由于历史原因，相对于总体人群而言，这一部分人群可能没有得到高层次的教育和技能培养。

在过去的几十年里，关于儿童成长的研究使人们对“缺陷环境”的特征有了越来越清晰的理解。这一概念的核心是，在一组挑选出的“风险因子”与认知、情感和社会技能发展出现负面后果的可能性之间，存在统计联系。出现负面后果的可能性提高，将导致成年后获得经济成功的概率降低以及生活质量的下降。在上述风险因子中，研究最多的是贫穷，其他因子还包括父母有限的教育水平、父母的精神健康问题、被社会所抛弃或受到社会的冷落和忽视以及人与人之间的暴力环境。

行为学方面的研究证实，幼年成长时期对于人的综合能力的发展至关重要，而且这一时期对于正面经历和负面经历所产生的影响都高度敏感。有关人力资本形成的比较研究发现，儿童早期生活环境的质量是其成年生产率强有力的预测指标，在早期阶段加强对弱势儿童的扶助，可以提高其未来获得经济成功的概率。尽管如何对上述相关性做出解释以及说明其中的作用机制仍处于研究之中，但神经科学的最新研究表明，人们已经确认了早期经历对神经系统发育的影响程度，而神经系统是认知、语言、情感和社会能力的形成和发展的重要中介。

本文将集中探讨经济学、神经科学和发展心理学领域数十年来相互独立研究所得出的具有惊人关联性的四个核心观念：第一，大脑结构和技能培养都受到遗传与个体经历之间复杂互动的影响；第二，对于未来经济成功具有重要意义的技能以及决定其形成和发展的神经路径都遵循由低到高的层级规律，即后期发展建立在前期发展的基础之上；第三，认知、语言、社会和情感能力是相互依赖的，所有这些能力的形成都受到儿童成长经历的巨大影响，而这些能力都对未来在工作岗位上取得的成功发挥着重要作用；第四，尽管适应过程将贯穿人的一生，但人的能力是在敏感时期并按照可预期的顺序形成的。在这一敏感时期，特定神经系统的发展以及由此促成的行为是最具可塑性的，因此最容易受到环境的影响。

早期经历为成年生产率奠定基础

由医学协会（Institute of Medicine）和国家研究院（National Research Counsel）主持的一项具有里程碑意义的研究认为："涉及人早期发育成长的所有领域，从大脑演化路径到儿童的移情能力，都以一种不断累积的方式受到环境和经历的影响。这种影响从怀孕开始，一直持续到儿童幼年时期。"

独立进行的经济计量学研究也得出了类似的结论。有大量证据表明，认识、社会和情感能力对未来的成年人获得经济生产力具有非常重要的作用，而这些能力都是由早期生活经历塑造的。最可靠的数据来自大力改善低收入家庭儿童早期环境的实验。有两项调查对此最具说服力，一个是"培瑞"学前计划（Perry Preschool System），另一个是启蒙计划（Abecedarian Program，见专栏1），它们都采用了随机抽样设计并且获得了长期跟踪数据。这两项长期纵向研究都表明，改善早期环境将对一系列认知能力和"非认知"能力，学校成绩、工作表现，以及社会行为带来显著的正面影响。根据头脑启蒙（Head Start）和芝加哥儿童—父母中心项目（Chicago Child-Parent Centers Program）获得的非控制性评估数据，也得出了类似的结论。

专栏一：对弱势儿童的早期介入项目

"培瑞"学前项目和启蒙项目是两个不同的介入项目，它们采用了对儿童进行随机抽样并进行了长期跟踪，研究早期介入对弱势儿童社会行为的影响。"培瑞"学前项目是一项集中学前项目，针对密西根雅皮斯兰提64位处于弱势环境的黑人儿童展开，时间是从1962～1967年。这一项目包括每周每天早晨2.5个小时的课堂学习，以及每周一次90分钟的教师家访，每个学前年的时间长度为30周。同时对照组和项目组进行了跟踪，一直到40岁。参加启蒙项目的有111个弱势儿童，出生于1972～1977年间，这些儿童的家庭都具有很高的风险指数。加入这一项目的初始平均年龄为4.4个月。该项目以年为周期，全日介入并一直持续到8岁。对这些儿童跟踪到21岁，该项目仍在进行之中。

不论是"培瑞"学前项目，还是启蒙项目，与对照组相比，项目组都取得了成功效果。在"培瑞"学前项目中，最初智商水平的提高在介入后的四年里逐步消失，其他研究也观察到了同样的现象。但在更为严密的启蒙项目中，这一项目的介入时间更早（从孩童4个月大开始），持续时间更长（一直到8岁)，智商水平的提高一直保持到成年(21岁)。早期形成的智商水平及其持续是非常重要的，因为智商水平是在社会经济上取得成功的有力预测指标。

这些介入项目同时也记录了对一系列社会行为的积极影响。在对最高年龄(“培瑞”：40岁；启蒙计划：21岁)的检测中发现，与对照组人员相比，项目组人员在成就测评上取得了更高的分数，获得了更高层次的教育，需要更少的特别教育，获得了更高的薪水，更多可能拥有自己的家庭，更少可能依赖福利或被监禁。许多研究都显示，上述行为都会直接或间接地转化为经济上的高收入。“培瑞”学前项目的估算收益率(1美元成本的收益)超过17%。这一收益率远远高于股票市场的标准收益率，而且整个社会都从这类介入项目中受益匪浅。

从上述项目的证据来观察，其中有不少发现与本文的主题有关。第一，技能带来技能。这是指所有能力的形成都建立在更早阶段形成的能力基础之上。这个原则来源于学习本身的两个内在特征：(1)早期的学习为已经获得的能力提供了价值，这将产生进一步学习的动力，而且学习动力会自我加强；(2)早期阶段形成的一系列认知、社会和情感能力将使后期的学习更有效和更容易，因而也更有可能将学习持续下去。

第二，早期介入降低了后期投资成本。例如，那些可能在学校学习中失败的青少年在参加早期儿童项目后，仍然失败或需要特别教育服务的概率大为下降，这就降低了未来教育体系所需支付的成本。

在对有关介入项目的文献进行更深入的分析之后发现，由于改善了学前环境，那些弱势儿童在一系列广阔领域中所取得的成就(如学术成就测试、接受学校教育的时间、成年后的工资、拥有的个人住房等)都有很大提高。在大部分研究中，这些结果都独立于智商因素，而与动机、耐心、性格以及其他社会能力有关(这些能力的形成都受到早期经历的影响)。根据一些观察者的推测，早期介入项目所取得的积极效果来源于这些儿童的社会技能的提高和情感健康状况的改善，而这一切都导致孩子们能够在进入学校后表现良好，并且能够在成年后获得更高的工资收入。

与学前介入模型的长期效果记录形成鲜明对比的是，后期介入努力的效果会大打折扣。对高于入学年龄且认知能力较弱的儿童或青年再进行培训，通常很难获得成功。同样，公共职业培训项目、成年扫盲服务、犯人改造教育以及成年弱势群体教育项目的经济回报率都比较低，对男性的回报率甚至常常为负。此外，不少研究还显示，接受后期介入项目的儿童的成绩表现往往落后于在学前接受早期介入项目的儿童。

尽管从总体来说，对年龄更大的人进行投资的回报率比较低，但这些投资的收益仍然非常明显。事实上，只有后期继续进行高质量的学习，成功的早期介入所取得的优势才能最好地加以保持和发挥。技能形成的技术原理表明，能力越高的人，学校投资的回报率就越高，而人的能力都是在早期形成和奠定的。简而言之，如果要取得价值最大化，早期投资必须伴随有后期投资。

上述研究都支持了这样一个结论，儿童的早期经历对于认知、社会和情感能力的发展都具有重大影响，而这些能力则是成年后是否具有很强的经济生产力的前提条件。但需要特别强调的是，得出这一结论的最强有力的证据都来自高质量的介入项目，它并不代表处于弱势环境中的儿童所接受的各类服务都能取得同样的效果。

由于伦理、现实情况以及成本等方面考虑，使用严格的对照方法对人进行的研究还存在很大的局限性。鉴于这些局限，我们将转向利用对其他物种的研究文献来阐述神经生物学方面的基本原理，这也许可以说明早期经历如何塑造了社会、情感和认知能力，从而对成年生活产生持续影响。

早期经历塑造性格和社会（能力）发展

在其他物种身上同样可以观察到人类表现出的许多情感和社会行为。例如，在猴子和老鼠身上做的实验显示，情感和社会行为在很大程度上都是由早期经历所塑造的。其中最突出的例子是，在动物生长的早期阶段，幼崽和母亲之间的互动对性格和社会行为具有重大影响。这项研究工作集中讨论了亲密的亲情关系纽带在早期断裂后所产生的影响。

在猴子身上进行的很多实验研究了早期亲情关系纽带断裂将对实验对象与其他猴子的互动行为会产生多大程度的长期影响，研究表明，这种早期亲情关系的断裂会导致猴子在未来的日子里交往行为减少，而且变得更加具有攻击性。尽管关于这些影响的大部分证据都来自对生存在特殊环境中的猴子（如独处，或者只与其他年幼的猴子在一起）的研究，但最近对那些生活在更为正常而复杂的社会环境的猴子进行的研究表明，上述影响同样存在。

专栏二：猴子早期亲情关系纽带断裂后的影响

有很多研究显示了将幼年猴子与母猴分离后对其社会和情感行为发展产生的影响。在最近一项研究中，人们观察到了生活在复杂社会环境的幼猴（如生活在比较富裕的家庭环境中）一旦与母猴分离后所产生的长期行为影响。

一个星期大的幼猴与母猴分离后在很多方面的发育都很正常。但是，与那些在母猴身边长大的猴子相比，它们在与其他猴子进行互动交往的行为急剧减少，同时其自我安慰的行为则大大增加（如舔手指）。此外，它们在置身于焦虑环境之中时也很少寻求社会安慰，例如被放在一间全新的游戏屋里后，往往会大叫和进行自我安慰。当这些猴子长大之后，它们也很少进行社会交往，如与其他猴子坐在一起，互相触摸。当它们被放置在新的社会群体中时，它们通常表现出其他不寻常的社会行为。例如，它们具有强烈的倾向与其他陌生的猴子进行交往互动，包括超出一般水平的亲近行为和攻击行为。

与母猴分离所产生的影响的特征和程度与幼猴当时的年龄大小有关。当幼猴长到6个月的时候，与母猴分离对幼猴没有明显的影响。与之形成明显对比的是，当只有一个月大的幼猴与母猴分离后，它们会表现出强烈的失落和冷漠，随后便努力从其他猴子那里寻求社会安慰，同时还有各种各样的反常行为，其中很多都会持续到成年。试图治疗这些由于早期亲情关系纽带断裂而产生的社会和情感影响的努力往往收效甚微。如果能在一个星期大的时候替与母猴分离的幼猴找一个“代理妈妈”，那么就会使幼猴的很多行为正常起来（社会交往的时间增加，自我安慰的行为减少），但前提条件是必须在幼猴长到一个月之前就替它找到“代理妈妈”。随着时间的推移，为幼猴找到“代理妈妈”越晚，治疗因早期亲情关系纽带断裂所产生的不良行为后果的效果越有限。

这些结果说明，对猴子而言，存在一个非常敏感的时期：如果在这一时期的环境里缺少与主要抚育者之间的亲密关系（妈妈或代理妈妈），猴子在成年后就会对社会信号做出非正常反应，而且很难融入社会群体之中。要想在后期阶段治疗这种由于早期经历对社会和情感行为所造成的不利影响是非常困难的，而且成本也非常高。

对老鼠进行的研究也表明，不同的早期亲情关系将对成年后的社会行为和焦虑情绪产生长期影响。这些发现引起了对人的高度关注，即类似的早期生活经历会对人的发展产生多大程度的影响。

对动物的广泛研究同时说明，在生命的早期阶段确实存在一个敏感时期。在这一敏感时期，决定社会技能发展的基础系统特别具有可塑性，而在此之后，这种可塑性会随着年龄的增长逐步降低。所有这些研究都强烈支持通过早期介入项目来应对由于不利环境对社会技能发展造成的长期有害影响，这样做很可能有助于提高人的长期经济生产力。与之类似，对人的成长发育进行的研究显示，如果对儿童的早期敏感阶段的介入治疗给予更多关注，那就有可能提高人整个一生的生活质量，同时减少成年后出现精神健康问题（如焦虑或失落）的概率。

早期经历塑造感觉和认知能力

神经科学家广泛研究了早期经历对感觉和认知技能的影响，上文中所讨论的关于社会和情感形成和发展的基本规律在这里也同样适用。复杂的认知能力在人的一生中不断成熟和变化，它依赖于特定神经系统的分析、综合和认识能力。很多大脑神经系统的特性对早期生活经历的巨大影响非常敏感。

在早期经历塑造复杂认知能力的研究中，人类对语言的掌握是一个非常好的案例。所有孩子在出生时都具有学习世界上任何语言的能力。当他们在接触某种特定语言时，孩子就成为了这门语言的分析、阐释和发音“专家”，那些在早期阶段能够接触多种语言的孩子对每一种语言都具有相同的学习能力。社会因素在早期学习过程中发挥着重要作用，儿童通过人的教授来听懂语言和学习说话的速度要比通过录像或录音设备快得多。在成年后再学习第二种语言要比在儿童时期学习花费多得多的精力，而且始终无法获得同样的效果。因此，对语言的掌握表明，不论是因为学习的层级特征，还是由于人发展过程中的敏感时期现象，人在早期阶段掌握和形成特定能力都要比晚期阶段更容易。

专栏三：掌握语言的敏感时期

语言是认知能力非常好的类似例证。在人的幼年阶段掌握语言相当容易，但成年后再去学习语言则要花费很大的经历，而且无法达到幼年学习的水平。语言学习对年龄的依赖特征无论是对于第一语言和第二语言，还是口语和符号语言都同样适用。对于大多数人来说，如果在7岁之前开始学习，那么就会非常熟练地掌握那门语言。统计显示，如果在7岁之后才开始学习语言，那么掌握语言的熟练程度会逐步降低，而且在青少年时期结束前就达到了成年水平。那些在儿童时期从未有过语言学习经历的人在长大后即使接受了严格的培训也无法获得相应的语言能力。当然，并不是语言学习的所有方面都存在这样的敏感时期。例如，在幼年时期学习听力、发音以及语法和句法效果最佳，语义和词汇的学习能力则在一生中都没有明显的区别。

与许多认知技能一样，早期的语言学习为以后的学习奠定了基础。在语言学习的第一个阶段，儿童要学会辨别传达不同意思的相似发音（音位）。这种学习对于下一阶段的语言学习能力非常重要，因为这时候是要学习如何区分单词的不同音位。学会区分音位是非常关键的一步，只有获得了这一能力才能进一步区分单词的意思，从而最终能够利用语法和句法来理解整个句子的意思。如果根据信息处理的这种层级特征来预测，那么就可以得出这样的结论：6个月左右的儿童掌握区分音位的能力预示了他们未来理解单词和段落的能力，而如果在早期阶段没有掌握区分音位的能力可能导致以后语言能力的普遍降低。

早期经历塑造大脑结构

为了了解早期经历影响技能发展的原因，我们需要知道早期经历是如何塑造神经系统的，因为神经系统是所有行为的基础。尽管在所有神经系统中有些能力在我们一生中都会保持可塑性，但是许多神经系统在其成熟的敏感时期都对早期经历的影响特别敏感。

早期经历塑造神经系统结构的经典实例是，哺乳动物通过丘脑将视觉信号传递到脑皮层的神经系统，当一只眼睛的视力比另一只眼睛差得很多的时候，视力较弱的眼睛里负责传递信息的轴突便会与位于视觉脑皮层的神经元失去联系，并收回大部分枝梢。与之相反的是，视力较强的眼睛里负责传递信息的轴突会发展出复杂的枝梢，并与脑皮层神经元建立起多种联系。这种结构变化伴随着视觉脑皮层功能的重大变化，由视力较强的眼睛主导。对大脑结构影响的效果仅仅出现在神经系统发展的有限敏感期内，一旦神经系统发育成熟，主要影响就再也无法逆转。

大脑对视力较弱的眼睛的反应具有一定的适应性，因为神经系统会改变路线，从而形成与视力较强的眼睛不同的处理过程。但是，在敏感期之后，神经系统将无法恢复正常的结构和功能。即使视力较弱的眼睛得以恢复，也不再能够拥有明显的适应优势。这一特点突出强调了正常的早期经历对这类神经系统发育的极端重要性。与技能发展一样，不利的早期环境将导致能力的降低，而且在以后很难治愈，甚至根本不可能治愈。

在不同的神经系统中，早期经历还能够通过改变大脑结构来大幅提高成年大脑灵活处理信息的能力。在这种情况下，早期经历能够通过提高幼年动物神经的可塑性来创造新的结构，从而持续到成年时期，并支持信息处理的其他方式。与上文中的案例一样，大脑改变结构的能力受到早期经历影响的时间范围主要限于特定的敏感时期，在这个案例中是指青少年时期。

在支持复杂行为的神经系统的层级结构中，处于低层级并进行更为基础性计算工作的神经系统的敏感期将在更高一级的神经系统进入其敏感期之前结束。例如，负责集合视觉输入的神经系统的敏感期，在负责辨识重要生物体的神经系统的敏感期来临之前很早就结束了。敏感期的排列顺序是符合逻辑规律的，因为更高层级神经系统完全依赖于低层级神经系统的可靠信息来完成其功能（例如，早期学习产生后期学习，早期技能的形成导致后期技能的获得)。因此，受到经历影响的高层级神经系统依赖于低层级神经系统所提供的信息的质量。如果低层级神经系统不能进行稳定和可靠的计算工作，那么高层级神经系统的形成就无法实现。大部分低层级神经系统的敏感期在生命的早期阶段就结束了。与之相对应，某些高层级神经系统的敏感期则会一直持续到成年之后。

早期经历塑造基因表达和神经化学

受到经历影响的神经系统的活动还能够导致特定神经系统内基因的重大变化。这些基因的蛋白质生成物会对神经元的化学特征产生深远影响，从而对其应激性和结构产生影响。例如，基因生成物能够管理神经元触处结合的形成或消除、神经元对神经行为或特定荷尔蒙以及神经模块或神经媒介的反应。这些变化能够对特定神经系统的特征以及它所调控的行为产生重大影响。

最为重要的是，某些基因的表达或不表达，或者能否通过经历调整表达水平，都仅仅发生在神经系统成熟过程中有限的敏感期内。

早期经历影响大脑生物化学和基因表达的一个突出案例是幼鼠抚育经历对释放“压力荷尔蒙”（肾上腺皮质激素）的影响，这会随之带来大脑关键区域肾上腺皮质激素接受体基因表达的终生变化。在这一案例中，由于早期的社会交往改变了基因表达，就引起了特定神经系统一个重要关节点的变化，从而影响了动物一生的性格。除了改变影响神经系统成熟发育的平衡关节点之外，受到经历影响的基因表达的变化还能够导致连接形式、应激性和生物化学的变化，而这些变化会影响到成年后神经系统如何处理信息，以及如何对荷尔蒙、神经模块和神经媒介做出反应。

为什么在神经系统发育成熟阶段的经历会如此重要

经历之所以对处于发育成熟阶段的神经系统具有重要影响，主要有两个因素。第一个因素是，在敏感期里，调控神经可塑性的分子和细胞机制相当活跃，使得神经系统会对经历影响做出反应，从而在结构、化学和基因表达等方面发生重大变化。当敏感期过后，不少调控机制就不再运行或者无法像以前一样有效运行。

第二个因素是，在尚未成型之前，神经系统很容易形成某种联系形式。当某一神经系统处于最初发展阶段时，联系形式和力量的形成主要取决于基因解码机制，但这些形式还不确定，力量也相对较弱。经历所产生的刺激行为加强了这些内在联系形式，从而使得神经系统能够以某种方式去处理信息。影响和加强的过程涉及细胞和神经系统层面的作用机制，通过这一机制稳定了联系形式（如触处结合和侧向抑制）。与此同时，这些变化抵消了其他联系形式的形成，使得后来的经历很难改变最初定型的形式。因此，最早阶段的经历所产生的影响非常关键，这是因为在引导神经系统形成某种联系形式时，这一时期的经历具有独特的优势，可以不受任何已有形式的干预。

结论和含义

发展心理学经过多年的研究发现，儿童在交往互动过程中形成的认知、社会和情感能力为他们未来在学校取得好成绩和成年后获得经济生产力奠定了基础。除此之外，对弱势儿童早期介入的研究显示，有大量证据表明，儿童的早期经历对成年后一系列重要成就的取得都具有非常重要的持续影响，正面的早期经历能够使人在认知和情感方面具有更好的适应能力。这些发现与关于人力资本形成的大量研究文献相互补充，揭示出这样的结论：在人生的后期对不利环境进行干预补救的效果，远不如在人生的早期提供促进成长的正面经历。

支持这些结论的证据来自对动物行为进行的大量研究，研究表明，动物生长的早期环境对它们的性格、社会行为和认知技能都具有非常重大的影响（正面影响和负面影响），而后期经历对许多行为的影响效果将大为减弱。需要特别强调指出的是，动物研究与人的环境的相关性不在于动物研究的结论是否适用于人，而是在于说明基本的发育和神经生物原理。例如，实证研究发现，居住在复杂的笼子里将对幼鼠的学习能力和大脑结构产生正面影响。但这并不等于说，居住在充满刺激性的家庭环境中，也会对儿童成长产生同样的影响。动物研究的价值在于揭示出了适用于不同物种的神经生物学的基本原理，即，大脑结构受到经历和基因的影响、大脑和行为发展有层级特征、敏感期的观念，以及随着时间的推移，神经的可塑性会逐步降低。

我们对早期经历影响大脑和行为发展的机制的理解在不断加深。大脑的发展主要受到两个相互作用的因素的影响：基因和经历。近年来，神经科学家对以下问题的研究取得了很大进展：不同的经历如何影响神经系统的结构、生物化学和基因表达，正是这些神经系统调控着认知、情感和社会行为。这些影响在神经系统发育成熟的敏感期内效果最为明显，特定的系统功能会根据经历的需要形成定型的信息处理能力，从而发生根本性的改变。不同物种的研究都表明，经历对于大脑的发展至关重要，物种适应性越强，经历起到的作用越大。在生命的后期阶段，经历所能导致的变化会更小。

关于人力资本形成的科学研究的飞速发展同时具有非常重要的政策含义。21 世纪的生产更青睐那些头脑灵活、具有很强的问题解决能力、情感坚韧，以及能够在不断变化和高度竞争性的环境中与他人进行良好合作的人。在这一背景下，能力下降所带来的生活负担和社会负担将非常可怕，因此，我们比以前更需要将人的潜力最大限度地发挥出来。

本文中引用的证据充分表明，要培养美国未来的劳动力，最有效和成本最低的战略是在弱势儿童成长的最早阶段，对其社会和认知环境进行人力和物质投资。对弱势儿童进行投资能够获得最高的回报，这是因为他们的家境贫寒。对于这些孩子来说，是对环境进行积极干预，还是无所作为、放任自流，两者之间差别巨大。与之相对应，对于一般的孩子而言，是否对他们的家庭环境进行干预，区别并不大，甚至没有区别。而对那些弱势儿童来说，最高回报来自最早期的投资，在早期阶段，基础技能和行为模式正在形成和确立过程中，而且神经系统也最具可塑性，能够很好地适应最基础层面上的结构、化学和基因表达等方面的变化。因此，在这一时期，早期经历会产生重大影响。当大脑逐步成熟时，经历仍然会影响神经生物特征和行为方式等方面的认知、情感和社会能力，而这些能力的形成将有利于成年后一系列能力的发展，其中包括未来的工作业绩。

在幼年阶段，促进认知发展的早期经历对于孩子的健康成长是最重要的，这需要通过成年人的精心照料、抚育以及建立稳定的关系来实现。如果由于没有建立良好的关系，或者其他的不利环境因素使得这一成长过程受到影响，那么随着年龄的增长，将会付出更高的生物和物质成本。因此，尽管人的适应能力一般会延续到成年之后，但大脑成熟过程中可塑性不断下降的现象表明，通过早期介入项目减缓不利环境的影响要比在后期培训和治疗技能有缺陷和行为有问题的人更有效率（既降低了神经系统的能量成本，又为社会降低了项目成本）。简而言之，技能产生技能，成功孕育成功，在早期成长阶段提供积极的经历要比在后期成熟阶段进行矫正干预效果更好、成本更低、效率更高。至于最大化美国未来劳动力生产率的最优战略是什么，这个问题超出了本文的讨论范围。但是，考虑到我们未来面临的人力资本需求，神经科学、行为研究和经济学的研究都一致支持以下结论：预防比补救更有效、而且成本更低，及早行动远胜于亡羊补牢。

（张安　译）

（参考文献从略，如有需要可向《比较》编辑室索取 bijiao@ citicpub. com）

世界计量经济学会 2006年远东会议综述

《比较》编辑室

会议概况

2006年7月9日至12日，世界计量经济学会2006年远东会议（FEMES 2006）在清华大学召开。本次会议是世界计量经济学会首次在中国大陆举办的重要活动，成为国内外著名经济学家的盛大聚会。

在为期4天的会议中，共有10多位著名经济学家发表主题演讲，其中包括世界计量经济学会主席理查德·布兰戴尔、国际货币基金组织首席经济学家拉古拉迈·拉詹、普林斯顿高等研究院的埃里克·马斯金教授、西班牙

---

* 清华大学经管学院经济系主任白重恩教授担任了此次大会的主席。他介绍说，世界计量经济学会是于1930年12月29日成立的，其地位相当于世界经济学会。除了每5年召开一次世界大会外，还在各个地区召开经常性的学术会议。远东会议每两年召开一次，由该地区的一个学术机构主办，参加者则是来自世界各国、各地区的经济学家，既不限于远东地区，也不限于计量经济学。在过去，日本、韩国、新加坡等国家以及台湾和香港地区的学术机构都曾经主办过一次或多次远东会议。而在2004年7月于汉城举办的会议上，清华大学申办组织2006年会议，并获得成功。本次会议由清华经管学院主办，得到了国家自然科学基金委员会、中国建设银行、中国国际金融公司等单位的支持。

本文由余江执笔。

IESE 商学院的哈韦尔·维夫斯教授、伦敦经济学院的许成钢教授、麻省理工学院的王江教授（演讲题目：流动性和资产定价）和清华大学的钱颖一教授（演讲题目：中国的改革是如何进行的）等。此外，中国人民银行的周小川行长也出席了本次会议的欢迎宴会，并发表了关于中国经济热点与全球经济失衡问题的演讲。他介绍了中国经济在 2006 年上半年的主要特点，谈到中国近年来的宏观经济增长表现出色，按某些标准来看甚至异乎寻常。同时指出，全球经济失衡给经济学家和计量学家们提出了许多新的问题和研究项目，希望各国的学者们能够更多参与进来，帮助我们应对中国和世界经济面临的问题和挑战。

在本次会议上，共有来自 36 个国家和地区的 400 余篇论文被录用，举办了 140 多场专题研讨会，有 500 多位来自世界各地的经济学家参会。这些会议论文的主题涵盖了经济学的各个方面，既有计量经济学、微观经济学和宏观经济学等学科的理论性研究，又有经济学理论在各个研究领域的应用性研究。本次会议为全球范围的经济学知识和相关信息的交流和共享提供了一个平台，为刺激经济学的新思想、新观点和新方法的产生提供了一个机遇，同时也对提升中国大陆的经济学理论与应用研究的整体水平、帮助设计和完善合乎中国国情的经济体制发挥了积极的促进作用。

在会议闭幕式上，世界计量经济学会主席、伦敦大学学院教授布兰戴尔特别肯定了本次大会的组织工作，并高度评价了论文和研讨会的质量。

在此，我们将部分发言的记录整理为专栏，以飨读者。

专栏 1　收入与消费：部分保险和不平等传递

理查德·布兰戴尔（Richard Blundell），世界计量经济学会主席、伦敦大学学院教授

对于财富的不平等，可以有彼此不同、但相互关联的各种衡量角度，例如工资、收入和消费等。与收入的不平等相比，对消费的不平等的研究目前还很不够。

我们的模型希望探讨收入和消费分配状况的时间序列变化，理解这二者之间的传递机制，了解收入分配受到的短期和长期风险冲击，并分析应对风险的保险机制。

到目前为止，有关的研究主要包括如下三个方面的内容：(1) 消费不平等和收入不平等随时间的变动（Johnson 和 Smeeding 2005；Goodman 和

Oldfield 2004；Cutler 和 Katz 1992；Blundell 和 Preston 1991）；（2）对收入的面板数据的构成成分的回归分析（MaCurdy 1982；Gottshalk 和 Moffitt 1995；Meghir 和 Pistaferri 2004）；（3）保险机制与消费的关系，特别是"过度敏感"与"过度保险"问题（Hall 和 Mishkin 1982；Campbell 和 Deaton 1989；Cochrane 1991；Attanasio 和 Davis 1996；Blundell、Pistaferri 和 Preston 2005；Krueger 和 Perri 2006）。

在数据研究方面，一些学者发现，从 20 世纪 80 年代以来，英国和美国的收入分配和消费分配的状况发生了很大的调整，基尼系数有明显提高，消费基尼系数低于收入基尼系数。人们会通过储蓄和其他保险机制来调节消费水平。日本、中国等也表现出类似特征。参见下表：

部分学者对英国和美国的消费与收入分配不平等的研究（1978～1992）

英国 Goodman 和 Oldfield（IFS，2004）	1978 年	1986 年	1992 年
收入基尼系数	0.23	0.29	0.33
消费基尼系数	0.20	0.24	0.26
美国 Johnson 和 Smeeding（BLS，2005）	1981 年	1985 年	1992 年
收入基尼系数	0.34	0.40	0.41
消费基尼系数	0.25	0.28	0.29

关于保险机制的作用问题，在完全竞争市场的理想假设下，人们可以购买保险合同，以便防范收入波动给自己带来的风险。另外，永久收入假说认为，人们也可以通过储蓄来应付收入的波动，实现比较稳定的消费，以追求效用的最大化。然而，由于存在信息不完全、不对称和道德风险等障碍，上述的假设在现实中并不成立。人们的收入可能受到的冲击有短期和长期的区别，长期的冲击将打破原来的预算约束，导致消费水平的永久性调整。

于是，学者们开始关注对收入的"部分保险"问题，也就是说，除了个人通过储蓄建立的自我保险以外，更多的一些保险机制。其中包括：调整资产组合，建立非正式的合同关系，接受馈赠，增加劳动力的供给和工作时间，建立社会保障，通过政府的转移支付和税收，调整耐用消费品的替换速度等。

在我们的模型中，定义并测算了两类"传递悉数"，分别代表短期冲击和长期冲击对人们收入水平的影响。结果发现，传递系数的大小基本上保持不变，风险冲击本身的构成（也就是短期冲击与长期冲击的性质和相对比重）却有明显变化。例如，在20世纪80年代早期的英国和美国，以及90年代早期的西班牙，就出现了有长期影响的冲击，这些风险都没有被市场上的保险机制覆盖。

研究还表明，风险冲击对穷人的家庭财务状况带来的扭曲更加显著。例如，对耐用消费品的购买行为会发生改变，成为一种应对短期冲击的保险策略。在美国，1978～1992年期间，如果把耐用消费品计算进来，那么消费基尼系数与收入基尼系数之比将从60%左右提高到70%以上（BLS 2005）。还有，在20世纪80年代早期，当单职工家庭的收入受到短期冲击时，原来从事家务的成员将走上市场，形成“第二劳动力”供给。同样，政府的转移支付和税收制度设计也可以为低收入家庭提供保险。

专栏2 痼疾难消的贫困：政治制度、人力资本还是利益集团

拉古拉迈·拉詹（Raghuram Rajan），国际货币基金组织

用固定的制度来解释经济增长是不够的。在许多发展中国家，人们在初始阶段得到的人力和物质资本禀赋有很大差异，于是形成了不同的偏好和对立的政治利益集团。模型表明，如果让各个集团通过投票来决定国家的政策和制度，并且影响未来的资源分配和政治利益格局，那么有的国家即使拥有良好的政治制度，也可能不会采纳正确的经济政策，从而陷入长期贫困的陷阱。因此，如何改变穷国的要素禀赋的分配格局，克服占据统治地位的利益集团的阻力，会比如何改变制度的问题更有现实意义。

全文参见中信出版社《比较》第25辑：《痼疾难消的贫困：政治制度、人力资本还是利益集团》。

专栏3 继起创新，专利和模仿

埃里克·马斯金（Eric Maskin），普林斯顿高等研究院

传统的经济理论认为，如果不限制竞争对手的模仿行为，那么创新的开发者就很难收获利润。即使从事发明创造的社会收益超过成本，人们也不愿意对这样的事业进行投资。

然而，20世纪80～90年代，美国的软件产业为此提供了一个天然试验室。在一系列法庭裁决之后，对计算机程序的专利保护显著加强。但数据表明，得到专利保护的一些主要企业并没有掀起创新的热潮，他们对研发的开支占销售额的比例反而减少了（Bessen和Hunt 2004）。

我们认为，对于软件产业而言，模仿其实会促进创新，而强大的专利保护反而有不利影响。原因在于，这些领域的发明创新有“继起”和“互补”的特点。继起的含义是，新的发明创造要建立在原有的成果的基础上，实现深入开发。例如，“Lotus 1-2-3”软件就是在“VisiCalc”软件的基础上开发的，而后来的“Excel”软件又是在“Lotus”软件的基础上完成的。互补的含义则是，不同的发明人可能采用不同的技术方案，但他们的工作会相互支持，增加了在一定时间内完成某个既定商业目标的可能性。例如，语音识别技术就有各种解决方案，它们共同加速了这项技术的商业化进程。

在这种环境下，允许模仿将使后来人参与技术开发的门槛降低，他们可能带来技术的原创者所没有的新点子，从而加速整个创新进程。另外，虽然模仿和竞争可能剥夺发明人的部分收益，但却增加了以后的创新沿着他的技术模式发展下去的机会，从而也可能增加原创者未来的收益。

当然，某种程度的知识产权保护依然是必要的。在整个模型中，我们假定，进入这样的产业首先需要一定的特殊资本和人力的投资，另外，产业的进入和产品的模仿也需要一定的时间。于是，发明的原创者在短期内还是能拥有先行之利。这样的假设是有实证支持的，有数据表明，在受到模仿时，原创企业依然有能力维持一定的收益。

与现行的针对继起创新的知识产权保护的判决意见相比，我们的研究结果得出了不同的结论。在我们看来，过度的专利保护甚至可能妨害社会福利，原因是它们会阻碍技术模仿，从而约束未来的创新。

反对者可能会提出，假如未来的模仿者有利可图，那么专利的拥有者可以通过出售特许权的方式给他们授权，允许模仿进行下去。不过，这种看法

并没有考虑到未来的创新者之间信息不对称的问题。假如专利的拥有者并不清楚潜在对手的未来收益前景，那双方就难以达成互利的转让价格，从而不能授权，阻碍未来的创新。

此前，已经有一些研究讨论了简单的继起创新的模仿问题（Scotchmer 1991，1996；Scotchmer 和 Green 1990；Green 和 Scotchmer 1996；Chang 1995），还有一些讨论了对创新成果不断进行质量改进的问题（Hunt 2004；O'Donoghue 1998；O'Donoghue、Scotchmer 和 Thisse 1998）。

与他们相比，我们的特点在于竞争模型，也就是说，我们假定在任何阶段，不同企业的产品都互不相同，所以模仿者并不是直接照搬，而是生产有差异的产品。于是，这些产品背后会形成不同的研究开发路径，可以形成互补。模仿将带来新技术的“生物多样性”，有利于促进未来的创新。

专栏 4　市场中的信息和学习

哈韦尔·维夫斯（Xavier Vives），IESE 商学院

市场中存在大量的从众现象：人们争相购买畅销书；在某个陌生的城市旅行时，会挑选那些宾客盈门的餐厅；公司会在某个时候竞相采用某种新技术；学者会选择热门的研究领域；投资者追捧热门股票；储户们集体去银行提款，甚至可能导致清算危机……

如果其他人的行动表现得非常强势，那么理性的个人就可能忽略自己掌握的信息，而选择追随潮流。但是当大家都选择从众的时候，许多人个人掌握的信息便没有显示出来，市场上的信息总量就不能继续累积下去，最后的结果可能极其没有效率。这些现象表明，信息和市场的作用非常重要。

例如，股票市场上的价格是否反映了交易人手里的全部信息以及未来的价值？还是说，这些价格是被投机者、操纵者、消息灵通人士控制的，市场上完全是潮流、从众和泡沫？——这样的市场是否能有效汇集信息？

又如，20 世纪 30～40 年代，兰格和哈耶克就社会主义的可行性展开了争论。兰格认为中央计划机构可以模拟和复制市场竞争机制，发现均衡价格。而哈耶克指出，人们都各自掌握着不同的信息，只有通过交易价格才能反映出来，中央计划机构不可能掌握所有的信息。他认为，价格体系实际上就是一个巨大的信息交流机制。

我的研究希望回答的中心问题是：市场上的危机和泡沫是否能用投资人

的理性行为来解释？还是说，需要承认交易商是非理性的，会不断犯错误，才能给予解释？

首先需要了解，人们的行为模式是否符合理性？最新的一些研究表明，人们的许多日常行为以及整体的市场表现都基本上符合理性模式。

其次需要注意，信息具有外部性的特点。人们在采取某种行为的时候通常不会考虑会给其他人带来的启示，而缺乏信息指导的人则可能跟随别人，形成市场潮流。在许多情况下，市场的信号比较嘈杂，交易人需要很长的时间才能分辨出基本面的信息。特别是当市场的价格信号表现得越来越强的时候，理性的交易人在决策时就会更少地参考自己掌握的信息，他的个人信息反映到市场中的比例也会减少。于是，信息的累积可能呈现出速度递减的趋势。

还有，人们会在市场中不断学习，改进自己的判断。学习一方面是种自我改进，意味着市场积累的信息将持续增加，价格将更加准确。另一方面，学习也是个自我否定的过程，意味着积累的过程是相对漫长的。从众现象就是市场学习的自我否定特点的最极端的表现，人们跟着市场的趋势前进，完全忽略了自己掌握的个人信息。

从众行为会受到其他因素的影响，包括回报的外部性、对待风险的态度、投资时期的长短、相互的合作关系等。

总的来说，在解释从众、危机等市场现象时，我们并不需要依靠“非理性”的交易人。在某些情况下，理性的人也需要很长的时间才能在市场中完成学习，他们有可能持续犯错误，或者由于不能相互合作而陷入困境。另外，实现信息交流的效率并不等同于实现经济的效率。

专栏5　金融监管重要么？——美国1934证券交易法对市场的影响

李升，伦敦经济学院；许成钢，伦敦经济学院、清华大学

在金融监管领域，美国《1934证券交易法》是最为重要的法律。该法创建了美国证券交易委员会（SEC），这是世界上第一个政府性的金融市场监管机构。其他国家的金融监管者无不以SEC为榜样。然而，在SEC成立70年以来，对SEC执行的披露规则是否切实提高了市场信息质量，学术研究一直存在争议。

在1929年，美国资本市场上存在大量集合操作（pool operations），操纵了纽交所100种以上的股票价格。人们认为，“没有人相信证券的市场价格与其内在价值存在任何合理关联……操纵者之所以能为所欲为，其中一个重要的因素是投资者无法获得财务及相关信息”（《SEC25年回顾：自愿披露的实践》，1959）。

当时，对企业财务信息的披露，法律并没有明确要求，披露是自愿的。企业可以自行决定如何披露资产负债表和损益表，自行决定是否需要对财务报表进行审计。实际上，约有半数企业披露了产品销售与成本信息，90%的企业披露了折旧、流动资产和流动负债等信息（Benston 1973）。自20世纪20年代后期开始，纽约交易所开始推行自律监管，要求所有新上市企业必须提供一份经过审计的资产负债表和损益表，但是对已经上市的企业免除了披露要求（Mahoney 1997）。

面对1929年市场的崩盘与空前的财务欺诈，美国立法者做出了回应：先后通过了《1933证券法》与《1934联邦证券交易法》。1934年法案的总则中写道：“监管是必需的，因为自愿披露将导致过度投机、过度波动、不准确的股价、操纵与欺诈”。法律要求，自1933年10月开始，所有新上市的公司实行强制信息披露。而且在1934年，成立了第一家真正有能力执行强制披露规则的金融市场监管者SEC。

可是，著名经济学家、诺贝尔奖得主乔治·施蒂格勒的研究发现，强制披露并没有改进投资者的福利，新发行股票并没有因为遵守SEC的监管而提高了收益，但是，新发行股票的方差减小了，所以监管的结果只是把风险大的发行人逐出了市场（Stigler 1964）。后来还有研究表明，SEC并没有降低市场波动（Officer 1973），也没有证据证明SEC对股票的买卖差价（bid-ask spreads）产生了短期影响（Daines和Jones 2005；Mahoney和梅建平2005）。虽然也有研究表明，1933法案减少了所有上市公司股票的方差，但研究者却自认为得出的结果与施蒂格勒近似（Simon 1989）。

另一方面，也有研究结果间接支持了监管的作用，例如，美国《1964年证券法修正案》把强制披露义务扩展到在场外交易市场（OTC）交易的大公司，人们发现受修正案影响最大的OTC公司在宣布遵守强制披露义务前后的几周时间里，获得了3.5%的超额收益（Greenstone等2006）。拉波塔等人则进行了跨国研究，发现执行强制披露有助于金融市场的发展（La Porta等2006）。

我们的主要发现是：1933 年证券法实施后，（1）短期市场的波动性显著降低（1932 年 1 月至 1936 年 12 月），1933 年 10 月（1933 年证券法实施）前后，波动性降低了 30%，1934 年 8 月（1934 年证券交易法实施）前后，波动性进一步降低了 36%；

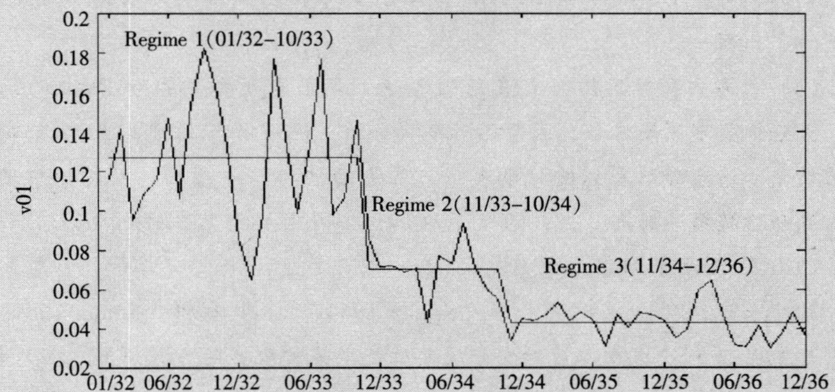

（2）长期市场波动性也大大降低（1890～1970 年），1934 年 8 月前后，波动性降低了 13%。

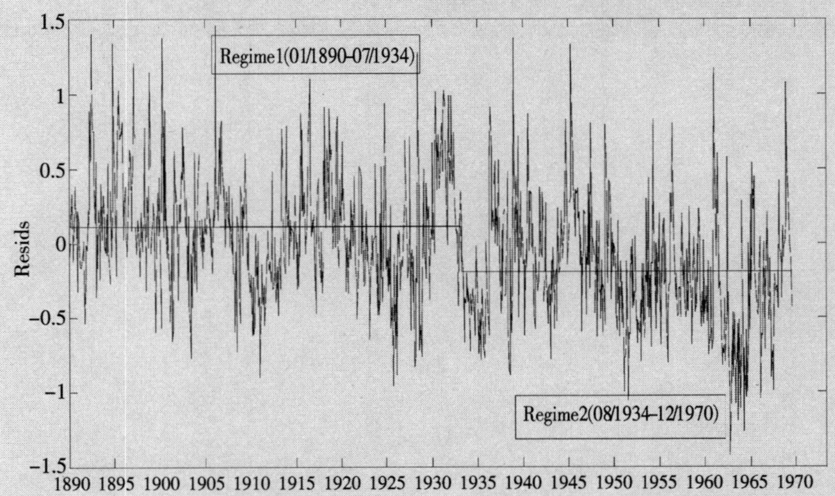

请注意：以上的回归分析中已经排除了通货膨胀、基础货币增长、工业生产波动等方面的影响。

此外，我们采用了统计学上的方法及程序来识别短期（1932～1936 年）与长期范围（1890～1970 年）内，股市平均波动性的结构性变化（白聚山和

Perron 1998，2003，2004）。结果发现统计学方法识别出的结构性变化发生的时间同金融监管开始生效的时间惊人的吻合：

（1）短期内，我们在波动性序列中发现了两个结构性中断点（三个时期）。平均波动性从第一个时期（1932 年 1 月 ~ 1933 年 10 月）到第二个时期（1933 年 11 月 ~ 1934 年 10 月）下降了 30%。在第三个时期，平均波动性下降了 36%；

（2）长期内，为了控制大衰退的影响，我们采用白聚山和 Perron 的方法，来分析股市波动性与代表衰退时期（1929 ~ 1939 年）的虚拟变量回归得到的残差。该检验结果的统计量表明，在波动性序列中存在一结构性中断。平均波动性从第一时期（1890 年 1 月 ~ 1934 年 7 月）到第二时期（1934 年 8 月 ~ 1970 年 12 月）降低了 13%。

总结来说，在以往的研究中（Stigler 1964；Jarrell 1981；Simon 1989），人们都发现在 SEC 成立以后新发行股票所获得异常收益的方差下降。但人们的解释是投资者可以通过分散投资来降低非系统风险，他们声称 SEC 对保护投资者利益没有作用，市场波动带来的风险是投资者无法分散的，这对投资者和宏观经济更重要。与他们相比，我们首次发现 SEC 对市场波动有明显的抑制作用，金融监管的确发挥了良好的作用。

小额融资承诺

乔纳森·莫多克

一、引言

目前，全球约有十亿人日均收入低于一美元。政策制定者和从业人员已经采取了很多措施，设法改善他们的生活，但都遇到了很大的困难。媒体上充斥着有关贫穷国家官僚蔓生和腐败日盛的报道，而且，当前很多人认为政府的援助使穷人产生了依赖性和惰性，反而使事情变得更糟。

在这些令人气馁的新闻中，一批非正规金融机构在玻利维亚、孟加拉国和印度尼西亚等国家的繁荣发展使人振奋起来。大家希望，通过向低收入家庭提供金融服务以减轻贫困，从而使经济和社会结构得到根本改观。这些以小额融资为宗旨的机构，都承诺向特定类型的客户提供服务，而这些客户从正规银行部门无法获得金融服务。几乎所有小额融资的借款人都是为个体经营活动融资，而且很多都从很小的数额开始贷款（如 75 美元），在几个月或一年内偿还。绝大部分小额融资项目不要求借款人提供抵押品，这使那些目前资产很少、却想成为企业家的贫困借款人能摆脱可怜的社会处境。

有些小额融资项目仅服务于少数客户，而有些则服务于数百万客户。过去的 20 年中，部分非洲、亚洲、拉丁美洲国家，以及加拿大和从纽约到圣地亚哥的大约 300 个美国城镇启动了多种多样的新项目（*Economist* 1997）。现在，全世界大约有 800 万 ~ 1 000万个家庭从小额融资项目获得金融服务，从业人员正试图使这个数字到2005 年扩

---

* 作者 Jonathan Morduch 是纽约大学经济学副教授。由于篇幅所限，我们省略了本文的参考文献。有需要的读者可以向《比较》编辑室索取：bijiao@ citicpub. com。——编者注

大至1亿。前世界银行行长沃尔芬森指出，帮助1亿个贫困家庭意味着将有5亿至6亿贫困人口受益。在美国，由于受1977年社会再投资法案新增条款的影响，可以预见，银行将扩大小额融资方面的业务（Timothy O'Brien 1998）。

这些小额融资项目表明，类似“联保贷款”（group lending）的创新和对补贴的新态度是它们成功的关键。联保贷款合约有效地使小组成员之间相互承担担保责任，缓解了由贷款人和借款人之间信息不对称引起的问题。现在，小组成员有动力相互监督，排除高风险借款人加入小组，提高无抵押情况下的贷款偿还比率。这类合约引起了经济学家的关注，在他们的推动下，孟加拉乡村银行的联保贷款模式得到了全球重视①。

各界对于小额融资的支持高度一致，因为小额融资为金融机构和贫困客户提供了一个双赢的解决方案。例如，最近美国媒体《旧金山观察》（*San Francisco Examiner*）分五期刊登了一个故事，介绍四个获得小额融资的女性：一个印度阿赫迈达巴市的纺织品销售者；一个埃及开罗的街道小贩；一个美国新墨西哥州阿尔伯克基市的艺术家；一个北加利福尼亚的家具制造商。故事讲到：

> 从发展中国家破旧的贫民窟和贫困的村庄，到美国经济边缘的城市深处和破败的城市郊区，这些人和其他几百万女性都是变革的一部分。有些人可能称它为资本主义革命……在发展中国家，小额贷款可能只有25美元或50美元；在美国则可能达到500美元或5 000美元。这些小额贷款都极大地改变了人们的生活……许多第三世界的银行家发现，向贫困人口提供贷款不仅是一件好事，同时还是一项可盈利的业务（Brill 1999）。

小额融资的左翼倡导者强调下列几个方面：“自下而上”；注重社区；关注女性；最重要的是，帮助那些得不到服务的群体。小额融资的发展、非政府组织在政策层面中作用的提升、学术界对新发现的“社会资本”的关注，这些现象的同时出现并非巧合（Robert Putnam 1993）。小额融资的右翼倡导者则强调下列几个方面：在激励工作的同时减轻贫困；非政府组织在其中的领导作用；运用由市场力量主导的市场机制；对小额融资机构享受补贴表示质疑等。

有充分的理由为小额融资可能发挥的作用感到激动，尤其是在给定的政策背景下，但我们也有充分的理由保持小心谨慎。通过银行减轻贫困的想法很早就有，但历经波

---

① 近来有关小额信贷的理论研究有：Joseph Stiglitz 1990；Hal Varian 1990；Timothy Besley和Stephen Coate 1995；Abhijit Banerjee、Besley和Timothy Guinnane 1992；Maitreesh Ghatak 1998；Mansoora Rashid和Robert Townsend 1993；Beatriz Armendariz de Aghion和Morduch 1998；Armendariz和Christian Gollier 1997；Margaret Madajewicz 1998；Aliou Diagne 1998；Bruce Wydick 1999；Jonathan Conning 1997；Edward S. Prescott 1997；Loic Sadoulet 1997。

折。20 世纪 50 年代早期到 80 年代，通过提供补贴信贷减轻贫困是许多国家发展策略的核心，可这些经历不堪回首：贷款偿还比率经常低于 50%；补贴成本不断增大；许多贷款投向了有政治权势的接受者，而不是最需要的接受者（Dale Adams、Douglas Graham 和 J. D. von Pischke 1984）。

小额融资有什么新内容吗？尽管只有少数项目要求抵押品，主要的新项目公布的贷款偿还比率在几乎所有案例中都达到了 95% 以上。这些项目能够深入到贫困个体，尤其是女性，而其他的方式则很难做到。没有比孟加拉国——一个文化上保守、男性占支配地位的穆斯林国家——更让人吃惊的了。孟加拉国的小额贷款项目大约为 500 万借款人提供服务，其中大多数是妇女。另外，除了提供贷款，其中一些项目也提供有关健康问题、性别角色和法定权利的教育和培训。与过去的项目不同，新项目也没有政府的过多介入，而且非常重视提升经营业绩。

事情发生得很快，并且正在变得更快。1997 年，一个由政策制定者、慈善基金会和从业人员组成的高级别协会启动了一项行动，计划在未来十年中为小额融资募集 200 亿美元启动资金［小额融资高峰会议报告（Microcredit Summit Report），1997 年在美国华盛顿召开——译者注］。这些资金大部分流向了没有经验的新机构，而且现有的资源也正从传统的旨在减轻贫困的项目重新分配至小额融资项目。在捐赠资金不断流入的同时，从业人员还没有多少动力仔细考虑资金应如何实现最优配置。

下面将描述的证据表明，迄今为止小额融资没有实现偿还承诺，而且有些大胆宣称的内容经不起仔细推敲。高偿还比率很少能如宣传中所描述的那样转化为利润。第 4 节要说明，通过直接获得赠款或间接从捐赠人获得优惠贷款，大部分项目仍旧持续获得补贴。此外，财务上达到盈亏平衡的项目，并不是那些向最贫困的客户提供服务的项目。最近一项调查显示，承诺达到财务可持续、集中服务贫困人口的小额贷款项目大约仅能覆盖全部成本的 70%（MicroBanking Bulletin 1998）。尽管人们期望脆弱的财务状况能逐步改善，但在没有补贴持续注入的情况下，类似乡村银行的扶贫信贷项目很难达到财务可持续。

对补贴的持续依赖使捐赠人获得了很大的发言权，但有讽刺意味的是，他们用这种发言权来反对持续补贴。由于担心重蹈覆辙，捐赠人认为补贴应仅用于覆盖启动成本。但是，如果支持小额融资的资金能促进社会目标的实现，而这是其他项目如劳动福利或直接的食物援助所不能实现的，那么何妨继续给予小额融资补贴呢？终止类似乡村银行的项目会使世界变得更好吗？

回答这些问题需要研究项目的社会影响，以及借款人的收入和职业等信息。然而，反对补贴（强调双赢）的人士对收集这类数据不感兴趣。他们的理由之一是，假定“双赢”的立场是正确的（也就是说，将年实际利率提高到近 40%，并不会严重削弱服务广度和深度)，那么财务可持续应足以反映社会影响。虽然该主张比较有力，但由于缺乏证据支持，并没有多大说服力。

扶贫项目认为，将所有的成本都转嫁给客户可能会削弱社会目标。但出于同样的原因，也没有获得直接证据的支持。有关扶贫项目显著的社会和经济影响的逸闻和个案很多，但很少有建立在仔细选择控制组群基础上的科学影响评估，而且现有的评估结果模糊不清。很少有研究涉及到贷款需求的利率敏感性和补贴项目对非借款人的外部性。一部分原因则是项目自身进行这方面研究的动力不大。数据搜集工作不仅成本高昂还很枯燥，而且其结果很可能会削弱那些典型个案的说服力。

一些间接证据表明，警惕反补贴论是有道理的。由于没有更好的数据，平均贷款规模通常用来代表贫困水平（这个假设意味着，只有很贫困的家庭才愿意申请数额较小的贷款)。在财务上自给自足的项目中，典型借款人的贷款余额大约为 430 美元——规模通常更大一点（MicroBanking Bulletin 1998)。在低收入国家，这种水平的借款人往往是贫困人群中处境较好的，甚至是略微处于贫困线之上的人群。通过这样的金融服务可以促进经济效率——或许，经济会沿着学者们（Valerie Bencivenga 和 Bruce D. Smith 1991）所述的方式增长——但是，这类信贷没有对大多数贫困家庭产生积极影响。相反，第 4.1 节将说明，注重减轻贫困（需要补贴）的项目，其典型客户的贷款余额仅为 100 美元左右。

从业人员和研究人员正在从早先的争论中超越出来，进行更深入的研究（例如，Gary Woller、Christopher Dunford 和 Warner Woodworth 1999)。小额融资承诺建立在创新基础之上：新的管理架构，新的合约和新的态度。被奉为典范的项目是通过反复试验产生的。一旦机制运转得相当好，标准化和复制则成为优先考虑的问题，而创新仅在边缘上进行。结果，大部分的项目设计没达到最优，也没提供最需要的金融产品。虽然联保贷款是最著名的小额融资创新，但是其他项目多种多样的创新也非常重要，尤其是多种形式的动态激励和偿还安排。从这种意义上说，有关小额融资的经济理论（几乎全部集中于联保贷款）还没有得到充分的证据。一部分捐赠资金应该用于量化这些相似机制的作用，以及用于测定成本较低的综合机制，以便在不同情况下服务于贫困客户。新的管理结构——如孟加拉社会进步协会（Bangladesh's Association for Social Advancement）向下分解的结构——可以显著地消减成本。新的产品——如孟加拉安全储蓄（Bangladesh's SafeSave）灵活的储蓄计划——提供了一条既可以帮助贫困家庭又可以实现财务可持续的路径。小额融资给我们的教训是：机制是至关重要的，只有通过不断试验、创新和评估，小额融资承诺才能完全实现。

第 2 节将描述几个被奉为典范的项目；第 3 节考察理论观点；第 4 节转而讨论财

务可持续问题；第 5 节讨论有关补贴的成本和收益问题；第 6 节描述对影响的计量经济学评估；第 7 节从贷款转向储蓄；第 8 节将从经济发展的更广的范畴讨论小额融资问题。

二、新路径

长久以来，人们普遍认为，向贫困家庭贷款注定失败：成本太高，风险太大，这些家庭储蓄倾向非常低，以及只有极少家庭能提供抵押品。不久以前，政府银行曾提供大量补贴信贷，其最高的偿还比率为 70% ~80%。例如在孟加拉国，1980 年银行的贫困家庭贷款偿还比率为 51.6%，到 1988 年和 1989 年，由于一场严重的洪水，偿还比率骤然下降到 18.8%（M. A. Khalily 和 Richard Meyer 1993）。出于同样原因，印度农村综合发展项目（India's high-profile Integrated Rural Development Program）发放的补贴信贷偿还比率在 1986 年下降到 41%。这些项目都假定贫困家庭无法负担高利率贷款，提供了大量补贴信贷。

由于成本迅速增长，不久政府预算便陷入困境，同时银行也缺乏动力扩大这类业务。此外，为了补偿较低的贷款利率，许多银行经营者不得不降低存款利率。结果吸收的存款很少，发放的贷款也很少。而且在借款人开始发觉银行不能维持多久后，违约率开始增大。反复的失败似乎证实了人们的怀疑：贫困家庭既没有信誉也没有多少储蓄。此外，补贴信贷经常投向有政治权势而非贫困的家庭（Adams 和 von Pischke 1992）。尽管许多项目意图良好，但是成本高昂，而且对真正的帮扶对象帮助很少。

孟加拉乡村银行的经历扭转了这种局面。现在，许多金融机构提供信贷理念和目标群体不一的小额融资服务。除了孟加拉乡村银行，其他先驱还有：玻利维亚团结银行（Bancosol of Bolivia）、印度尼西亚人民银行（Bank Rakyat Indonesia）、印度尼西亚 Kredit Desa 银行和由国际社区援助基金会（FINCA）发起的村庄银行。为了说明所用机制的多样性，选择了下述五类项目，表 1 强调了它们所用机制的特殊之处。第 3 节将探讨这些机制的作用①。

① 4.1 节和 5.1 节描述这些项目的概括统计指标。可在下列文献中找到：Maria Otero 和 Elisabeth Rhyne（1994）；MicroBanking Bulletin（1998）；Ernst Brugger 和 Sarath Rajapatirana（1995）；David Hulme 和 Paul Mosley（1996）；Elaine Edgcomb、Joyce Klein 和 Peggy Clark（1996）。

表 1　一些领先小额融资项目的特征

	孟加拉乡村银行	玻利维亚团结银行	印尼人民银行 Unit Desa 项目	印尼 Kredit Desa 银行	FINCA 村庄银行
成员总数	240 万	81 530	200 万借款人，1600 万存款人	765 586	89 986
平均贷款余额	134 美元	909 美元	1007 美元	71 美元	191 美元
典型贷款期限	1 年	4～12 个月	3～24 个月	3 个月	4 个月
女性成员比重	95%	61%	23%	—	95%
服务于城市/农村	农村	城市	主要是农村	农村	主要是农村
联保贷款合约?	是	是	否	否	否
是否要求抵押?	否	否	是	否	否
是否强调自愿储蓄?	否	是	是	否	是
累进贷款?	是	是	是	是	是
定期偿还安排	每周	灵活	灵活	灵活	每周
目标客户群体	贫困人口	大部分为非贫困人口	非贫困人口	贫困人口	贫困人口
当前财务是否可持续	否	是	是	是	否
名义年贷款利率	20%	47.5%～50.5%	32%～43%	55%	36%～48%
年度 CPI，1996 年	2.70%	12.40%	8%	8%	—

资料来源：乡村银行数据至 1998 年 8 月，www.grameen.com；贷款规模来自 1996 年 12 月，由作者计算。团结银行数据至 1998 年 12 月，来自 Jean Steege，ACCION International，personal communication；利率包括手续费，并以玻利维亚货币单位计；美元贷款的基准利率为 25%～31%。BRI 数据至 1996 年 12 月，BKD 数据至 1994 年 12 月，来自 BRI 年度资料和 Don Johnston，personal communication；BRI 的利率为有效利率。FINCA 数据至 1998 年 7 月，www.villagebanking.org。通货膨胀率数据来自世界银行 World Development Indicators 1998。

2.1　孟加拉乡村银行

建立乡村银行的想法不是来自学术界，也不是来自高收入国家①。那些已在美国

① 想法部分来自对孟加拉国信用合作社的考察。有趣的是，这些想法根源于欧洲。19 世纪晚期，欧洲信用合作社发展起来，帮助低收入家庭储蓄和获得贷款。在德国，由 Frederick Raiffeisen 发起的合作社到 1910 年服务于大约 140 万人。在爱尔兰和意大利北部也有类似的机构（Guinnane 1994，1997；Aidan Hollis 和 Arthur Sweetman 1997）。19 世纪 80 年代，印度南部的马德拉斯（Madras）政府正处于英国支配之下，希望通过借鉴德国的经验可以解决印度的贫困问题。到 1912 年，超过 40 万的印度贫困人群加入新的信用合作社，而到 1946 年，其成员已超过 900 万（R. Bedi 1992，被引用于 Michael Woolcock 1998）。这些合作社覆盖了孟加拉邦，这个邦东部地区在 1947 年独立时成为东巴基斯坦，也就是现在的孟加拉国。20 世纪初，孟加拉国的信用合作社非常出名，Edward Filene，一个经营百货公司的波士顿商人，在印度花费大量时间了解合作社，以便在波士顿、纽约和普罗维登斯建立类似的项目（Shelly Tenenbaum 1993）。在孟加拉国，信用合作社最终沉寂下来，但是联保贷款思想却树立起来，经过后来的试验和改进，成为乡村银行模型的基础之一。

北卡罗来纳州、纽约市、芝加哥、波士顿和华盛顿启动的项目都借鉴了乡村银行的经验。另外，很多国家都效仿了乡村银行的联保贷款模式，如玻利维亚、智利、中国、埃塞俄比亚、洪都拉斯、印度、马来西亚、马里、菲律宾、斯里兰卡、坦桑尼亚、泰国、美国和越南。克林顿当政时，他邀请了乡村银行的创立者同时也是一位在美国Vanderbilt大学接受过系统教育的经济学家尤纳斯（Muhammad Yunus）先生帮助创设阿肯色州Good Faith基金，这是美国一个早期的小额融资组织。如尤纳斯（1995）开头所描述的：

1974年，孟加拉国遭遇了一次可怕的饥荒。当时我在孟加拉大学讲授经济学。你可以想象，向饿得要死的人们讲授精致的经济学理论是多么困难。那些理论似乎像残酷的玩笑。我放弃了传统的经济学。我想从生活在校园附近乡村中的穷人那里学习经济学。

尤纳斯教授发现大部分的村民不能以合理的利率获得贷款，所以他开始用自己的钱向他们放贷，使村民们有钱购买编织竹凳和制造壶罐所需的原材料（《纽约时报》，1997）。10年之后，尤纳斯教授创设了银行，从非正规金融机构吸收专向贫困家庭组成的小组提供贷款经验。常见的贷款用途包括粮食加工、家畜养殖和传统手工艺制造。

小组以自愿的方式组成，当银行向其中一个成员放贷时，这个小组的所有成员都有偿还贷款的责任。每个小组由五个借款人组成，首先向其中两人放贷，再向另外两人放贷，最后向第五个人放贷。小组的五名成员每周与另外7个小组的成员集会一次，这样银行工作人员每次与四十名客户会面。依据规则，如果一名成员违约了，小组中的其他成员就不能获得后续的贷款。这种合约安排充分利用了本地信息和“社会资产”（social assets），是鼓励当地家庭执行合约的核心机制。这些机制依赖非正式的保险关系、从社会隔绝到物质惩罚等不同的威胁，从而得以推动向缺少抵押品的家庭放贷（Besley和Coate 1995）。因此，这种贷款模式融合了正规银行的规模优势和非正规金融传统上基于小组贷款的模式，如循环储蓄和信贷协会（Besley、Coate和Glenn Loury 1993）①。

现在，乡村银行的借款人数超过200万，其中95%是女性，每月大约发放3 000万~4 000万美元贷款。最近公布的平均偿还比率为97%~98%，但如4.2节所描述的，实际相关的平均偿还比率为92%，并且近年来显著下降。

---

① 在循环储蓄和联合信贷中，小组的参与者将分担额放到一块然后借给一个成员。这将持续到每个成员都轮上一遍，顺序由列表、抽签或竞拍决定。而小额信贷，大部分虽然运用小组形式，但是从外部筹集资金。储蓄信贷循环协会（ROSCA）的参与者通常是妇女。在美国，参与者大多出现在新的移民社区，包括韩国人、越南人、墨西哥人、萨尔瓦多人、危地马拉人、特立尼达人、牙买加人、Barbadans和埃塞俄比亚人。20世纪早期，它还主要出现在美国的日本人和中国人中，但现在已经不多了（Light和Pham 1998）。Rutherford（1998）；Armendariz和Morduch（1998）描述了储蓄信贷循环协会和小额信贷机制之间的关系。

这类贷款期限大部分为一年，名义利率为20%（实际利率大约为15%～16%）。然而第4.2节的估算表明，乡村银行应该收取32%左右的名义利率以维持财务可持续（保持现有的成本结构不变）。银行的经营者认为，大幅提高利率会削弱银行的社会使命（Shahidur Khandker 1998），但支持这种观点的有力证据很少。

作为早期的创新者，乡村银行非常出名，并且已被深入地研究。接下来的4.2节评估了其财务状况，5.1节评估了其成本和收益，6.3节评估了其社会和经济影响。

2.2 玻利维亚团结银行

玻利维亚团结银行（BancoSol）也提供联保贷款，但很多方面又与乡村银行不同①。第一，它注重银行业绩，而非社会服务。第二，同时向小组中每名成员提供贷款，这种“团结小组”可有3～7名成员。团结银行正在不断发展，已经开始开展个人贷款业务。截至1998年末，团结小组贷款占玻利维亚团结银行贷款总额的92%，而且98%的客户是团结小组成员，这些比值很可能随着时间下降。1998年末，贷款中的28%除了有团结小组作为担保，还有其他的担保。第三，利率相对较高。在1998年通货膨胀率低于5%的情况下，玻利维亚本币贷款的年度基准利率为48%，再加上2.5%的手续费。记录良好的客户可以以45%的年利率贷款，相对于乡村银行来说，利率较高（相对于典型的高利贷来说，利率较低，高利贷可能每月收取10%的利息，即120%的年息）。大约70%～80%的贷款是美元贷款，这些贷款年利率为24%～30%，再加上1%的手续费。

第四，由于利率较高，团结银行无须依赖补贴，而且创造了可观的回报。1998年底，团结银行公布的ROE接近30%，ROA大约为4.5%。与在华尔街投资相比，这些数字都非常吸引人——尽管经过风险调整会改变这种状况。第五，偿还安排非常灵活，允许一些借款人每周偿还，另一些每月偿还。第六，贷款期限也很灵活。到1998年末，大约10%的贷款期限为1～4个月，24%的贷款期限为4～7个月，23%的贷款期限为7～10个月，19%的贷款期限为10～13个月，其余的贷款期限接近两年。

第七，与孟加拉乡村银行相比，团结银行借款人的境况更好，贷款规模也更大，平均的贷款余额超过900美元，大约是乡村银行的九倍（尽管客户第一笔贷款可能只能贷100美元）。虽然团结银行为贫困的客户服务，但一项近期研究发现其典型客户是“穷人中较富的”，而且这个群体刚好处于贫困线之上（确定贫困的标准是基于是否享受住所和教育等基本需求救助）。部分原因可能是，贫困的借款人逐渐“成长”为较

① 财务信息来自Jean Steege，ACCION International，personal communication，January 1999。Claudio Gonzalez-Vegadg等（1997）提供了有关团结银行更详细的资料。更多资料可从www.accion.org获得。

不贫困的借款人，但是这些客户的状况与典型的南亚项目的成熟客户也有较大差别。

财务上的压力促使团结银行成为玻利维亚银行系统的核心力量之一。1987 年，团结银行以非政府机构（PRODEM）形式设立，1992 年成为银行。1998 年底，它已经为 81 503 名低收入客户提供服务，大约占玻利维亚银行体系所有借款客户的 40%。

团结银行贷款的偿付水平令人称道，尽管现在困难已经开始浮现。不同于其他大部分的小额融资机构，团结银行采用十分审慎的标准报告逾期贷款：如果一笔贷款逾期一天，全部的未偿付余额都被认定为处于风险之中（即使这笔付款只是整个贷款偿还计划中的一笔）。按照这个标准，1997 年底团结银行资产组合的 2. 03% 处于风险之中。但到 1998 年底，数字增大到 4. 89%，与整个玻利维亚银行体系变得越来越脆弱的趋势相一致，这可能是竞争越来越激烈所产生的负效应。团结银行的成功加剧了它与非政府组织、新的非银行金融机构、和开始向低收入客户提供贷款的正规银行之间的竞争。结果是，信贷供给快速增长，偿还动力减弱，这预示着将来可能会出现问题（见 3. 3 节）。

团结银行树立了财务上的成功形象。它的模式被国际美侨社区协会（ACCION）18 个拉美分支机构中的 9 个分支机构效仿，并且这 9 个分支机构都获得了盈利。ACCION 是一个设立于马萨诸塞州萨默维尔的非政府机构，在美国服务于一千多位客户，这些客户分布于六个项目。平均贷款规模变化较大，新墨西哥州为 1 366 美元，芝加哥为 3 883 美元。客户中大约 40% 为女性。1996 年 12 月，逾期 30 天以上的贷款平均为 15. 5%，逾期比例最高的为纽约和新墨西哥州，分别为 21. 2% 和 32. 3%①。ACCION 的其他分支机构，包括六个美国的分支机构，都没有达到财务可持续。在美国，项目的最大障碍似乎是不清晰的偿还记录和高利贷限制法，法案限制了小额融资机构收取抵补成本的高利率（Pham 1996）。

2. 3 印度尼西亚人民银行

与团结银行类似，印尼人民银行（BRI）的 Unit Desa 项目在财务上也达到自给自足，也是向“处境较好”的贫困家庭和非贫困家庭放贷，平均贷款规模 1996 年为

① 资料来源于 ACCION（1997）。六个美国分支机构中，五个从 1994 年开始经营，总共仅服务于 1 695 位客户（但有用于扩张的足够资本）。美国有很多小额信贷机构。其中经营最好年限最长的是芝加哥南岸银行和波士顿 Working Capital。CalMeadow 基金最近向加拿大的几个小额信贷项目提供了资金。在美国，参与小额信贷的多是少数民族，而且种族非常集中。例如，波士顿 Working Capital 的城市客户 90% 是少数民族（66% 是女性）。起始贷款额为 500 美元。与领取福利的人群相比，客户往往受过更好的教育，有更多的工作经验。Working Capital 的借款人仅有 29% 的处于贫困线之下（Working Capital 1997）。

1 007美元。

与团结银行和乡村银行不同，BRI没有采用联保贷款机制，而且，与几乎所有的其他项目不同，BRI要求借款个人提供抵押品，所以最贫困的借款人被排除在外。但在实际工作中，由于业务规模较小以及“抵押品”的定义较为宽松，如果可靠的借款人不能为贷款提供完全的资产抵押，银行允许工作人员在一定程度上判断是否增大贷款规模。即便在印度尼西亚发生金融危机时，1998 年 3 月 BRI 的偿还比率仍然达到97.8%（Paul McGuire 1998）。

BRI通过建立支行和储蓄所（每个储蓄所平均有五名工作人员）网络以降低成本，现在已经向约200万借款人和1 600万存款人提供服务（储蓄对BRI的重要性在第7节中重点说明）。随着时间推移，信贷员对客户越来越熟悉，开始放贷数额较小，如果客户按要求偿还贷款，信贷员将逐渐增大放贷数额。通常年利率为34%，如果贷款偿还没有延迟，可以降低到24%（在金融危机之前，实际利率大约分别为25%和15%）。

与团结银行相似，BRI不认为自身是一个社会服务机构，也不向客户提供培训或指导——它的目的是盈利，把小额融资视为能产生利润、有前景的业务（Marguerite Robinson 1992）。确实，在 1995 年，Unit Desa 项目从低收入家庭贷款业务中获得了17 500万美元利润。令人更惊讶的是，这个系统发放的贫困家庭贷款在偿还比率和盈利方面的表现超过了银行其他部门发放的公司客户贷款。最近的估算显示，如果 BRI 的 Unit Desa 项目不需向银行其他项目提供补贴，1995 年时只要收取 17.5% 的名义年利率，就可以达到盈亏平衡（对应的实际利率大约为 7%；Jacob Yaron、McDonald Benjamin 和 Stephanie Charitonenko，1998）。

2.4 印度尼西亚 Kredit Desa 银行系统

印度尼西亚农村地区的 Kredit Desa 银行系统（BKDs）与 BRI 是姊妹机构。BKDs 可以追溯到1929 年，它的大部分资本由于20 世纪60 年代的高通货膨胀损耗殆尽。如同BRI，BKDs 向个人贷款，能够达到财务可持续。1994 年底，BKDs 有 765 586 名借款人，净贷款余额为3 000 万美元，获得了473 万美元利润①。

与乡村银行的项目相似，BKDs 向最穷的家庭发放规模较小的贷款，关注规模较小的商人，1994 年平均贷款规模为71 美元。贷款期限通常为10 ~ 12 周，每周偿还一次，利率为10%。克里斯滕等（Christen 等 1995）估算其名义年利率和实际年利率在1993 年大约分别为55%和46%。1994 年的贷款损失额仅占贷款余额的4%（Johnston 1996）。

同大部分小额融资项目一样，BKDs 贷款不需要抵押品。它的创新之处是通过由

① 数字从 Johnston（1996）计算获得，资料由 BRI 在 1996 年 8 月提供。

村干部领导的村级管理委员会来调配资金。由于印度尼西亚存在清晰的从雅加达向下延伸至村庄的权力体系，这种模式效果很好。BKDs 依靠这种结构和管理委员会，使个人贷款这种模式同时吸收了很多联保贷款的优点（最重要的是，利用了本地信息和执行约束机制）。委员会能排除最不利的信用风险，相对民主地配置资金。整个 90 年代后期，BKDs 大多有多余的资本来支持贷款，并在 BRI 账户上留有存款。现在 BKDs 由 BRI 监督，而且成功的 BKD 借款人可以从 BRI 获得更大数额贷款。

2.5 村庄银行

在印度尼西亚以外的国家和地区效仿 BKDs 的前景是有限的。一个更有前景、便于复制的模式是村庄银行（Village Banks）的网状结构，这些银行由约翰·哈奇（John Hatch）和他在国际社区援助基金会（FINCA）的伙伴在拉丁美洲于 80 年代中期启动。现在，非政府组织在超过 25 个国家的 3 000 个地区效仿村庄银行的模式，这些组织有 CARE、Catholic Relief Services、Freedom from Hunger、Save the Children 等。仅 FINCA 项目就服务于近 90 000 名客户，遍布许多国家，如秘鲁、海地、马拉维、乌干达和吉尔吉斯斯坦，以及美国的马里兰、弗吉尼亚和华盛顿等州。

这些非政府组织与当地团体合作，帮助设立乡村金融机构，在相当大程度上给予地方贷款决策和管理的独立权利。例如，为了建立可持续的制度架构，远离饥饿协会（Freedom from Hunger）推动乡村银行和当地商业银行建立了合作联系。

村庄银行和乡村银行一样，倾向于服务穷人，尤其是女性客户。在标准模式中，村庄银行先从发起机构获得一笔初始贷款，然后将贷款发放给成员，最初贷款大约为 50 美元，期限为四个月，后续贷款数额的大小与成员在银行中的存款数额大小相联系（一般他们须至少存入贷款数额的 20%）。村庄银行最初从发起机构获得的贷款存入“外部账户”，利息收入用于覆盖成本。成员的存款存入“内部账户”，以便于在存款人需要时可以随时提取。最终目标是建立内部账户，使外部资金可以在三年内撤出。但在实践中，增长的贷款需求和缓慢的储蓄积累，限制了初始资金的撤出（Candace Nelson 等 1995）。

与印尼 BKDs 相似，村庄银行成功地利用了本地信息和同村人监督，而没有像团结银行和乡村银行那样利用小组。而且，与 BKDs 一样，财务可持续性是经营目标，其名义利率每月高达 4%，但大部分村庄银行仍然需要相当数额的补贴以覆盖资金成本。4.1 节的证据显示，所有村庄银行平均仅覆盖了其总成本的 70%。部分原因是许多村庄银行设立在难于服务的地区（例如，马里和布基纳法索等偏远地区），注重的是信贷服务能达到的深度而不是规模。在世界范围内，村庄银行的客户数目以几万计算，而不像乡村银行和 BRI 以百万计算。

三、小额融资机制

上述五个项目反映了向低收入家庭贷款模式的多样性。联保贷款是公众关注的焦点，立即得到经济理论家和政策制定者的支持，他们认为，当实物资产较少时，应利用家庭的“社会”资产进行放贷。但是联保贷款的作用被夸大了：它不是仅有的将小额融资合约从标准信贷合约中区分出来的机制①。其他项目也运用动态激励、定期偿还安排和抵押品的替代物来维持较高的偿还比率。从财务观点看向女性贷款可能也是有益的。

如表 1 所示，五个项目中有两个项目只使用联保贷款合约，但所有放款金额都可随时间增加（累进贷款），贷款门槛明显低于其他信贷方式，并及时剔除违约的借款人。大部分项目要求每周一次或每半周一次偿还贷款，并在贷款贷出后不久就开始偿还。我们缺乏比较这些机制相对重要性的较好证据，但有越来越多的证据表明联保贷款在本质上存在局限性（例如，Aminur Rahman 1998；Imran Matin 1997；Woolcock 1999；Sanae Ito 1998；Pankaj Jain 1996 中有关孟加拉国村庄的研究）。本节重点阐述已知的（或应当知道的）用于解决偿还比率和筛选机制问题的多种技术。

3.1 同组选择（Peer Selection）

联保贷款有许多优点，首要的是能减轻逆向选择产生的问题。这关键是联保贷款方案能促使相似类型的借款人组合到一起。加塔克（Ghatak 1999）说明了这种分组过程如何有利于改善偿还比率、降低利率和提高社会福利。他认为联保贷款合约提供了差别定价的途径，而这对于个人贷款合约而言则做不到②。

为了理解这个观点，设想有两类潜在投资者，他们都是风险中性，只是一种类型是“风险型”，而另一种是“安全型”。风险型失败的几率更大，但成功时的收益更高。银行能分辨人群中两种类型的群体，但不能判定特定的投资者是处于那种类型。但投资者有关于彼此的完全信息。

两种类型的投资者都想投资于一个有不确定结果的特定项目，需要一单位资本。如果他们不从事这个项目，他们可以获得工资收入 m。风险型投资者成功的概率为 p_r，净收益为 R_r。安全型投资者成功的概率为 p_s，净收益为 R_s。任一类型失败时，收益为零。收益在统计上独立。

---

① Ghatak 和 Guinnane（1999）出色的评估了联保贷款合约。Monica Huppi 和 Gershon Feder（1990）阐述了一些早期观点。Armendariz 和 Morduch（1998）阐述了其他机制的功能。

② Armendariz 和 Gollier（1997）也阐述了这种机制。

风险型成功的可能性较小（$p_r < p_s$），但他们成功时的收益较高。简单起见，假定安全型和风险型的期望净收益相等：$p_rR_r = p_sR_s \equiv \bar{R}$。两种类型的项目都是可盈利的，即期望收益减去资本成本 ρ 大于工资所得：$\bar{R} - \rho > m$。

两种类型都不能向银行提供抵押品，所以如果项目失败，投资者将没有任何资产偿付贷款。为达到收支平衡，银行必须将利率设定在足够高的水平，以覆盖每单位借入资本的成本 ρ。如果两种类型都借款，竞争下的均衡利率将被设为 $r \times \bar{p} = \rho$，$\bar{p}$ 是两种类型借款者平均的成功概率。由于银行不能区分特定的借款人，对所有的投资者将制定统一的利率，r。结果，由于 $\bar{R} - rp_s < \bar{R} - rp_r$，安全型的期望收益比风险型低。安全型只有在他们的期望净收益超过工资成本时，即 $\bar{R} - rp_s > m$，才会进入市场。如果安全型投资者进入市场，则风险型也会进入市场。

但是，如果 $\bar{R} - rp_s < m$，安全型就不会进入市场，可能只有风险型留在市场中。在这种情况下，均衡利率将上升到使 $r \times p_r = \rho$。风险型将安全型挤出市场，并失去了从安全型获得的隐性交叉补贴，而安全型则失去了融资机会。这个次优的均衡是无效率的，因为即使安全型拥有有价值的项目，却只有风险型能融资。

联保贷款方案是否可以改进这种结果？如果它可以，它必须能使安全型回到市场。为简单起见，考虑两人组成的贷款小组，每个小组都是自愿形成的。每个人独立选择投资，但是合约使小组内部成员之间负有共同担保责任。设想一个合约，任一借款人项目失败时，支付为零，成功时，支付为 r^*。并且，成功的借款人要为小组内失败的借款人承担共同担保责任 c^*①。含有一个风险型成员的安全型小组的期望净收益就是 $\bar{R} - p_s(r^* + (1 - p_r)c^*)$。相似的，可以计算纯粹的安全型和风险型小组的期望净收益。

自愿组合的小组是同质的还是混合的？因为安全型小组总是更喜欢同质的成员（因其失败概率较低），问题就成为：风险型是否愿意向安全型支付足够多的费用，这样风险型和安全型能够组成一个小组？通过比较次优情况下的期望收益，可以算出安全型至少要获得 $p_s(p_s - p_r)c^*$，才会同意与风险型组成小组。风险型是否愿意支付这么多费用？他们与安全型组成小组后的期望净收益是 $p_r(p_s - p_r)c^*$。由于 $p_r < p_s$，风险型获得的期望收益总是小于安全型估算的期望损失。因此，不存在互利的方法能使风险型和安全型组成一个小组。因而，联保贷款能使同类相配：组成所有类型小组

① 在典型的联保贷款合约中，小组成员有责任帮助清偿处于困境中的贷款，而不是必须为小组成员的违约支付一笔固定的罚款。当客户没有抵押品时，银行假定他们有足够大的收益流入以覆盖这些可能的成本。在实践中，这可能增大对贷款数额的约束，因为随着贷款数额的增大，个体支付 $r^* + c^*$ 也越来越困难。

的成员是相应类型的个体（Gary Becker 1991）①。

这会如何影响信贷市场的运行？加塔克（Ghatak 1999）阐明，联保贷款合约提供了一种对风险型和安全型小组差别定价的方法——尽管所有的小组面临完全相同的合约，以及名义费用 r^* 和 c^*。结果，由于风险型会与其他风险型组成小组，而安全型会与其他安全型组成小组，风险型获得期望净收益为 $\bar{R}-p_r$（r^* +（$1-p_r$）c^*），安全型获得期望净收益为 $\bar{R}-p_s$（r^* +（$1-p_s$）c^*）。因而，成功的风险型支付共同担保责任款项 c^* 的概率比成功的安全型更大。如果 r^* 和 c^* 的设定是合理的，联保贷款合约可以有效地差别定价，而这是标准的次优个人贷款合约无法实现的。例如，如果 $p_s=0.9$，$p_r=0.8$，只要共同担保责任款项 $c^*>1.4r^*$，安全型需支付的款项就小于风险型。

如果差异足够大，从而引导安全型回到市场，社会效率将改善。当上述情况发生时，平均偿还比率将上升，而银行也将可以维持较低的利率 r^*。

3.2 同组监督（Peer Monitoring）

联保贷款可以引导借款人行为，使他们不承担损害银行收益的风险，从而使银行得益（Stiglitz 1990；Besley 和 Coate 1995）。将 3.1 节的分析框架略做调整，考虑道德风险可以得出上述结论。

假定风险厌恶的借款人的效用函数为 $u(x)$。每个借款人或者从事风险型活动，或者从事安全型活动，每类活动的资本成本相同。银行关于借款人的信息不完全——特别的，不能区分借款人是从事安全型活动还是风险型活动。道德风险是问题的核心。当项目失败时，借款人的收益为零，借款人的效用水平也设定为零。

我们首先从标准个人贷款合约开始分析。借款人的期望效用为 $p_s u(R_s-r)$ 或 $p_r u(R_f-r)$，取决于他们是从事安全型活动还是风险型活动。如果所有人都从事安全型活动，银行将收取利率 $r=\rho/p_s$，并能达到收支平衡。但是，银行不知道借款人选择哪类活动（因而不能在此基础上设置合约），原本应从事安全型活动的借款人可能为获得更多利益而从事风险型活动，并获得期望效用 $E[U_{sr}]=p_r u(R_f-\rho/p_s)$。这样导致银行亏损，使银行将利率提高至 $r=\rho/p_r$。现在，借款人的期望效用为 $E[U_{rr}]=p_r u(R_f-\rho/p_r)$，这比利率较低时的情况差很多。事实上，如果借款人可以以某种方式承诺只从事安全型活动，他们的境况可得到改善，期望效用是 $E[U_{ss}]=p_s u(R_s-\rho/p_s)$。因此，借款人偏好 $E[U_{sr}]$，其次 $E[U_{ss}]$，再次 $E[U_{rr}]$。但是，由于信息不对称和

---

① Ghatak（1998）扩展了这个结论。Varian（1990），以及 Armendariz 和 Gollier（1997）阐述了相关问题的效率和分类。

无法承诺只从事安全型活动，借款人总是得到最差的结果 E［U_{rr}］。

联保贷款合约如何改善这个问题？关键是它可以形成一种促使借款人选择安全型活动的机制。再次考虑类似 3.1 节中两人组成的小组和联保贷款合约。小组中的借款人能够保证两人之间彼此执行合约，他们共同决定从事何种类型的活动。问题现在成为，他们是共同选择从事安全型活动，使每个借款人获得期望效用 $p_s^2u(R_s-r^*)+p_s(1-p_s)u(R_s-r^*-c^*)$，还是选择从事风险型活动，使每个借款人获得期望效用 $p_s^2u(R_f-r^*)+p_r(1-p_r)u(R_f-r^*-c^*)$。如果共同担保责任款项 c^* 足够高，借款人将总是选择从事安全型活动（Stiglitz 1990）。

这对银行是有利的，但它使借款人承受额外的风险。银行知道借款人现在将从事安全型活动，并且银行从共同担保责任款项中获得额外收益。因此，银行可以降低利率，以减轻借款人负担。所以，通过利用小组成员来执行合约和相互监督——即使银行两者都不能做到——联保贷款合约提供了降低均衡利率，提高期望效用和预期偿还比率的途径。

3.3 *动态激励*

保持高偿还比率的第三个机制是成本较高的动态激励（Besley 1995，第 2187 页）。通常项目开始时，给予借款人的贷款数额较低，如果借款人按时偿还，贷款数额将逐渐增大。这种重复博弈——以及若不偿还贷款就停止未来贷款的威胁——可以克服信息不对称问题和改善效率，无论贷款是基于团体还是个人①。如果借款人能够预期到一系列数额不断增大的贷款，他们将得到更大的激励。［Hulme 和 Mosley（1996）将之称为“累进贷款”（progressive lending），ACCION network 将之称为“分步贷款”（step lending）。］如前几节阐述的，保持相对较低的利率非常重要，因为小额融资项目的优点在于与竞争者相比，它能以更有吸引力的利率提供服务。因而，尽管印尼人民银行和团结银行设定较高的利率，但他们的利率远低于高利贷者设定的利率。

竞争将削弱动态激励防范道德风险的作用——随着其他的商业银行看见这种模式的潜在利润而加入竞争，印尼人民银行和团结银行都开始感觉到这个问题。可实际上，大部分小额融资机构还没有感受到真正的竞争（这或许是因为只有很少一部分小额融资机构真正在盈利）。随着竞争的加剧，越来越需要一个统一的信用评级机构。

---

① 见 Bolton 和 Scharfstein（1990）中的一般理论分析，以及 Armendariz 和 Morduch（1998）将其在小额信贷合约中的运用。

动态激励在人口流动性较低的地区更为有效。例如，在城市地区家庭流动频繁，很难抓住在城镇间流动的违约者，他们在一个城镇的项目违约了，然后又去另一个城镇的项目借款。与农村项目相比，印尼人民银行在保证城市项目的偿还上面临着严重的问题，这可能是由于城市的人口流动性较大。

对于有限期重复博弈来说，动态激励存在问题。如果借贷关系有明确的结束时间，借款人有动力在最后一期违约。预见到这一点，贷方将不会在最后一期放贷，这使借款人有动力在倒数第二期——以及其他时期违约，直到整个机制失效。这样，除非借贷关系的结束日期存在显著的不确定性，或者存在从一个项目升级到其他更优项目的机制（无限），否则动态激励自身存在局限性。

累进贷款的一个特殊优点是，它能够在开始时以较小数额的贷款测试借款人。这种特征使贷方能够随着时间的推移不断发展与客户的关系，而且在增大贷款数额之前筛掉最差的借款人（Parikshit Ghosh 和 Debraj Ray 1997）。动态激励也可以帮助解释向女性放贷的优点。类似乡村银行和 BRAC 的信贷项目在开始时并没有集中于向女性放贷。1980～1983 年，女性在这两个项目成员中的比重分别为 39% 和 34%，但是到 1991 年和 1992 年，BRAC 成员中 74% 是女性，乡村银行成员中 94% 是女性（Anne Marie Goetz 和 Rina Sen Gupta 1995）。如表 2 所示，许多其他的项目也集中于向女性放贷，而且这似乎给项目带来了财务上的好处。例如，1991 年乡村银行 15.3% 的男性借款人处于“挣扎”状态（即，有些款项没有在到期日之前付清），而仅有 1.3% 的女性借款人处于这种状态（Khandker、Baqui Khalily 和 Zahed Kahn 1995）。

集中于向女性放贷的决策存在一些明显的优点。女性的流动性较低，这有助于解决某些地区的事后道德风险问题（即担心客户拿了钱就跑）。另外，在女性的替代借款来源比男性少的地区，动态激励的作用将得到加强①。因此，具有讽刺意味的是，许多集中于向女性放贷的项目在财务上的成功，部分原因在于女性缺少获得经济资源的途径。然而，促进经济资源的可获得程度却是一个主要的社会目标（Syed Hashemi、Sidney Ruth Schuler 和 Ann P. Riley 1996）。

3.4 定期偿还安排

一个值得注意的罕见特征是，大部分小额融资贷款合约几乎都要求在贷款发放后

---

① Rahman（1998）阐述了文化的力量，这种力量基于女性的“文化特性行为”。例如，在 Rahman 调查的地区，乡村银行的女性借款人在贷款偿还出现困难时，对来自同组成员和银行员工口头的不友善行为更为敏感。尤其是在每周举行团体会议收取贷款时，这种耻辱感最强烈。根据 Rahman（1998）所做的研究，由于女性的不幸往往会影响全家的形象，她们将更为敏感，而男性则较容易摆脱这种感觉。

表2　小额融资项目的业绩指标

	观察数	平均贷款余额（美元）	平均贷款占人均GNP比重	平均经营可持续性	平均财务可持续性	平均资本后报率	平均处于风险中的组合比例	平均女性客户占比	平均处于借款状态的人数
持续性									
所有小额融资机构	72	415	34	105	83	－8.5	3.3	65	9 035
完全可持续的机构	34	428	39	139	113	9.3	2.6	61	12 926
贷款方法									
个人贷款	30	842	76	120	92	－5	3.1	53	15 226
团结小组	20	451	35	103	89	－3	4.1	49	7 252
村庄银行	22	94	11	91	69	－17.4	2.8	92	7 833
目标群体									
低端	37	133	13	88	72	－16.2	3.8	74	7 953
广泛	28	564	48	122	100	1.2	3	60	12 282
高端	7	2971	359	121	76	－6.2	1.9	34	1 891
期限									
3～6年	15	301	44	98	84	－6.8	2.2	71	9 921
7年以上	40	374	27	123	98	－2.4	4.1	63	16 557

资料来源：MicroBanking Bulletin（1998）中的统计附录。村庄银行的数据质量为B级；其他都为A级。处于风险的组合是逾期超过90天以上的贷款组合占总的贷款组合的比例。平均意味着去掉了十分位数以下的数据和九十分位数以上的数据。

立即开始偿还。在传统的贷款合约中，借款人得到资金，然后投资，再在到期时偿还全部的本金和利息。但是乡村银行类型的银行，很可能这样安排一年期贷款的偿还：本金加上由本金决定的利息再除以50，得到每周的偿还金额，然后在贷款发放两周之后开始每周偿还贷款。团结银行和BRI的信贷偿还方式要灵活一些，但也没有偏离定期、小额收回贷款的思想。

这种偿还安排优点很多。有学者（Stuart Rutherford 1998）认为，定期偿还安排能筛掉不守规则的借款人。它们给了信贷员和其他小组成员预警信号，使银行能够在贷款被消费或转移之前控制资金流动。

让人更惊讶的是，由于在投资获得回报之前贷款就进入了偿还程序，每周偿还部分贷款迫使借贷家庭需要依赖其他的收入来源。因而，这意味着银行有效的使贷款偿还依赖于借贷家庭稳定的多样的收益流入，而不仅仅是贷款所投资的风险项目所产生的收益流入。这使银行以及收入来源多样的家庭获得了很多好处。但是，这也意味着小额融资还没有真正深入到季节性行业（如农业等）占主导地位的地区。因而，在靠天吃饭的农业地区，季节性限制了小额融资的发展。这些地区包括南亚和非洲一些最贫困的地区。

3.5 抵押品替代物

虽然大部分项目不要求提供抵押品，但许多贷款要求借款人提供抵押品的替代物。例如，效仿乡村银行模型的项目要求贷款超过一定数额的借款人每人捐出单位贷款的0.5%，共同建立一个“应急基金”。应急基金为违约、死亡、残疾等事件提供保险，保险金额与成员参与项目的时间成比例。另外，贷款额的5%作为“小组税”（group tax）存入小组基金账户。在获得一致同意的情况下，小组成员最多可以使用该基金账户半数的资金。通常，该基金在小组内部以零利率固定期限贷款的形式分配。直到1995年10月，乡村银行成员都不能从银行中提取这些基金，甚至在退出的情况下也不能提取。现在，这些“强制储蓄”可以在借款人退出的情况下提取，但是借款人必须清偿了所有贷款和其他所欠资金。因而，该基金实际上充当了部分抵押品。

印尼人民银行的 Unit Desa 项目是少数明确要求提供抵押品的项目。它的提倡者强调抵押品作为动态激励在促进偿还方面的作用（Richard Patten 和 Jay Rosengard 1991；Robinson 1992）。但是，要判定哪种激励机制对促进偿还更为有效并不容易。虽然银行职员指出，抵押品几乎从未收取，但这并不意味着作为一种激励方法，要求提供抵押品不起作用。如果收集抵押品的威胁是切实可信的，真正收取抵押品的案例就会很少。

团结银行也强调团结小组在保证偿还中的作用，但是与它向客户提供多种贷款利率相应，它的贷款方法也多种多样。如2.2节所述，到1998年底，除了以团结小组机制保证偿还外，其28%的资产组合还运用其他方法来保证贷款偿还。

3.6 实证研究情况

上述机制所起的作用是否与宣传中的一致？加塔克（1999）有关联保贷款同质相配的假说是否有证据？是否像动态激励理论所表示的，未来的贷款条款可以根据过去的表现确定？将理论进一步扩展，对于整个小组来说，当一些成员出现困难时，是否会如贝斯利和科特（Besley 和 Coate 1995）所推测的那样，联保贷款合约将增大违约概率？联保贷款为了保证成员从事安全型项目，而不是风险性和收益更高的项目，是否导致了过度监督和过高压力（Banerjee、Besley 和 Guinnane 1992）？对于经营处于增长状况和表现超过其他小组成员的借款人，联保贷款与个人贷款相比是否缺乏灵活性（Madajewicz 1997；Woolcock 1998）？在人口密度较低的地区和农忙季节，每周举行一次会议是否成本过高（对于借款人和银行工作人员来说）？社会项目是否提高了经济效率？当违约发生时，对于一些不幸与违约成员处于一组的优质客户，银行职员是依据贷款条款中断向他们提供贷款，还是与他们重新谈判（Hashemi 和 Sidney Schuler 1997；Matin 1997；Armendariz 和 Morduch 1998）？

大部分理论命题的证据是一些与特定项目有关的个案，但这些个案并不像规范的实证证据那样被广泛承认。为使不断丰富的小额融资理论和持续的政策对话更有针对性，需要更深入的研究。

定量研究影响小额融资业绩的各种机制的作用，有助于从实证角度理解小额融资。研究的困难在于，大部分项目在所有的分支机构中运用相同的贷款模式，导致无法估计和比较不同机制的效果。精心设计的实验有助于解决这个问题（例如，抽取一个样本，其中一些给予个人贷款，另一些给予联保贷款；一些每周偿还一次，其他每月或每季度偿还一次）。

在缺乏精心设计的实验的情况下，一系列研究得出的回归结果表明，偿还比率的解释取决于特定机制背后的替代因素。经济环境特征造成的差异会影响特定项目机制的效果：信息流质量好坏？信贷市场的竞争是否激烈？非正式的强制机制是否强大？这些问题答案的差异使得运用经济计量方法估计成为可能，但是，这些证据是间接的，而且对证据的解释可能多种多样，因为信息流的强度、市场竞争的强度和强制机制的强度不可能仅通过信贷合约的形式起作用。另外，6.1 节提及的抽样偏差很可能存在。尽管如此，一些结论仍然具有积极意义。

例如，为了得到有关小组的信息，韦迪克（Wydick 1999）调查研究了国际美侨社区协会在危地马拉西部的分支机构。他发现，偿还比率的改善与反映小组监督和约束能力的变量相关，例如小组中其他成员对某一成员每周销售状况的了解程度。同时，他发现社会关系本质上对偿还比率没有多大影响：朋友并不意味着是更可靠的小组成员。事实上，有时小组成员对朋友更为温和，使平均偿还比率恶化。

温纳（Mark Wenner 1995）调查了 FINCA 在哥斯达黎加的 25 个附属村庄银行的偿还比率。他发现，积极的筛选成功地消除了最不利的信用风险，与 3.1 节同组选择中的模型比较，积极筛选通过更直接的途径起作用。他也发现，在境况较好的城镇中借款拖欠率较高。这支持了动态激励理论：在借款人有较好的替代选择时，他们会认为项目价值较低，从而使违约率上升。

这些结果得到了夏尔马和泽勒（Manohar Sharma 和 Manfred Zeller 1996）的支持，他们研究了孟加拉国的三个项目（但不是乡村银行）。他们发现，在偏远地区偿还比率较高——即那些其他的替代贷款项目较少的地区。然而，汉科尔（Khandker 等 1995，表 7.2）在研究其他的孟加拉国银行（包括乡村银行）时得出了相反的结论，在发展较好的村庄退出比率和偿还比率较高。这可能是由借款人流动性改善和有更好的商业机会引起的，但也可能是抽样偏差。

这些少量证据表明不同联保贷款项目的运行结果可能会存在差异，而且小额融资远远超过了联保贷款所包含的内容。缩短理论和证据之间的距离是改善和评估项目非常重要的一步。

四、盈利能力与财务可持续性

有关小额融资的探讨中，对特定机制关注较少，却非常关注纯粹的财务问题。因此，本节主要分析财务问题，社会问题将在第5节讨论。

小额融资项目是否达到财务可持续的承诺？一项最近的调查发现，在72个“承诺”财务可持续的项目中有34个能够盈利（MicroBanking Bulletin 1998）。但这并不意味着全世界所有项目中有一半能自给自足。这72个样本之外数以百计的项目依然依赖捐赠人的慷慨捐助（例如，乡村银行和它的大部分效仿者都不包含在这72个样本之中，团结银行和BRI则包含在内）。一些专家估计，当前全世界的非政府机构项目能达到财务可持续的不超过1%——或许另外的5%将来能达到财务可持续①。

其他95%的项目，或者因为成本过高，或者因为设置利率上限而不是把成本转嫁给客户，要么被关闭，要么继续寻求获得补贴。尽管补贴仍是必要的，但捐赠人和从业人员不愿讨论减轻贫困的最优补贴数额，或许是怕与过去那些损失惨重的政府经营的补贴项目相提并论，因而，仅从口头上宣传项目是财务可持续的。

4.1 国际证据

在微型银行简报（MicroBanking Balletin）进行的调查中，表2给出了上述72个项目的财务指标②。这72个项目根据年代、贷款方法、目标群体和可持续水平被分为几个不同的类型③。（类型之间存在重叠，例如，有些项目既可以归入村庄银行类别，又可以归入低端目标群体类别。）

根据贷款方法和目标群体的不同，可以得出不同的小额融资类型，显示出在小额融资旗帜下项目的多样性。从贷款方法看，平均贷款余额从村庄银行的94美元变动到个人贷款的842美元。女性客户占比从92%变动到53%。从目标群体看，平均贷款余

---

① 这些数字来源于Richard Rosenberg在一个小额信贷会议上所做的非正式的调查（personal communication 1998年11月）。

② 这个项目是与美国经济协会的经济学学会在科罗拉多州博尔德合作设立的。

③ 那些以低端客户为目标群体的项目，平均贷款余额低于150美元，或者低于人均GNP的20%（包括FINCA项目）。那些目标群体更广泛的项目，贷款平均余额大约为人均GNP的20%～85%（包括团结银行印尼人民银行的Unit Desa项目）。那些以高端客户为目标群体的项目，平均贷款余额超过人均GNP的120%。团结小组由3～5个借款人组成（像团结银行）。村庄银行的小组成员超过5个。

额从133美元变动到2 971美元。比较平均贷款余额和女性客户占比两项平均指标，34个财务完全可持续的项目与全部样本相比没有显著差异。

通常在两个层面上讨论财务可持续。第一个层面是经营可持续（operational sustainability）。这涉及到机构能否获得足够的收入以覆盖经营成本——但不必是全部的资金成本。如果达不到这个要求，机构拥有的资金将逐渐耗尽。第二个层面是财务可持续（financial sustainability）。这由机构是否要求补贴以维持经营来判定。如果机构不是财务可持续的，在所有的投入（尤其是资金）都是以市场（而不是优惠的）利率获得的情况下，它不能生存。

调查的大部分项目都达到了经营可持续。仅有的例外是村庄银行和以低端客户为目标群体的项目，它们大约只获得了所需收入的90%①。

然而，绝大部分项目都不能覆盖全部资金成本。所有项目大约只能获得所需收入的83%，而村庄银行和以低端客户为目标群体的项目大约能获得所需收入的70%。让人惊讶的是，很多以"高端"客户为目标群体的项目与以低端客户为目标群体的项目一样，需要大量补贴。同样，采用个人贷款方法的项目与采用团结小组方法的项目相比，财务状况也大致相当，即使前者服务的客户比后者服务的客户富裕两倍以上。

目标群体广泛的项目，如团结银行和BRI，财务状况最好。随着项目年限的增长，财务状况也不断改善（尽管比较年限短和年限长的项目，可能只能表明他们的适应程度不同）②。

这些项目的资本回报率（ROE）支持了有关财务可持续的数据。ROE表示投入项目的资本与所获得的利润之间的关系。表2中的数据显示，小额融资利润不高。虽然，财务可持续项目的平均ROE达到9.3%，但是与其他的投资方案相比，风险较大，没有多大竞争力。同时，尽管财务回报可能不高（甚至为负），但社会回报可能相当高。平均来说，目标群体广泛的项目都覆盖了所有成本，获得了适量利润，并向很多低收入客户（大部分是女性）提供服务。华尔街必定忽略这些投资机会，但具有社会责任感的投资者则可能从中找到有价值的既能顾及社会利益又能顾及个人利益的项目。

如果能通过有效的资本杠杆提高资本回报率，华尔街可能会有兴趣关注这类项目。目前，如何增大资本杠杆是提倡小额融资财务可持续的人士所关注的前沿问题，对这

---

① Mark Schreiner（1997）和Khandker（1998）从其他的角度讨论了财务可持续。他们的研究对数据做了调整，考虑了资金成本的补贴，因通货膨胀引起的资金价值的损失，因不可收回的贷款而提取的足额准备金。在某种程度上，所得的数字与标准商业企业的数据是可比的。

② 据我所知美国的项目没有一个是盈利的，而且有些远没有达到财务可持续，这是由于利率上限的阻碍（Michael Chu 1996）。微型银行简报所进行的调查中没有美国项目。

些问题的讨论已经远离了小额融资最初讨论的问题——比如如何向玻利维亚的街道摊贩提供100美元贷款。

如果捐赠人厌烦了为小额融资提供赠款，为维持经营，小额融资就必须达到财务可持续和提高资本回报率。问题是：如果社会回报相对于成本费用是值得的，捐赠人是否会厌烦？这个问题将成本收益分析和影响研究提上了研究日程，并要求关注小额融资机构自身公布的财务报表所采用的会计基础。

4.2 乡村银行案例

上面使用过的数据都已经过调整，使它们大致与标准会计准则相一致。但这种情况并不普遍：小额融资统计资料经常由特殊的方法计算得出，容易造成错误的解读。相对而言，乡村银行对它们的数据较为开放，在其年度报告中提供了全套的会计账户。

表3提供了1985~1996年乡村银行状况的有关数据①。其中数据显示，乡村银行扩张速度非常快，1985年平均年度贷款组合为1 000万美元，到1996年增长到27 100万美元。同一时期成员增长了12倍，1996年达到206万人。

银行公布的偿还比率为98%，并且利润稳定——这被广泛报道（例如，*New York Times* 1997）。然而，乡村银行所有会计账户的定义都不标准。其公布的贷款逾期比率计算方法是：过期一年以上的贷款数额除以当前的贷款组合数额。这种计算方法存在一个问题，即当前的贷款组合可能比逾期贷款发放时的贷款组合大得多。由于贷款组合从1985年到1996年扩张了27倍，公布的违约率比按照标准方法计算的违约率低很多（标准计算方法为逾期的贷款数额除以当时的贷款组合数额）。通过将分母替换为贷款发放时的贷款组合数额，可以计算得到调整的逾期比率。

同样，表3中公布的利润和调整后的利润差别很大。主要是因为在计算调整后的利润时，提取了足额的贷款损失准备。直到最近，银行才缓慢的核销坏账，调整后的数据假定银行每年约注销其贷款组合的3.5%（比平均逾期比率7.8%小得多）。结果，1985~1996年几乎损失1 800万美元，而不是盈利150万美元。

在计算利润时，捐赠人的赠款作为收入计算。如果银行只有贷款和投资收入，那么1985~1996年，银行将遭受3 400万美元损失。

---

① 原始数据从乡村银行的年报中获得。本节引用了Morduch（1999）中的内容。1994年乡村银行财务状况的概要可以从Hashemi和Schuler（1997），以及Khandker、khalily和Kahn（1995）中找到。Schreiner（1997）提供了另一种计算乡村银行补贴依赖性的方法。这一节中的调整抓住了很多关键问题，但是并不全面，例如，没有调整因通货膨胀引起的资本损耗。

表3　乡村银行：一些财务指标（百万美元，1996年汇率水平）

	1985	1990	1992	1994	1996	1985～1996 年平均
规模						
平均年度贷款余额	10	58.3	83.8	211.5	271.3	108
成员（千）	172	870	1424	2013	2060	1101
逾期比率（%）						
公布的逾期比率	2.8	3.3	2.5	0.8	13.9	1.6A
调整后的逾期比率	3.8	6.2	1.9	15	—	7.8A
利润						
公布的利润	0.02	0.09	-0.15	0.56	0.46	1.5B
调整后的利润	-0.33	-1.51	-3.06	-0.93	-2.28	-17.8B
补贴						
直接捐赠	0	2.3	1.7	2	2.1	16.4B
通过优惠贷款获得的补贴	1.1	7	5.8	9	12.7	80.5B
通过资本输入获得的补贴	0	0.4	2.7	8	8.8	47.3B
每百元余额中的补贴额	11	21	16	7	9	11
利率（%）						
平均名义贷款利率	16.8	11.1	16.7	16.7	15.9	15.9
平均实际贷款利率	5.9	3	11.6	13.1	10.1	10.1
资金成本基准	15	15	13.5	9.4	10.3	11.3
平均名义资金成本	7.9	2.2	2.1	5.5	3.4	3.7
补贴依赖指数	80	263	106	45	65	74
平均名义"盈亏平衡"利率	30.2	40.2	32.6	24.2	26.2	25.7

资料来源：Morduch（1999），基于乡村银行多年年报获得。注意：A表示1985～1994年的平均数，全重为贷款组合规模。B表示1985～1996年的总和。

从表3可以看到，调整之后得到的结果完全不同：总的来说，1985～1996年间的贷款平均逾期比率为7.8%，而非公布的1.6%。这个数字与政府银行的状况相比仍然相当小，但是它也足以造成财务困难。更引人注目的是，1994年银行公布的逾期比率为0.8%，而我估计当年的贷款有15%不能收回。

大部分补贴来自优惠贷款。乡村银行借入资金利率平均为3.7%（相应的实际利率为-1.7%）。如果银行不能获得优惠利率，它的成本将更高。研究中使用的估算资金成本的方法是，国际货币基金组织国际金融统计（1996）中的孟加拉国存款利率加上3%的交易费用。照此计算，1985～1996年，乡村银行总共获得了8 050万美元优惠贷款。同时，它还从股本资金来源中获得了4 730万美元的隐含补贴，这些资本从银行获得的回报低于其机会成本。

虽然补贴的绝对数量随时间增大，但银行的规模增长得更快。结果，每年每1美元贷款余额中的补贴比例显著下降，稳定在大约每1美元贷款10美分补贴的水平。

在不考虑任何形式补贴的情况下，估计银行持续经营所需多收取的利率，可以得到补贴依赖指数（Yaron 1992）。1985～1996年的估计结果显示，20世纪90年代初乡村银行就需要将其普通贷款产品的名义利率从20%提高至50%。总的说来，平均的盈亏平衡利率为32%。提高利率可能让客户感到不悦，但不至于使客户流失。例如，乡村银行的竞争者孟加拉国农村发展委员会与乡村银行有相似的客户基础，贷款的名义基本利率为30%。

通过降低管理费用也能使银行获得生存空间。90年代初，薪酬和人员成本占乡村银行总成本的一半，而利息成本只占25%。由于乡村银行员工的薪酬与政府公务员的工资相联系，无法降低，所以重点只能放在提高效率上。到1996年，薪酬和人员成本大约与利息成本相等（Morduch 1999）。乡村银行的培训费用也非常高。一项研究发现，1991年54%的女性学员和30%的男性学员没来得及为乡村银行工作就中途就退出了培训——因此乡村银行的许多直接补贴被用于支持培训计划（Khandker、Khalily和Kahn 1995）。孟加拉国的另一个较大的小额融资机构，社会进步协会（ASA）展示了一种更极端的成本控制方法。他们精简记账程序和简化经营业务，例如，只提供一种贷款类型——而乡村银行提供普通贷款、住房贷款、集体贷款、季节性贷款和最近新推出的租赁/贷款安排。因此，ASA对员工的专业要求不像乡村银行那么高。ASA也撤消了中级分支机构，业务几乎全部集中于含40个乡村成员的较大小组，而非5个成员的小组。

从中期看，乡村银行当前的发展路径是吸引人的，它们通过寻求交叉补贴和其他的产生收入的项目来发展（包括提供因特网服务和其他能产生利润的副产品）。但是这也存在风险：银行的使命可能被逐渐弱化，获利部门会面临巨大竞争压力。

乡村银行所公布的成就有夸大的成分，并不是像很多人所宣称的那样是一个经济奇迹，但这个银行不能达到财务可持续并非其自身的问题。只要收益足以超过成本，以及捐赠人仍然愿意捐助，乡村银行仍是一项明智的社会投资。

五、信贷补贴的成本和收益

几乎所有的项目都将财务可持续作为一个核心目标。可是同时，几乎所有的项目依赖一种或多种不同的补贴。这些补贴通常被视为暂时的援助，用于提供启动费用，而不是持续的援助安排。需要保护的理由是它们属于“幼稚产业”。

反对补贴的观点源自一系列担心。第一，捐赠人可能是反复无常的，那些志在长远的项目有必要保持独立生存能力。第二，捐赠人的预算是有限的，使经营规模受到捐赠额的限制，而自给自足的项目，可以扩大规模以满足需求。第三，由于缺乏硬约束，补贴项目可能效率低下。第四，过去的补贴没有发放给最需帮助的贫困家庭。

认为补贴应是暂时的观点意味着，估计补贴的成本和收益对小额融资并不重要，而且到现在一直没有有关成本收益的详细研究。可实践中，补贴是持续不断的。此外，与补贴有关的许多问题都可能得到解决①。

捐赠人确实可能反复无常，但是在国际机构转向其他的伟大计划后，政府仍然会承诺减轻贫困。如果接受补贴的小额融资被证明能够产生比其他社会投资更大的效益，补贴是否应终止？

经营规模当然是一个问题。但是，与一个较大的目标不明确的项目相比，通常一个较小的目标明确的项目更能减轻贫困。考虑莫杜克（Morduch 2000）中的一个例子。假定一个补贴项目客户的收入为贫困线的50%，一个可持续（高利率）项目客户的收入为贫困线的90%。为了便于比较，假定项目对每个借款人收入的净影响是相同的（在偿还贷款本金和利息之后）。

运用学者们（James Foster、Joel Greer 和 Erik Thorbecke 1984）提出的“贫困差距平方”（squared poverty gap）来衡量减轻贫困的程度，可以发现，将一个较穷借款人的收入提高 1 美元所产生的影响将 5 倍于一个不是很穷的借款人。如果可持续项目有 63 000 名客户（大约是 90 代初期玻利维亚团结银行的规模），那么补贴项目只要有 12 600名客户就能产生相同的影响。这种比较过于简单，但能充分阐释社会权重和项目到达的深度能有效地抵消规模的不足。

第三个问题是陷入效率低下的危险，这已从低收入国家较大的公有银行多次表现出来。但是，保持效率的关键是有硬约束限制，而不一定是利润。一些捐赠人已经在向小额融资机构提供贷款时运用严格的和明确的绩效指标，将贷款的数额与绩效挂钩。这个经验可以广泛运用于补贴项目，以促进效率和改善目标。

5.1 简单的成本收益比率

成本和收益应该如何比较？一个简单的度量指标是，用借款人获得的收益除以补贴的价值。例如，汉科尔（Khandker 1998）通过估计有关乡村银行女性借款人通过借款从而对家庭消费的改善，得出了一个成本收益比率，为 0.91。这意味着客户每得到一美元收益要花费社会 0.91 美元。而男性的成本收益比率为 1.48。这个比率很高，因为向男性贷款似乎对家庭消费的影响较小（Mark Pitt 和 Khandker 1998）。但是汉科尔强调，与孟加拉国其他的旨在减轻贫困的项目（像世界粮食项目的 Food-for-Work 计划的成本收益比为 1.71，CARE 的类似项目的成本收益比为 2.62）相比较，乡村银行男性的成本收益比率都是较低的。孟加拉农村发展委员会的小额融资项目相比起来做得不好，汉科尔（1998）公布的女性和男性成本收益比率分别为 3.53 和 2.59。

这些数据给人们提供一个有关小额融资成本收益的重要印象。它们意味着投资于

① 本节很多内容引用了 Morduch（2000）中的内容。Adams、Graham 和 von Pischke（1982）提出了一个引起很多争议的看法。Schreiner（1997）提出了一个考虑团结银行和乡村银行成本效率的框架。

小额融资并非没有失败者，一些项目优于其他项目。类似于其他的快速计算方法，简单的成本收益比率计算有赖于一系列简化条件。最直接的，只考虑可计量的收益，而排除有争论的社会影响，如“性别权利”。其他限制条件取决于可测量的影响是如何量化的。例如，乡村银行女性借款人成本收益比率为0.91，意味着乡村银行的女性借款人每多向乡村银行借一美元，估计将使其家庭消费增加18美分（Pitt 和 Khandker 1998）。这个增加额是每增加一美元贷款的边际影响，但在评价整个项目时，平均影响更为恰当①。如果使用平均收益代替边际收益，而且边际收益随着借款数量的增加而减少，那么成本收益比率将被夸大（比使用边际收益时小）。这将使乡村银行每0.91美元成本能产生比1美元更大的收益。另一方面，如果产品技术的固定成本较高，边际收益可能会比平均收益高，使用平均收益将削弱对乡村银行的支持。有证据表明情况可能是：如6.3节所讨论的，用相同的资料估计的平均影响接近于零（Morduch 1998b）。

不讨论平均影响和边际影响的区别，简单的成本收益比率没有抓住动态变化。如果借入的款项能使借款人购买一台缝纫机。拥有这台机器（可以启动一项小规模的裁缝生意）可以为将来创造收益，而利用当前家庭消费影响的数据没有抓住借入款项的全部价值，因为成本是存量，而收益是流量。总之，成本应与未来影响的现值相比较，而不是与当前影响相比较，这样做将降低成本收益比率。

或许最大的问题是——也是与现在对小额融资优势的争论最相关的问题是——简单的成本收益计算没能提供与事实相悖情境下的解释。成本收益比率可能通过略微减少补贴而改善（或恶化），而简单的成本收益比率没有指出如何变动补贴是最优的。因而，有可能一美元用于补贴现有小额融资项目与其他用途相比能帮助更多贫困家庭，也有可能在没有补贴的情况下（或补贴非常少的情况下）小额融资项目最终能帮助更多贫困家庭。这种论证经常由怀疑补贴的观察者提出（例如，CGAP 1996）。

再次考虑上述假设的例子：一个有63 000名客户的可持续项目与一个仅有12 600名客户的补贴项目之间的比较。如果社会断定一个贫困借款人所支配的1美元的价值10倍于一个较不贫困借款人所支配的1美元的价值（上述假定是5倍），那么现在规模较大的项目（没接受补贴的项目）与补贴项目相比，更大地改善了社会福利。要解决这个问题，需要有明确的社会评价，以及估计影响与贷款需求对补贴的敏感性。

借款人更需要能获得贷款，而不在于贷款是否有补贴的断言，意味着上述假设的例子遗漏了反对补贴方面的因素。例子假定补贴项目能深入更贫困的客户，但是如果贫困借款人的贷款需求对利率不敏感是真实的，那么补贴和非补贴项目借款人的状况

---

① 尽管 Pitt 和 Khandker 将影响解释为边际的，辨别所需的计量经济学结构事实上依赖于边际和平均影响是相同的（见6.3节）。用更严格的计量经济学结构估计出的平均影响看起来非常悬殊（Morduch 1998）。

应是相似的。争取财务可持续将不会在多大程度上影响项目达到的深度。

这些断言的个案证据依赖于局部分析（例如，保持其他因素不变的情况下，降低边际资本收益）或对需求状况的片面见解（例如，考察在高利率下的需求，但是忽略了被高成本排除在外的贫困的潜在借款人）。一些人争论说，利息成本是所有产品成本中的一小部分，所以家庭可以承担高利率。但是，净收益仍然对利率很敏感。

孟加拉国的从业人员倾向于认为信贷需求的利率弹性较高，因此他们保持相对较低的利率（真实利率低于25%）。拉丁美洲的从业人员倾向于认为该弹性较低，他们将利率设定在足够高的水平（真实利率近60%）。在他们各自的环境下，都有可能是正确的，但是缺乏严肃的实证研究。

这个问题涉及到考查对非借款人的影响。特别是，为什么假定必须在项目类别之间进行选择？为什么不同的项目不能共存？更一般的，一个补贴项目的存在将怎样影响在附近经营的正式和非正式机构的盈利能力？

尽管有力的实证证据仍然不足，理论家在这些方面仍然取得了进展。例如，有学者（Karla Hoff 和 Stiglitz 1998；Pinaki Bose 1998）阐明了在补贴项目设立后，高利贷者等非正规部门的贷款条款和可获得性恶化的情形。产生消极影响是因为补贴项目降低了最佳规模和吸收了最优质的借款人，使得非补贴贷款方面临比原先风险更大的客户群和更高的执行成本。贾殷（Sanjay Jain 1999）考虑了客户可能同时从正规的和非正规的来源借款的情形，正规部门的规模优势超过了当地高利贷者的信息优势。这三篇文章都给出了补贴项目客户以其他地方借款人（或贷款人）的利益为代价，从而做得较好的情形。文章同时也描述了存在较好反例的可能性，其中每个人都能获益。在这方面，另有学者（Maria Floro 和 Ray 1997；Gabriel Fuentes 1996）提出，增大正规部门的贷款可能最终会渗透到非正规部门，增大非正规部门可用的信贷。不幸的是，现在政策制定者仅停留在少数小规模的案例研究上，以及理论案例和反例的研究上。

5.2 实证研究情况

上面的问题可以综合到一块，以便显示不同种类的信息。研究的出发点是一个社会福利函数 $W = W(w_1, w_2, \cdots, w_n)$，假定其具有可加性，并来自总体 $i = 1, 2, \cdots, N$；α_i 为社会权重，w_i 用来表示家庭的终生福利①：

① 为了更容易地理解最关键的问题，我忽略了资本的异质性和类似存款的非贷款服务。在补贴小额信贷机构更普遍的地区，我们也想考虑农业村庄基础经济和社会结构受到的影响：小额信贷在使女性获得更多权力，鼓励更健康的习惯，促进教育，降低脆弱性和鼓励社区结合方面扮演的角色。在这些地方小额信贷项目有可能产生最大的影响，但是这部分影响也是最难估计的。关注的焦点是对贫困的影响，而不是纯粹地效率——尽管可能存在纯粹的基于效率理由的干涉（Besley 1994）。

$$W = \sum_{i=1}^{N} \alpha_i w_i$$

从所有来源获得的贷款总额为 L_i，借款人每单位借款的平均收益为 δ_i，收益包含货币和非货币。借款人支付的平均利率为 r_i，取决于贷款的来源。那些仅从补贴来源借款的借款人支付利率 $r_i = r$。因此由借款获得的净收益为 $y_i = L_i(\delta_i - r_i)$，假定家庭福利来源于基本收入 Y 加上由借款获得的收入：$w_i = w(Y + y_i)$。因而补贴的一个微小下降（即，r 的微小增加）引起社会福利的变化是：

$$\frac{dW}{dr} = \sum_{i=1}^{N} \alpha_i \frac{dW_i}{dy_i} \frac{dr_i}{dr}\left[\frac{dL_i}{dr_i}(\delta_i - r_i) + L_i\left(\frac{d\delta_i}{dr_i} - 1\right)\right]$$

等式阐明了争论的要点和实证研究的优先次序。从等式左边看起，首要的是对社会权重 α_i 的分配做出明确的社会判断，而这取决于对所有家庭基本福利水平的认识——一个决定因素是收入如何影响家庭福利，dw_i/dy_i。研究出发点是记录基本的收入水平，参与者和非参与者的人口统计特征，通过将对参与者的调查与已存在的随机家庭调查联系起来，这个任务可能较易完成。

dr_i/dr 项反映贴补利率对其他部门利率产生的外部性，以及补贴项目的客户相对于平均资金成本所获优惠的程度。供给和需求两方面因素都反映在均衡贷款数额对利率的敏感性中，dL_i/dr_i。供给方面的溢出将会影响 dr_i/dr，贷款需求的利率敏感性也会对其产生影响——减少补贴会使贷款对借款人来说成本过高吗？供给方面的问题可以通过家庭调查来评估，这些调查应包含贷款可得性和条款有关的内容；例如，通过将调查所得的资料与新的小额融资项目的时间和范围信息相匹配可以测量出溢出效应。同样的家庭调查还可以用于估计贷款需求的利率敏感性。样本的选取问题是这些研究中非常严重的问题，但是遗产等工具变量已经被指出有潜在作用。

最后，$d\delta_i/dr_i$ 项反映平均收入、生产技术、风险和资金成本的相互作用。提高利率是否会使借款人的风险更大，但使技术的获利能力更强？提高利率是否会使均衡贷款需求下降，因而限制规模经济（从而减少平均收入）？境况较好家庭的项目是否比贫困家庭的项目收益更高？通过估计利润函数，考虑资金可得性和资金成本，利用含有分解的生产数据的家庭调查，可以阐明这些问题。

对这些参数的设定有很多不同意见，这妨碍了有关小额融资补贴的争论。那些反对补贴的人倾向于假定社会权重 α_i 分布相对扁平，贷款需求对利率的敏感性 dL_i/dr_i 较低，利率对收入的影响 $d\delta_i/dr_i$ 为正，贫困家庭的投资回报极低，信贷补贴项目对其他贷款方有负外部性：$dr_i/dr < 0$。另一方面，那些补贴的支持者倾向于将穷人消费的社会权重设得较大，假定贷款需求对利率的敏感性较高，利率对收益的影响较低或为负，贫困家庭的投资回报较高（但不是非常高），对其他贷款方的影响较小或有有益的溢出。

尽管缺乏证据，争论双方都固执坚持各自的观点。有关在发展中国家小额融资作用的讨论仍陷于僵持状态，一些断言被另一些断言反驳，没有立即解决的方法。幸运的是，除社会判断外，所有的问题都可以通过相当明确的实证研究解决。小额融资政策背景的特殊环境——以及捐赠人渴望投资在新的项目和充足的补贴资金来源——妨碍了对大部分基本问题更深入地研究。

六、社会和经济影响

一般来说，因参与小额融资而开始的自主就业（self-employment）可以从许多方面影响家庭（如果家庭确实将贷款用于自主就业活动）。第一，存在收入效应，能提升消费水平，以及在保持其他不变情况下，增加对小孩、小孩教育和闲暇的需求。但是这也会对时间价值产生影响，产生多种抵消效应。随着女性就业增加，抚养更多孩子变得非常昂贵，使出生率下降。让孩子在家帮忙（弥补父母加班）可能降低教育水平，最明显的是，如果机会成本显著增加可能减少闲暇。除了这些效应，许多项目直接地提倡计划生育和强调教育的重要性，所以参与项目可能会给参与者带来新的思想，例如丈夫和妻子相对平等的思想。因此，虽然消费和收入水平增加，但不能事前明确地知道对出生率、孩子教育和闲暇有什么影响。

此外，对家庭的影响程度取决于在没有小额融资的情况下家庭所拥有的机会。没有参加小额融资项目的家庭可能可以从很多非正规金融机构与其他非政府组织和政府的社会项目得到服务。

不久以前，与小额融资所宣称的一样，美国的由政府资金支持的职业训练项目和 Head Start 项目，也宣称最终能覆盖成本并使贫困家庭的生活产生根本变化。开始时他们都得到两党热心的支持。Head Start 项目旨在使 3～5 岁有缺陷的孩子在早期教育方面获得额外帮助，这个项目被证明是成功的。然而，对于非洲裔的美国孩子，这个项目没有多大效果，平均影响随时间下降很快（Janet Currie 和 Duncan Thomas 1995）。由政府资金支持的职业培训项目也很成功，尤其是在项目集中于讲授基本的工作技能时，而更专业的培训项目费用很高，所起的作用却不足以弥补成本（Robert Lalonde 1995）。这些混杂的报告没有掩盖两个项目对许多受益人所起的重要作用，但是表明增加的美元若用于其他项目，可能会更有效率。

如上所述，小额融资项目还未得到详细考察。访问那些获得小额融资项目服务的地区，可以看到那些从账簿上看不到的东西——由参与小额融资获得的收入，被用来修建新的住房、对孩子的继续教育、开设新的储蓄账户和发展新的生意。但是这些变化是否比别处的变化更为显著？

简单的估计可能产生偏差。例如，一项最近的调查显示，乡村银行借款人的学龄子女中有 57% 入学——而没有借款的家庭只有 30%。差异非常显著，但是，是由于乡村银行吸引了更有教育倾向的家庭，还是这种差异是实施项目的结果？将有乡村银行服务的村庄中所用小孩的信息集中起来，可以从这些资料得出不同的观点。从所有符合条件的家庭中抽取一个随机样本，小孩的平均入学率为46%（包括借款和没借款的家庭）。但是在没有可用的小额融资项目的对照村庄中，从可比较的家庭抽取一个随机样本，小孩的平均入学率为48%。假定对照组和分析组是可比的，乡村银行的教育优势消失了①。

不幸的是，对项目净影响的可靠估计很少。成功项目容易让人印象深刻，同时使人们忽略了那些失败项目。

为什么缺少可靠的统计评估？第一，许多捐赠人和从业人员认为，只要项目能覆盖成本并且服务于贫困家庭，彻底的评估是浪费时间和金钱——与他们经营项目的目标偏离。但是，如上述简单的有关教育的例子所阐明的，简单下结论可能产生误导。此外，几乎没有几个项目能覆盖成本。第二，可靠的评估引起了难以解决的统计问题。

许多评估给了银行业压力。如上所述，业绩评估通常借助估算实时偿还比率和产生收益的能力②。近年来，评估包括简单地估测项目达到的深度——低于官方贫困线的借款人总数，借款人的性别，贷款和储蓄账户的平均规模（例如，MicroBanking Bulletin 1998；Robert Peck Christen 等 1995)。

但是，凡事并不简单。当资金在家庭内部是可互换的，以及在不同的活动和资产间是可互换的，如果不考虑男性和女性之间的再分配，以及不同形式的储蓄和投资之间的再分配，对女性和存款的净影响是不能估测的。例如，虽然95%的乡村银行借款人是女性，却有研究（Goetz 和 Sen Gupta 1995）发现仅有37%的乡村银行女性借款人在借款后仍然对款项的使用保持显著的控制［然而，学者们（Hashemi、Schuler 和 Riley 1996）发现有63%仍然显著的控制着款项］。解决这些问题——以及抽样偏差——要求仔细构造控制组和对照组。

6.1 抽样

小额融资项目可以夸口说他们的机制能保证借款人更有企业家精神，相互间有更好的联系，更专注主业，比非参与者风险更小。由于小额融资是非随机参与的，处理抽样偏差对于客观认识筛选的成功显得更为重要。借款人在没有这些项目的情况下也

---

① Morduch（1998）做了这个比较，他将比较限制在拥有的土地少于半英亩的家庭。在控制了小孩、家庭和村庄特定变量后，乡村银行的优点仍然难以捉摸。然而，Pitt Khandker（1998a）用结构计量经济模型，使用相同的数据估计参数时发现了在男性教育方面的一些积极效果。

② 参见 Richard Patten 和 Donald Snodgrass（1987），Yaron（1992），Bruce Bolnick（1988），Mahabub Hossain（1988）。

能做得这样好吗？

偏差可能很大。在评估乡村银行时，麦克南（Signe-Mary McKernan 1996，第 31 页）发现，不控制抽样偏差可能导致过高地估计参与项目对利润的作用，可能高估 100% 左右。这有力地反驳了乡村银行所宣称的在识别优质客户方面取得的巨大成功。这也意味着，乡村银行每一美元的贷款可能仅与他们客户报告的利润数额的一半有关。

抽样偏差也可能是反方向的。许多小额融资机构以女性和贫困家庭为目标。例如，皮特和汉科尔（Pitt 和 Khandker 1998a）发现，根据所在的村庄及其他特征为评判条件，与邻居相比，越贫困的家庭越有可能成为乡村银行的借款人。在跨组研究中，这种深度会使有关贷款对收入影响的估计偏低。在极端情况下，有效的以贫困家庭为目标会使人产生这样的印象：参与项目使客户更贫困。阐明抽样偏差可揭示参与项目将如何增加收入。

第二个偏差来源是项目的非随机设立。许多项目是专门设立的，服务于那些得不到正规服务的人们，因此，它们位于那些金融服务体系长期不健全的地区。这可能导致与对照地区相比，项目表现出消极的影响。或者，项目可能设立于有较好的辅助基础设施的地区（von Pischke 1991，第 305 ~ 306 页），估计的偏差将是向上的。偏差的大小和符号很可能随着项目向新地区的扩张而发生变化。

一个自然的想法是根据时间的变化，比较借款人参与项目前后的资料①。这种方法很流行，因为数据收集比较简单，所需的资料在一些基础调查中可以获得，以及它允许对非随机的参与和非随机的项目布局进行控制。但即使如此，它也受随时间变化的不可见因素的潜在偏差影响（James Heckman 和 Jeffrey Smith 1995）②。

休姆和莫斯利（Hulme 和 Mosley 1996）收集了一些最出名的例子。该研究提供了前后比较，以及参与者和对照组之间的比较（对照组通常是那些已经被选择参与项目但还没开始借款的家庭）。

两个比较结果让人吃惊。比较表 4 的第二栏和最后一栏，可以看到，达到较高水平财务可持续的项目对他们的借款人的收入产生较大净影响（那些项目不是偶然的倾向于为较富的家庭提供服务）。表 4 将被研究的项目按补贴依赖度指数排序，从 -9%（完全盈利）到 1884%（极端财务困难）。基于参与者 - 对照组比较的收入变动比率排

---

① 基于前后比较方法的小额信贷评估有：Eric Nelson 和 Bolnick（1986），Barbara MkNelly 和 Chatree Watetip（1993），Craig Churchill（1995），Richard Vengroff 和 Lucy Greevey（1994），J. R. Macinko 等（1997）。

② 随着时期临近，降低了暂时的变动，基于差异的方法的可靠性降低了。差异的噪声数据会增大估计误差；在“经典的”案例中，这导致衰减偏差（attenuation bias）。噪声使许多表示项目影响的系数偏低。

表 4　一些小额融资项目的影响和财务业绩指标，1992 年（美元,%）

项目	借款人数（1992）	1988~1992 年的补贴依赖指数	女性客户比例	所研究案例的平均贷款规模	1992 年借款家庭收入	1992 年对照家庭收入	借款人收入的平均年度变化百分比	基于参与者-对照组比较的收入变动比率
印尼 BRI Unit Desa	2400 000	-9	24	600	1 722	1 074	20.7	544
印尼 BKK	499 000	32	55	38	702	570	5.2	216
印度 两个 RBBs 项目	25 000	106	9	99	505	496	46	191
玻利维亚 BancoSol	45 000	135	74	322	3 028	1 121	28.1	193
孟加拉国 TRDEP	25 000	199	38	—	1 138	816	38.7	126
肯尼亚 KREP Juhudi	2 400	217	51	72	1 756	1 307	1.5	133
斯里兰卡 九个 PTCCs 项目	700 000	226	50	50	1 301	981	15.6	157
马拉维 SACA	400 000	398	28	70	830	276	2.8	175
孟加拉国 乡村银行	650 000	408	75	—	517	552	19.8	143
马拉维 Mudzi Foundation	233	1 884	82	57	665	669	1.4	117
肯尼亚 KIE-ISP	1 700	—	23	—	2 807	1 759	0.5	125

资料来源：数据来自 Hulme 和 Mosely（1996），第 1 卷的表 3.3、表 3.7、表 4.1 和表 5.1。最后的四栏属于案例研究。缩写 BancoSol 即 Banco Solidario；BRI 即 Bank Rakyat Indonesia；BRAC 即 Bangladesh Rural Advancement Committee；BKK 即 Badan Kredit Kecamatan；PTCCS 即 Primary Thrift and Credit Cooperative Society；RRB 即 Regional rural banks；KREP 即 Kenya Rural Enterprise Programme；KIE - ISP 即 Kenya Industrial Estates - Informal Sector Programme；SACA 即 Smallholder Agricultural Credit Administration。在不给予任何形式补贴的情况下，估计银行持续经营所需收取利率的增长率，可以得到补贴依赖指数。负数表明盈利，不需要补贴（Yaron 1992）。

序，从 544% 到 117%（一个可以忽略的净影响），与上述基于补贴依赖度指数的排序结果几乎一致。他们的第二个结果是，在项目内部，较富的家庭得到的收益比较贫困的家庭更多。

这些结果都表明以贫困家庭为目标的小额融资项目只贡献有限的收益。这个结论通常用来支持下述观点，寻求完全的财务可持续是配置大部分资金的目标——因而较贫困的家庭应由其他工具而不是贷款来服务。

但是，业内人士也很快地指出明显的二分问题。未解决的实证问题是，是否在中间存在一个重要的组——贫民和小规模的企业家都不能支付高利率。乡村银行典型的中间地位的借款人是普遍的还是例外？

休姆和莫斯利的研究给出了非常敏锐的结果，值得认真思考。不幸的是，他们的研究产生了与回答的问题一样的多的新问题。研究走了很多不应该的捷径，显著的不一致在研究时被忽略了。在那些表格中所列示的相同序列中，关键性结果的变化也达到 40%（例如，在他们的表 4.1 和表 4.2 或表 4.1、表 4.3 和表 8.1 中的家庭收入增加额序列)。即使计算是一致的，一些最主要的研究使用的样本容量过小。莫斯利(1996)有关团结银行影响分布的研究，仅仅依赖于24名借款人的证据。另外，对照组的质量是不一致的。例如，在有关印尼的研究中，提取的对照组与所有的借款人组相比女性较少，而且能获得的正规金融服务较少(第55页)。表4显示，BRI对照组的平均收入与所有借款人组相比低40%——团结银行对照组的收入为所有借款人组的收入水平的三分之一。即使收入水平开始时很接近，但我们会想知道为什么一些家庭已经借款，但对照组仍没有获得贷款。固定特征的抽样偏差可以通过微分程序消除，但是有动态增长特征的抽样偏差仍然存在。休姆-莫斯利假说让人振奋，但是制定政策时应该进行更仔细的研究。

6.2 寻找工具变量

可以通过运用工具变量进行更深入的研究。然而，寻找让人信服的贷款的工具变量的研究还很少。这个问题比较复杂，因为在较发达经济中可能无关的变量——例如，生产和消费结构——可能由于落后地区不完美、不完整的市场引起的不可分性而紧密地联系在一起(Morduch 1995)。因此，用来解释贷款使用的生产变量，就几乎不可能被同时用来独立地解释有关支出的结果。

利率是一个潜在的识别变量，但是因为小额融资项目的一个共同目标是实现统一经营的分支机构，在给定项目的地区内，利率不太可能变化——而评估在没有变化时是不可能进行的。即使利率发生变化，这些变化至少很可能反映了观察不到的借款人特征，而这会破坏利率作为工具变量的作用(Pitt和Khandker 1998a)。

其他可能的识别变量是那些影响贷款供给，但不影响贷款需求的变量。泽勒等(Zeller等1996，第60页)建议考虑以下变量：社区水平、“社会资本”的替代指标、贷款人特征和项目资格要求。只要社区水平变量和社会资本不直接影响获利能力、投资，前两个变量就可行，但这个条件社会资本很难满足。

贷款人特征似乎较为可行，但就像社区水平变量，如果村庄内部的项目没有不同，当使用村庄水平的固定效果方法时他们将被抹去。当在村庄内部的项目存在不同时，决定被选资格的规则是识别策略的基础，皮特和汉科尔(Pitt和Khandker 1998a，b)在研究中考虑到了这一标识。这种方法在下面详细讲述。

6.3 利用一个准试验：一个例子

休姆—莫斯利(Hulme-Mosley 1996)的研究和类似的小规模评估建立在小样本的简单方法上。相反，一系列近来有关孟加拉国项目的论文利用了一个1 800个家庭的样本和经过仔细考虑的经济计量方法(Pitt和Khandker 1998a，b；Pitt等1999；McKernan 1996；Morduch 1998)。所利用的项目包括乡村银行，孟加拉农村进步委员会

(BRAC)，孟加拉农村发展委员会（BRDB）。所有论文都运用乡村银行式的贷款模式，并在名义上将家庭拥有的土地限制在半英亩以内。

孟加拉国的调查中，有些样本来自没有项目的村庄，而且调查方法利用项目的规则将富有的家庭排除在外。这两个特征形成了准试验的核心，提供了两种类型的对照组。主要的局限性是对结果的截面信息的限制。

这些研究中所提出的问题既有广度又有深度，回答这些问题需要有精深的技术和一系列与计量经济学模型结构相联系的识别假定。然而，基本的见解是简单的。项目规则将项目参与者限制在拥有半英亩以下土地的家庭，表明用于识别的特征会发生变化。一个自然想到的评估方法是，直接比较刚好处在分界线之下与分界线之上的家庭的结果，这是回归不连续设计（regression discontinuity design）的典型运用。

然而，皮特等人没有采用这种方法，而采取了另外两个步骤。第一，不是仅使用简单的被选资格规则来识别，他们的工具是与一个指标变量相互作用的一系列有效分家庭特征，这个指标变量指出各个家庭是否同时满足生活在一个有项目的村庄中和符合借款资格两个条件。因而，识别来自年龄、教育等影响整个样本的结果与影响获得项目的合格者的子样本的结果之间的差异。任何差异指派给了项目参与。因此，识别取决于年龄、教育和其他变量对结果的影响没有显著的非线性的假定①。

他们（Pitt 和 Khandker，1998a）还采用了一个步骤，研究性别和三个项目中每个项目的影响。关心性别是因为，女性比男性可能是更可靠的借款人（3.3 节），女性配置资源可能与她们的配偶不同（Geoffrey Wood 和 Iffath Sharif 1997；Goetz 和 Sen Gupta 1995）。这个问题对于改善项目影响和更好的理解家庭行为都很重要。

参与项目必然涉及家庭中的成员是否参与，也涉及家庭中哪个成员将参与，因此问题更复杂了。皮特等人利用了贷款小组只有一种性别成员（根据规章），而且并非所有村庄都有两种性别小组的事实。因此，在没有男性小组的村庄中男性无法成为合格的借款人，对于女性也一样。在 87 个村庄的调查中，10 个村庄没有女性小组，22 个村庄没有男性小组（40 个村庄两种性别小组都有，15 个村庄两种小组都没有）。现在识别来自年龄、教育等对男性在参与项目和不参与项目时所起作用的比较；对于女性也一样。

当然，处于一个没有男性小组的村庄中的男性可能说明一些有关这些人的未被察觉的特质和他们在村庄中同级网络的强度。例如，如果他们信用风险较大，评估将高

① Pitt 和 Khandker（1998a）除了将拥有的土地和项目贷款使用对数形式之外，右边的变量都使用线性函数形式来解释结果。左边的消费和劳动力供给变量采用对数形式。Pitt 和 Khandker 证明即使对拥有土地变量的解释不一，计算结果也是稳固的，但是他们没有证明其他变量也可以有不一的解释。

估参与项目的男性的净影响。同样的，如果有强大的同级小组直接的增大影响，评估将反映除了项目的作用之外，同级小组的作用。

皮特等人通过利用村庄水平的固定效应评估，部分解决了这个问题，因此扫除了任何未观察到的村庄水平的异质性（由于各个村庄中的一小部分居民是不符合从项目借款的条件的，因而用固定效应评估，而不吸收大部分的项目影响是可能的——由假定知道溢出效应很小）。然而，固定效应没有抓住同级网络特征——或其他相关的特征——这是有项目的村庄中目标家庭特有的。村庄水平的固定效应仅能抓住那些未观察到的特征，这些特征以同样的方式（和线性的）影响村庄中的家庭。如果没有土地的家庭显著地不同于他们较富有的邻居（银行职员，而非计量经济学家值得注意的），以及如果项目在决定在何处开设时考虑这个问题，非随机的项目规划仍是一个问题。

最后的结构细节来源于利用第一阶段 Tobit 模型解释贷款需求。Tobit 要求假定，第二阶段影响对所有借款人都是同质的，这个假定在评估文献中很普遍，但是研究员都试图放松这个假设（Joshua Angrist、Guido Imbens 和 Donald Rubin 1996）。这也暗示着，例如，边际的和平均的影响是相等的。如果收益的分布像团结银行的借款人那样[银行职员预期在任何给定的组中，大概 25% 从借款获得惊人的收益，60% ~65% 保持大致不变，10% ~15% 破产（Mosley 1996）]，这个假定会造成困难。

然而，接受这些假定提供了估计重要数值的机会（如特定性别的边际影响）。这种结构巧妙地利用了被选资格规则，这些规则防止拥有超过半英亩土地的家庭借款。与南亚土地市场非常薄弱的观察结果结合在一起，构成一个看似外生且明显不连续工具的基础，这比原来的研究有显著的优点。

然而，这些识别假定在资料中没有得到支持。更重要地，当仔细分析调查项目所做而不是所言时，遗漏很明显。例如，有研究（Hassan Zaman 1997）发现的 28% 的借款人拥有的土地超过了半英亩的界限，使用皮特等人搜集的数据研究乡村银行时，也发现类似的数据（30%，Morduch 1998）。差异实在是不小：从乡村银行借款的家庭平均拥有的土地为 1.5 英亩，超过了半英亩的界限，而且有些借款人拥有的土地超过 5 英亩。从而，对拥有的土地数量在一定范围内的家庭，非参数回归产生的借款概率不存在明显的不连续性。与印度的证据相反，资料显示印度土地市场相当活跃，几乎每八个借款人中有一人在参与项目时内购买土地①。

将识别问题放一旁，结果让人惊讶。皮特等人估计女性每借款 100 塔卡（孟加拉

① 选择对照组时，调查严格地遵循半英亩的界限规则。但是乡村银行的被选资格条件事实上是半英亩土地或净资产总额低于一英亩非灌溉土壤单产的价值（Hatch 和 Frederick 1998）。一些拥有的土地超过半英亩的家庭可能满足第二个标准，这样，即使在扩展的定义下仍然存在相当大的遗漏，目标群体误差扩大了。

国货币单位——译者注）能增加18塔卡家庭消费，而男性每借款100塔卡仅能增加11塔卡家庭消费。向女性借款对劳动力的供给影响较小，但是借款给男性会导致男性闲暇更多——部分解释了消费增长较少的原因。相反的，借款人是女性时非土地资产显著增加，借款人是男性时增加不明显。对教育的影响是混杂的。不管是男性还是女性借款，对男孩的教育都增加了。但女性从乡村银行借款时，对女孩的教育也增加了，而在其他项目没有出现这种结果。这些可能暗示女孩被要求帮助照料母亲在借款之前所从事的工作。

皮特等人发现，贷给女性比贷给男性有较高的边际影响，他们解释这是家庭内部缺乏可替代资金和收入的表现。但是，因为贷给男性的贷款平均规模更大，在原则上对消费的影响模式可以用下降的资本边际收益理论解释①。

运用类似方法，有研究（Pitt 等 1999）发现，女性参与乡村银行对避孕用品的使用没有影响，而对出生率有一点积极影响。然而，男性参与项目降低了出生率，并适当增加了避孕用品的使用。给定分析－对照结构，这种混杂的发现并不惊奇。孟加拉国在70年代和80年代生育率普遍下降，所以对照村庄也在经历家庭规模减小的过程（Monica Das Gupta 和 D. Narayana 1996）。另有学者（Hashemi、Schuler 和 Riley 1997）在使用一个由1 300位女性组成的样本时，发现参与项目对使用避孕用品有积极影响，但是他们的研究没有考虑项目非随机问题。

皮特等人（Pitt 和 Khandker 1998b）扩展了框架，利用有关三个主要产稻季节劳动力的供给和消费的数据，考虑了季节性的影响。显示出小额融资借款可以平滑不同季节的消费，而且人们参与项目部分是出于对保险的考虑。

麦克南（1996）在皮特等人研究的基础上，考察了孟加拉国小额融资项目的非贷款影响。这个问题非常重要，因为许多项目投入很多精力进行职业培训，进行有关健康和社会问题的教育。除了直接的“社会发展项目”，参与项目还可以向借款人提供培训、权利观念和共享信息。仅仅集中于贷款，将遗漏这些项目潜在的重要方面。

麦克南在调节资本和其他输入变量，以及一个小额融资参与的虚拟变量情况下，通过估计影响自主就业利润的决定因素，考察了这些方面。虚拟变量表明，参与乡村银行将使自主就业活动获得的利润比资金的直接影响增加126%。因此，平均起来使家庭自主就业活动所得翻了一倍多（虽然自主就业活动开始于一个较低基础，而且对大部分家庭来说，自主就业活动收入只占收入总额的一小部分）。麦克南也发现非贷款影响就将利润提高了50%～80%。将两个结果放到一块，她说明仅提供贷款一项，就可

---

① 当有条件的计算贷款数额，男性借款的平均数额稍大。乡村银行男性累计借款15 797塔卡，而女性为14 128塔卡。对于BRAC，男性累计借款5 842塔卡，而女性为4 711塔卡。对于BRDB，男性借款6 020塔卡，女性为4 118塔卡（Morduch 1998）。

以解释由乡村银行带来的自主就业活动平均利润增长的一半。

由于小额融资参与和资金使用都是内生的，识别比较复杂。准试验被用于识别项目参与，资本的工具变量是潜在借款人之有土地亲戚的数目。后面的工具变量是根据下面的观点提出的，拥有土地的亲戚越多就越有可能获得更大的家庭间转移——一个常见的贷款替代。然而，如果利润被商业关系、隐含保险、与大家庭规模和特征相关的家庭职责直接影响，工具变量不起作用①。

由于一些识别假定问题，我从另一个角度考察了这些资料，仅集中于单纯的分析与对照村庄间的比较，并调节了家庭和村庄水平的特征，但没有区分性别（Morduch 1998）。结果与皮特等人的研究结果有显著不同。将样本限制在可比较的家庭后，我发现用这些资料估计项目得到的影响时，并没有使消费和教育增加（劳动供给轻微增加）。例如，能够参加乡村银行的家庭的人均消费水平比对照组低7%，这是在调节了村庄水平的未观察到的因素后获得的有力发现（虽然这个结果不显著异于零）。说服力不强的结论与非参与者可得到多种替代贷款来源是一致：项目可能使参与者的生活产生重要的变化，即使与其他替代信贷项目相比，小额融资项目产生的相对差异可以忽略不计。

然而，如同皮特等人，我发现一些跨季节的平滑消费的信号，这个结果可以追溯到跨季节的平滑劳动的增加。结合起来，证据无疑是模糊的。皮特等人陈述了一个重要的研究记录，证明了结果对方法假定的敏感性。但是我的结果显示，准试验比它开始看起来的要模糊得多，而且由于非随机的项目布局，使用村庄水平固定效应并非处理偏差的灵丹妙药。实质上，结果显示降低风险的好处与平均消费水平的影响相比可能一样（或更）重要。更一般地，模糊的结果显示，需要做更多的工作以证实小额融资收益强劲的主张。

七、储蓄

另一种增加家庭福利的方法是，发展安全的具有流动性的储蓄存款工具。早期的信贷项目不能有效地动员储蓄，而且也没兴趣这样做。部分原因是认为贫困家庭无法储蓄。但是近来的小额融资实践显示，如果提供有吸引力的利率、便利的设施、灵活的账户，就算是贫困家庭也渴望储蓄——印度尼西亚和南亚的银行从业者发现便利通常比利率更重要。

近来对墨西哥乡村银行业扩张的研究清楚地显示了这种可能性。阿波泰拉（Fer-

① 保持假定不变，Madajewicz（1997）发现当分解资金类型时，“非贷款影响”失去了统计显著性，这意味着影响可以反映特定资金类型的作用（假若这样，项目参与者更多地使用流动资金），而不是教育和“权力”之类的因素。

nando Aportela 1998）估计了 Pahnal（一家墨西哥储蓄协会，目标群体是低收入客户）扩张对储蓄率的影响。1993 年底，Pahnal 迅速扩张，在邮局设立分支机构，这一模式借鉴了日本和德国的邮政储蓄项目。Pahnal 也引入了比早期项目更简单的储蓄工具，具有较低的最低余额和费用。Pahnal 在不同地区的扩张程度不一，利用这个事实，阿波泰拉运用差异中的差异（differences-in-differences）这一分析框架估计影响，发现现存项目的扩张将储蓄率提高了大约 5 个百分点——对于一些最贫困家庭，大约提高了 7 个百分点。

但是，这些增加的储蓄中，有多少是新增存款，多少是从其他资产重新分配而来（以及是从藏在床底下的现金中而来）？如果资产组合的重新分配较明显，那么存款人得到的净收益将可能比看起来小。然而，阿波泰拉（1998）发现，没有什么证据能证明小额融资储蓄挤出了其他储蓄工具，意味着大部分的增加是新增储蓄。

从制度的角度看，将储蓄动员与小额融资项目结合有许多理由（Robinson 1995）。第一，它可以提供一个相对便宜的贷款资金来源。第二，今天的存款人可能是明天的借款人，所以储蓄项目自动的创造了一个客户群。第三，积累储蓄可以给低收入家庭带来许多直接的好处：家庭可以积累资产用于担保，可以积累储备以减少将来消费的波动性，可以为投资内部筹资而不用总是需要借款。但另一方面，维护许多小的存款账户可能非常昂贵①。

乡村银行和团结银行刚开始积极地动员储蓄，而 BRI 已经将其作为项目的一个主要部分。印尼项目的一个转折点是 1986 年引入 SIMPEDES 储蓄项目。在 SIMPEDES 项目之前，家庭不得不在印尼银行存款，这些存款每月最多取款两次，但是提供合理的利率——家庭获得 15% 的存款利率，支付 12% 的贷款利率。SIMPEDES 项目提供不受限制的取款，这对于风险厌恶的借款人来说是一种福利。BRI 也成功地运用了奖券，随着存款数额的增加获奖机会增加（墨西哥的 Pahnal 也成功运用了基于储蓄的奖券，这一方法借鉴了英国的政府长期有奖债券）。这两个特征使得 SIMPEDES 项目非常受欢迎，即使小额存款利率为零，中等额度存款月利率为 0.75%，大额（大约超过 100 美元）存款月利率为 1.125%，而且较贫困家庭的大部分利息还被通货膨胀所侵蚀（Patten 和 Rosengard 1991，第 71 页）。

到 1988 年，超过 400 万贫困家庭参加储蓄，到 1996 年 12 月则超过了 1 600 万户。不过，贫困家庭的存款数额很小，1996 年平均存款余额为 184 美元，意味着平均来说存款人比借款人（平均贷款余额超过 1 000 美元）贫困很多。上述数字意味着 BRI 从贫困家庭吸收了 30 亿美元存款，在向家庭提供积累资产的方式和平滑消费的方式的同

① 然而，在美国，银行接收 500 美元的存款每月需花费 7 美元成本。通过鼓励自动提款机上使用的电子银行卡等新兴技术可以显著降低成本。

时，获得了相对便宜的贷款资金来源。如上所述，仍然存在有多少存款是新增存款的问题（当然，即使增加的储蓄率仅是因为简单的资产组合再分配，但增加金融中介数量和增强存款人的灵活性仍然有显著的好处）。

与许多项目一样，乡村银行直到最近才注重动员自愿储蓄，开始提供自愿储蓄的机会，但是总存款仍然很小。相反，安全储蓄（SafeSave）项目——一个孟加拉国新的创新型项目，将自愿储蓄作为项目的核心。工作人员要求成员以日为基础存款，以便于帮助家庭将规则的小额储蓄能力转换为有用的现金，这已通过参与非正式的循环储蓄和信用合作社实现（灵活性较小）（Rutherford 1998）。事实上，这个项目部分由拉比耶·伊斯兰（Rabeya Islam）创建，她是一位在 Dhaka 地区有丰富经营 ROSCAs 经验的家庭主妇。到 1998 年底，安全储蓄项目有超过 2 000 名客户，而且它有希望达到财务可持续，尽管其现在规模还很小而且也接受补贴（SafeSave 1998）。

补贴项目没有积极动员储蓄的部分原因是由于利率差额。许多早期项目掉入的陷阱是：银行收取贷款利率 r，支付存款利率 d，d 比 r 小以避免更大的损失。由于 r 在福利最大化的名义下被保持在很低水平，因此 d 通常被保持在更低水平，过低的存款利率对储蓄的激励很小。通常，主张动员储蓄的人士很关注利率差额($r-d$)，并认为提高贷款利率能明显发挥作用。然而，如果资金由补贴获得，以及目标是以节约成本的方式提高福利，最大化这个差额并不恰当。一个更合适的差额是 $m-(d+a)$，m 是捐赠者获得资金的利率，a 反映经营和动员每单位存款的管理费用。因此，m 给出了捐赠者筹集资金的机会成本，$(d+a)$给出了项目的机会成本。例如，90 年代中期的乡村银行从孟加拉银行获得资金的成本为 5% ~6%，而从其他来源获得资金的成本为 12% ~15%。如果乡村银行动员储蓄的成本比孟加拉银行资金的机会成本低，补贴的社会成本就可降低。

以比贷款利率高的存款利率动员储蓄可以降低项目的成本，而不是增加成本——如果吸收存款以获得资金的成本低于捐赠人面临的成本，捐赠人给予小额融资项目奖励。这样做的一种方法是由捐赠者和项目分享差额$(m-c)-(d+a)$（c 代表补贴项目为获得资金支付的优惠利率）——而且每从储蓄获得一美元用于贷款，就可以减少从捐赠者获得一美元优惠利率贷款。在早期的补贴信贷计划下，任何一方都会因动员储蓄失利。然而，通过运用所建议的方案，小额融资项目和捐赠人可以共享动员储蓄的好处。

然而，促进储蓄并不会总是使客户受益。最重要的，高通货膨胀可以很快地侵蚀贫困家庭的积蓄（而对债务持有人有利）。但是，即使单个客户发现他们不可能保护自己，银行可以投资于合适的外国货币和资产来对冲。虽然现在还没有小额融资机构这样做，但这不意味着理论上没有可能。

这些建议存在现实的约束。只有受到严格监管的机构才能接受储蓄，这会排除大多数小额融资项目（除非，如 BRI、团结银行和乡村银行之类的特许银行）。大的传统的商业银行可能有经营存款的成本优势。一个答案是完全的特许银行可以独立的经营，但是需要依靠非政府组织从事贷款业务。储蓄银行应有充分独立的账户和充足的资金，吸收的储蓄在任何情况下都不应被贷款业务牵制。然而，通过合约利用上述的退款机会，仍然可以从贷款方面降低补贴成本。部分退款的建议和储蓄银行/小额融资合作的想法在实行之前都必须事先更仔细的考虑。两种想法似乎就原理而论都很好，表明可能有绕过障碍的创新方法。

有关储蓄的证据给经济学家提出了一个重要的问题。贫困家庭通常似乎被束缚了借款能力（Morduch 1995），这样的现象令人困惑，只要家庭不是太缺乏耐心，他们总可以从贷款束缚中解脱出来（AngusDeaton 1993，第6.2节）。新机构可以提供一条实现目的的途径。

八、结论

小额融资运动席卷了世界。在这个过程中，贫困家庭有希望通过自己的工作改善生活。但是“双赢”的承诺，即获得利润的同时减轻贫困，远远没有得到证据支持，甚至连最基本的论断也没有根据。

即使现在的热情退却，运动已经表明创造性的机制设计的重要性，并迫使经济学家重新思考有关贫穷的实质、市场和制度创新的含义。这可能是这次运动最重要的遗产。

特别地，整个运动表明，尽管交易费用较高而且没有抵押，向低收入家庭发放贷款有时的确能盈利。经验也表明，给出有吸引力的储蓄工具，相对贫困的家庭可以有相当数量的存款。这意味着处理贫困家庭贷款约束的一种方法是处理储蓄约束，而不是仅处理贷款约束。但是经验也证明，建立新的机构非常困难，更不用说那些能最终盈利的机构。在玻利维亚、孟加拉国和印尼，这些机构接受严格的监管，并有专门立法。在其他国家地区，捐赠者和小额融资倡导者正不断推动小额融资的发展。示范效应和补贴试验也是小额融资的一个组成部分。

小额融资运动同时也提升了非政府组织的形象。当政府无法起作用时，非政府组织有活力和资金来寻求必要的立法变化和制度试验。另外，一旦政府以及类似世界银行的国际组织认识到这一点，非政府组织就可能接受一些社会任务。

这些都是一些新的已被接受的观念。最重要地，当其他都相同时，为许多人提供小额贷款比向少数人提供大额贷款的成本高很多。结果，项目对成本非常敏感，并且大部分依赖于补贴。下一步有必要对小额融资的财务状况进行更深入的研究，并有必要纠正一些模范小额融资机构对其财务状况的夸大。

如果坚持通过融资减轻贫困，则必须做出艰难的选择。一条途径是通过仔细考察管理结构和机制设计，在保持深度的同时降低成本。这样做可能较难，如果没有再次重大创新，很难设想有重大进展。捐赠者应有助于鼓励更多的试验和评估，而不是仅仅复制和固守于所谓的基于现有项目的“最优实践”。另一条途径是重新讨论持续补贴能使客户与机构都获益的观点。运动表明，一些案例虽然需要补贴，但经营具有效率，这些经验可以推广。一些观察者推测，如果没有补贴，而成本降低不了，大概现有项目的95%最终得关闭。余下的5%将从较大项目中产生，它们将填补金融市场的空缺。但是，从现有的经验推测，注重财务可持续项目的典型客户与注重减轻贫困项目的典型客户相比，较为富裕。

没有人极力主张基于融资的项目是解决贫困的灵丹妙药，但是小额融资可能是那些不算非常贫困，但仍然处于贫困线以下的家庭的重要外援。问题是注重这些群体的项目的贷款规模与那些仅注重贫困线以上家庭的项目相比，不可能获得规模经济。就此而言，补贴可能产生比成本更大的社会效益，第五节列出了有关这方面争论的框架。

前景让人兴奋，尤其是在缺乏有吸引力的替代方法的情况下，但是小额融资承诺应因地制宜。即使在最好的环境下，小额融资项目的贷款帮助自主就业活动获得资金，这些活动通常也只是借款者收入的补充，而不能使借款人的就业模式产生根本转变。小额融资项目很少为他人产生新的工作，而且成功的地区主要是高季节性收入模式和低人口密度的地区。迄今为止的最佳证据表明，要真正降低贫困，需要增加经济增长和就业的总水平。小额融资可能帮助一些家庭利用这些方法，但是现在还没有证据表明小额融资可以推动经济增长和就业。

小额融资项目在怀疑声中不断前进，现在，已为上百万家庭提供服务。就是持批评态度的人也为这些成就感到振奋。现在是对小额融资项目进行理性分析以更好采取下一步行动的时机了。

（中国银行业监督管理委员会　张晓朴　中央财经大学　罗迅　译
中国银行业监督管理委员会　黄毅　校）

译者后记

这是一篇关于小额融资的经典学术和政策文献，发表于1999年的Journal of Economic Literature。2001年秋，我在美国斯坦福大学访问时，以研究发展中国家经济金融而见长的麦金农教授向我推荐了这篇文章，读后不禁由衷赞叹作者深厚的学术造诣和在该领域的独特见解。

这篇文章有三点内容特别值得称道：一是，文章对小额融资在全球的真实业绩和表现进行了理性思考和深入分析。作者的量化研究表明，迄今为止小额融资并没有所宣称的那样成功，有些正面的结论经不起仔细推敲，例如高偿还比率很少能如宣传中所描述的那样转化为利润。二是，作者提出，不能用个案研究替代全面分析，下一步有必要对小额融资的财务状况和相关数据进行更深入的研究，定量研究影响小额融资业绩的各种机制的作用，有助于从实证角度理解小额融资，以及改进今后的制度安排。三是，尽管小额融资的前景让人兴奋，尤其是在缺乏有吸引力的替代方法的情况下，但是小额融资应因地制宜。即使在最好的环境下，小额融资项目的贷款帮助自主就业活动获得资金，这些活动通常也只是借款者收入的补充，而不能使借款人的就业模式产生根本转变。

相信这篇文章对于理性思考、积极推进、周密安排中国的小额融资发展具有重要的启迪和借鉴意义。

张晓朴

2006年8月10日